AF496711

LE

PILOTE DU BRÉSIL

NOTE IMPORTANTE.

Tous les gisements de côtes, de routes, de vents et de courants, indiqués dans cet ouvrage, sont corrigés de la déclinaison de l'aiguille aimantée, et, par conséquent, rapportés au méridien du monde.

Toutes les longitudes sont occidentales et comptées du méridien de l'observatoire de Paris.

Les latitudes étant tantôt septentrionales et tantôt méridionales, elles sont accompagnées des mots *Nord* et *Sud*, suivant leur dénomination.

LE
PILOTE DU BRÉSIL

OU

DESCRIPTION DES CÔTES
DE L'AMÉRIQUE MÉRIDIONALE

COMPRISES

ENTRE L'ÎLE SANTA-CATHARINA ET CELLE DE MARANHAÓ

AVEC LES INSTRUCTIONS NÉCESSAIRES
POUR ATTERRIR ET NAVIGUER SUR CES CÔTES

PAR M. LE Bon ROUSSIN

CONTRE-AMIRAL,

MEMBRE DU CONSEIL D'AMIRAUTÉ, COMMANDEUR DE L'ORDRE ROYAL DE LA LÉGION D'HONNEUR
CHEVALIER DE SAINT-LOUIS ET DE SAINT-WOLODIMIR DE RUSSIE

COMMANDANT L'EXPÉDITION HYDROGRAPHIQUE
ENTREPRISE PAR ORDRE DU ROI ET EXÉCUTÉE EN 1819 ET 1820

SUR LA CORVETTE *LA BAYADÈRE* ET LE BRICK *LE FAVORI*

PUBLIÉ EN 1837, SOUS LE MINISTÈRE DE M. LE Cte DE CHABROL DE CROUZOL
PAIR DE FRANCE
MINISTRE DE LA MARINE ET DES COLONIES

SECONDE ÉDITION

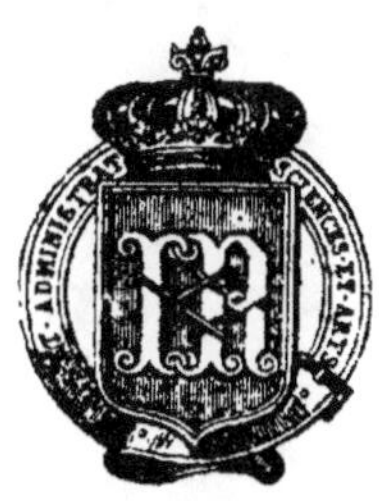

PARIS
IMPRIMERIE ROYALE
1845

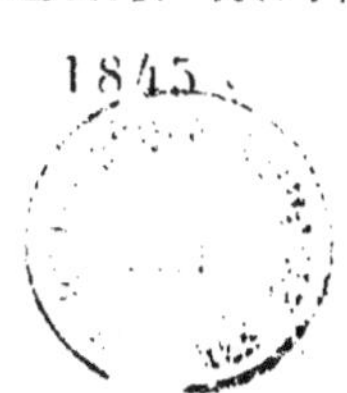

AVERTISSEMENT.

La première édition du Pilote du Brésil, publiée en 1827, étant épuisée, le ministre de la marine a ordonné d'en préparer une seconde. Le moment est donc venu de constater le résultat des dix-sept années d'épreuves que cet ouvrage a subies, et de juger à quel point il mérite la confiance des navigateurs.

Produit d'une exploration qui n'a duré que dix mois[1]; qui a embrassé plus de huit cents lieues de côtes[2], et a été exécutée presque entièrement avec un seul bâtiment, d'un trop fort tirant d'eau pour atteindre les profondeurs au-dessous de

[1] Du 11 mai 1819 au 2 février 1820.
[2] De l'île Sainte-Catherine à Maranham (baie de San-Marcos)

quatorze pieds et demi (4^m,70), le Pilote du Brésil n'a pas été et ne pouvait pas être une œuvre
définitive. Aucun document hydrographique de
quelque étendue ne peut remplir cette condition qu'avec plus de temps qu'il n'en a été
consacré à celui-ci. Le Pilote du Brésil n'a été
donné que comme le résultat d'une combinaison
des documents publiés antérieurement avec ceux
qui ont été obtenus de 1819 à 1820; ces dernières opérations, à la vérité, ont été faites avec
soin, avec des instruments précis et des méthodes
exactes; mais plusieurs de ces observations auraient sans doute gagné à être répétées, et les
deux bâtiments de l'expédition n'avaient pas
toutes les qualités désirables. Le Pilote du Brésil
a donc pu laisser quelques lacunes, qu'on a indiquées, et dont on a facilité la recherche en dési-
gnant les parties de côtes dont on croyait utile
de perfectionner l'exploration. Afin d'achever et
de caractériser cet ouvrage, on s'est exprimé de la
manière suivante dans l'Introduction qui le précède (*Introduction, p. XXVI, XXVII et suivantes*) :

« Nos reconnaissances sur la côte du Brésil,
« destinées principalement à l'usage de la grande
« navigation, ne se prêtaient pas à la recherche
« de tous les dangers; cette recherche, qui inté-

« resse essentiellement le cabotage, ne peut être
« faite avec fruit que par de très-petits bâtiments,
« longtemps stationnés sur les lieux mêmes; or
« ceux de l'expédition étaient en trop petit nombre,
« et n'avaient pas les qualités nécessaires, et les
« auraient-ils possédées, que la déférence que
« nous devions aux autorités locales et l'époque
« de la saison régnante prescrivaient d'utiliser le
« temps de préférence dans l'intérêt de la grande
« navigation.

« Le gisement général des côtes, l'atterrage sur
« les ports les plus fréquentés, les routes pour s'y
« rendre et pour les quitter, les vents et les cou-
« rants qui règnent sur ces côtes, et les princi-
« paux dangers qu'elles présentent, étant les objets
« les plus spécialement désignés à nos recherches,
« c'est à eux que nous avons consacré nos efforts.

« Nous croyons avoir laissé peu de chose à faire
« de ce point de vue. Nous avons prolongé huit
« cents lieues de côte, à la distance de un à six
« milles, sans préjudice des nombreuses pointes
« poussées jusqu'à dix à douze lieues au large
« sur les points importants de la côte, pour en
« éclairer les approches, et nos cartes présentent
« la côte du Brésil comme elle nous a paru *à une*
« *distance de une à deux lieues.*

« Pour suppléer, autant que possible, à ce qui
« manquait à nos moyens directs d'exploration,
« nous avons embarqué fréquemment des habi-
« tants de la côte, choisis parmi les meilleurs cabo-
« teurs. Ils nous ont donné d'utiles renseignements
« dont nous avons pu ensuite vérifier l'exactitude.
« Néanmoins, pour différencier les renseignements
« recueillis de cette manière, de ceux que nous
« avons obtenus nous-mêmes, nous avons accom-
« pagné les premiers, sur les cartes et les plans,
« des mots : *Position douteuse*, et dans la présente
« instruction, des mots : *Renseignements des pratiques*,
« afin d'en faire apprécier la valeur comparative. »

Avec ces avertissements, le Pilote du Brésil
n'a pas pu exposer les navigateurs à de grandes
déceptions, s'ils l'ont consulté avec la prudence
toujours obligatoire dans toute navigation au
voisinage de la terre, quel que soit le document
hydrographique dont on fasse usage. L'exposé
sincère des procédés qui ont produit celui-ci, et
de leurs résultats, n'avait rien laissé de douteux sur son contenu; on y a trouvé ce qu'il
avait annoncé; or il avait également annoncé que
le temps pourrait amener quelques rectifications:
c'en était assez pour les prévoir et se précaution-
ner contre elles.

Neuf années cependant se sont écoulées sans qu'aucune erreur ait été signalée dans le Pilote du Brésil. Ce n'est que le 10 juillet 1836, qu'un rapport du lieutenant de vaisseau Jollivet, commandant la goëlette *la Daphné*, a fait connaître les dangers qu'il avait courus dans son atterrage dans la baie de Maranham; et ce n'est qu'un peu avant cette époque qu'on a signalé des dangers qui avaient échappé à nos recherches, se trouvant hors des routes que *la Bayadère* avait suivies. Jusqu'à ce jour quatre faits semblables, seulement, se sont ajoutés à celui-là, et il est probable que l'accroissement progressif de la navigation sur les côtes du Brésil en augmentera encore le nombre.

Cet état de choses doit donc être constaté dans la seconde édition du Pilote du Brésil, et successivement dans chacune de celles qui la suivront, jusqu'à l'entier perfectionnement de l'hydrographie du Brésil.

En conséquence, sauf les rectifications typographiques, assez nombreuses, que le temps a fait découvrir dans le texte du Pilote du Brésil, il sera reproduit tel qu'il a paru à sa publication, comme témoignage de l'état de l'hydrographie de cette partie des côtes de l'Amérique à cette époque; mais on trouvera, à la fin du volume, sous le titre de *Supplément* du Pilote du Brésil, l'indication des corrections résultant de l'expérience, dont le dépôt général des cartes et plans de la marine, sur le rapport de M. Givry, ingénieur-hydrographe de première classe, aura vérifié l'exactitude et reconnu l'utilité. Des notes, placées au bas des pages du texte, renverront aux articles de ce supplément qui se rapportent à ce qui est dit dans ces mêmes pages, ou qui peuvent y être ajoutés comme complément.

INTRODUCTION.

Étᴀᴛ des connaissances hydrographiques sur les côtes du Brésil jusqu'en 1819. — Armement de deux bâtiments de guerre français destinés à étendre ces connaisssances. — Exposition sommaire des méthodes suivies dans la campagne de ces bâtiments. — Avertissement sur la nature et l'étendue des détails offerts par les cartes, plans et instructions résultant de cette campagne.

Lorsque, au commencement de 1821, le Gouvernement publia mon *Mémoire sur la navigation aux côtes du Brésil*, j'annonçai que cet écrit n'était que l'extrait d'un ouvrage où je me proposais de donner tous les documents nautiques recueillis pendant la campagne hydrographique que je venais de faire au Brésil par ordre du Roi.

Les travaux de rédaction et de gravure des cartes et des plans produits par cette campagne, une nouvelle mission de trois ans, dont je fus chargé immédiatement après mon retour, suspendirent l'exécution de cet ouvrage; et ce fut pour en tenir lieu momentanément, et afin de ne pas priver trop longtemps les navigateurs d'une partie des fruits d'un travail entrepris dans leur seul intérêt, que je donnai, avant de partir, quelques *Notes* sur les principaux ports du Brésil.

Aujourd'hui, ces motifs de retard ont cessé, et la totalité des cartes est terminée. Un nouveau séjour au Brésil, quoiqu'il n'ait pas eu l'hydrographie pour objet spécial, m'a mis en état de vérifier et d'accroître mes premières observations, et je puis publier la présente instruction. J'ose espérer, d'après les efforts que j'ai faits pour la rendre utile, qu'elle fournira aux navigateurs un ensemble de renseignements qui leur avait manqué jusqu'ici.

Ce n'est pas que les côtes du Brésil aient donné lieu à un moins grand nombre de cartes et d'instructions qu'aucune autre partie du monde. Depuis vingt ans, surtout, que ce pays est plus généralement fréquenté, il s'en est publié plusieurs descriptions, principalement en Angleterre, où l'activité de la navigation fait du commerce des cartes marines une spéculation très-lucrative.

Mais, dans la quantité de ces documents, on ne peut en citer aucun de fondé sur un système d'opérations tel que les méthodes actuelles peuvent en produire.

État
de l'hydrographie
du Brésil
avant l'expédition

Les Portugais, premiers possesseurs du Brésil, sont aussi les premiers qui donnèrent quelques connais-

sances de ses côtes. Mais ces notions ne commencè-
rent à offrir quelque exactitude qu'à dater du dix-sep-
tième siècle; jusque-là, et pendant tout le temps que,
dirigés par les grandes vues des Sébastien et des Em-
manuel, les Portugais prirent la plus glorieuse part à
l'exploration du globe, ils ne s'occupèrent point de
décrire leurs conquêtes; bornés d'ailleurs à l'usage
d'instruments imparfaits et à des méthodes insuffi-
santes, ils ne pouvaient faire que des cartes fautives,
dont l'emploi fut souvent funeste.

Les Hollandais, pendant les trente années[1] de guerre
qu'ils soutinrent pour ravir le Brésil aux Portugais,
donnèrent des renseignements plus détaillés sur les
portions du pays qu'ils occupèrent. Ces renseignements
furent aussi moins défectueux que les précédents, parce
qu'ils furent successivement obtenus par des moyens
qui commençaient à s'améliorer. Mais ils n'embrassè-
rent que la partie de terrain adjacente au rivage, sans
s'étendre à la description de la côte proprement dite
et des dangers situés au large, objet principal de l'intérêt des navigateurs.

Ce ne fut que plus tard, à des époques rares et assez éloignées les unes des autres, que des améliora-
tions importantes purent être remarquées dans les
cartes des côtes du Brésil.

Dalrymple, en 1779 et 1788, avec l'aide des jour-

---

[1] De 1624 à 1654.

naux des marins de son pays et des renseignements
obtenus de plusieurs pilotes et hydrographes portugais, introduisit, dans cette partie des connaissances
hydrographiques, quelques rectifications avantageuses :
elles furent ensuite copiées sur toutes les cartes mo-
dernes ; mais elles participèrent encore de l'inexacti-
tude des observations astronomiques de ce temps.

La fixation des limites des possessions espagnoles
et portugaises en Amérique donna lieu, en 1780, de
former une commission, composée d'astronomes et de
géographes des deux puissances. Cette commission fit
un travail d'où résulta la détermination exacte de plusieurs points importants. Les commissaires portugais
levèrent ensuite une carte de la côte, depuis le Rio-
Grande de San-Pedro jusqu'à l'île de Sainte-Catherine,
c'est-à-dire, sur une étendue d'environ cent vingt lieues ;
mais cette carte, que les Portugais prétendent même
avoir prolongée plus au Nord par la suite, n'a jamais
été rendue publique, et elle est pour nous comme si
elle n'existait pas. On n'en connaît, tout au plus, que
des imitations infidèles, si l'on en juge par les différences considérables que présentent plusieurs des positions qu'elles donnent, comparées à celles des mêmes
lieux, résultant d'observations plus récentes et d'une
précision reconnue.

Ces cartes ont servi de base a celles que publia
Portugal, cosmographe portugais, dont les compa-
triotes louent l'exactitude dans quelques détails, mais

dont la précision géographique ne peut, toutefois, être justifiée.

Je n'ai pas cité, en parlant des ouvrages portugais sur le Brésil, celui du cosmographe Pimentel. Le livre de ce Portugais, intitulé : *Arte de navegar e Roteiro do Brasil, Guine, Angola, etc.*, ne traite que très-incidemment du Brésil; et, publié en 1699, on n'y trouve que quelques renseignements sur un petit nombre de points, tant du Brésil que de la route pour s'y rendre, sans aucune indication des sources où il a puisé pour se procurer ces renseignements, et par conséquent pour motiver la confiance dans leur exactitude.

C'est, à très-peu près, aux documents que je viens de rappeler que se bornent les connaissances hydrographiques sur le Brésil, jusqu'à la fin du dernier siècle; et les tentatives faites jusqu'en 1819 les ont peu augmentées à la connaissance ou au profit du public.

En 1817, Faden, géographe anglais, a publié une carte très-détaillée du littoral de la capitainerie de San-Paulo, rectifiée sur des levés faits sous les ordres de l'amiral Campbell. Les détails de cette carte sont assez exacts; mais les gisements des côtes y sont très-défectueux, et l'on n'y trouve pas plusieurs dangers portés sur des cartes anciennes et qui existent réellement. Cette carte est donc encore d'un usage dangereux, comme celles qui l'ont précédée, et dont elle ne diffère qu'en ce qu'elle présente la réunion de plusieurs plans de baies ou d'entrées de rivières levés à part et intercalés entre des positions supposées déterminées antérieurement.

M. Hewett, lieutenant de la marine anglaise, ayant obtenu, par des observations et des chronomètres, la position géographique de *Ciará, Fernando de Noronha, Pernambuco*, des caps de *Saint-Augustin* et *Santo-Antonio de Bahia*, des îlots *Abrolhos*, du cap *Frio* et de *Rio-Janeiro*, en a fait les bases d'une carte qu'il a publiée en 1818; mais, comme il a pris les détails de la côte dans les cartes inexactes qui ont précédé la sienne, et notamment dans celle de Dalrymple, il a participé à des erreurs graves, qu'il aurait sans doute évitées s'il ne s'en était rapporté qu'à lui seul.

Enfin, une instruction nautique, qui est en grande partie le fruit des observations de M. Hewett, a été publiée pour accompagner sa carte. Elle contient de bons renseignements; mais elle n'embrasse qu'une partie de la côte du Brésil, et laisse d'ailleurs à désirer une foule de détails dont la connaissance est indispensable aux navigateurs.

Une reconnaissance des côtes du Brésil est jugée nécessaire.

C'est dans cet état de connaissances hydrographiques sur les côtes du Brésil que le dépôt de la marine de France, sentant la nécessité d'une carte exacte de ces côtes, et ne pouvant trouver, dans les travaux dont nous venons de parler, ni dans les renseignements recueillis par les navigateurs français, les matériaux nécessaires à sa construction, sollicita du Gouvernement une expédition destinée à les procurer.

Des vues aussi utiles ne pouvaient manquer d'être accueillies par le roi de France. S. M. Louis XVIII, de vénérable mémoire, les honora de son approbation, et ordonna l'armement de deux de ses bâtiments pour faire l'hydrographie du Brésil.

La corvette *la Bayadère*, avec laquelle je venais de faire, en 1817 et 1818, la reconnaissance d'une partie de la côte occidentale d'Afrique, et le brick *le Favori* furent destinés à cette mission, dont le commandement me fut donné. La plupart des officiers qui m'avaient suivi avec distinction dans les campagnes précédentes firent encore partie de celle-ci ; et, au premier rang d'entre eux, M. Givry, ingénieur-hydrographe de troisième classe, des plus estimés du dépôt général de la marine, continua de m'accompagner sur *la Bayadère*, et de déployer les talents dont il avait déjà fait preuve. Un autre ingénieur du dépôt, M. Gressier, fut également adjoint à l'expédition et embarqué sur le brick *le Favori*, commandé par M. Letourneur, lieutenant de vaisseau.

Les deux bâtiments partis, l'un de Rochefort, le 14 février 1819, l'autre de Brest, le 3 mars, se trouvèrent réunis, le 16 mars, à Sainte-Croix de Ténériffe, où j'avais assigné le rendez-vous, pour vérifier la marche des montres marines et faire plusieurs observations relatives à la mission.

Nous reprîmes la mer le 18 pour nous rendre à l'île Sainte-Catherine, limite méridionale désignée pour le début de nos travaux. Peu de jours de navigation suffirent pour me faire connaître les mauvaises qualités du brick; sa marche était inférieure d'un tiers à celle de la corvette; et, forcé d'arriver dans les premiers jours de mai, pour profiter de l'opportunité de plusieurs observations qui s'offraient à cette époque, je fus obligé de lui retirer ma remorque et de me séparer de lui. J'arrivai le 10 mai à Sainte-Catherine, avec la fâcheuse certitude que je serais presque entièrement privé de la coopération de ce bâtiment.

Arrivée de la Bayadère à l'île Sainte-Catherine.

Cette première relâche au Brésil était importante pour l'expédition. C'est là qu'allaient commencer nos rapports avec les autorités du pays; c'est là aussi que je devais arrêter définitivement le plan du travail dont j'étais chargé.

Des communications diplomatiques avaient été faites à M. l'ambassadeur de Portugal à Paris, sur l'objet de l'expédition; mais il était douteux qu'elles eussent eu le temps de parvenir à la cour de Rio-Janeiro[1]. Notre arrivée à Sainte-Catherine pouvait donc n'être pas prévue dans cette île, et nous ne pouvions rien préjuger sur l'initiative qu'auraient à y prendre les autorités à notre sujet.

Cette initiative nous fut aussi favorable que nous pouvions le désirer. D. José Tovar d'Albuquerque, gouverneur, et D. Miguel de Souza e Alvim, intendant

---

[1] A cette époque le roi de Portugal résidait au Brésil.

de la province, étaient des officiers capables d'apprécier le caractère d'une entreprise du genre de la nôtre et de croire à la loyauté de ses auteurs. Ils devinèrent les intentions de leur souverain, et, nous accueillant avec une honorable confiance, ils favorisèrent de tout leur pouvoir nos travaux, dont ils se plurent à reconnaître l'intérêt général. J'oserai dire que je n'en ai point abusé et que je m'appliquai, dans tout le cours de mon séjour sur les côtes du Brésil, à renfermer mes démarches dans les limites d'une discrétion d'autant plus recommandée à ma délicatesse, qu'aucun avis, aucune marque de défiance, ne m'ont jamais rappelé qu'elle fût nécessaire. Je payerai avec d'autant plus de plaisir le tribut que je dois à cette libéralité de deux officiers distingués, et je leur exprime ici ma reconnaissance à tous deux pour la faveur que l'expédition en a reçue dans la circonstance décisive de son début. Je n'ai pas revu M. d'Albuquerque depuis cette époque; mais les marques d'estime, et j'oserai dire d'amitié, que j'ai reçues de M. de Souza, dans tous mes autres passages à Sainte-Catherine, lui ont acquis de ma part un sincère et inaltérable attachement, dont je le prie d'agréer ici l'assurance.

J'obtins de la bienveillance de ces deux messieurs l'usage du fort de Santa-Cruz, sur la petite île *Anhatomirim*[1], pour faire nos observations astronomiques. Plusieurs

Le méridien du mât de pavillon du fort *Santa-Cruz* de l'îlot *Anhatomirim*, est adopté

---

[1] Tête de petit singe (en brésilien).

voyageurs, occupés de recherches semblables aux
nôtres, avaient déjà observé sur ce point, et ce
fut le mât de pavillon du fort que nous prîmes provisoirement pour premier méridien de nos cartes, en
attendant que nous pussions fixer, par des observations
astronomiques, la longitude absolue de l'un des points
de la côte.

L'île Sainte-Catherine, assignée pour point de départ de nos reconnaissances, était, sous plusieurs rapports, désavantageusement choisie. Sa position sur
le globe n'était pas encore fixée avec la précision désirable, et l'on ne devait pas attendre, des moyens mis
à notre disposition et de la promptitude qui nous était
imposée, des observations de longitude absolue, d'une
importance suffisante pour faire cesser entièrement
cette incertitude. En embrassant seulement deux cents
lieues de plus au Sud, et en partant de Monte-Video, on
se serait appuyé sur une position exactement déterminée par les Espagnols[1], et il ne serait resté aucune lacune entre leur travail et le nôtre.

Les instruments d'astronomie et de navigation, placés à bord de *la Bayadère*, consistaient : 1° en un cercle
répétiteur à deux lunettes de Lenoir; 2° une lunette
astronomique de Carrochez, pourvue d'un micromètre
filaire; 3° plusieurs cercles de réflexion et horizons ar-
tificiels; 4° un cercle azimutal pour mesurer les angles

[1] D. José Varela et Malaspina, de 1792 à 1794.

à terre; 5° deux montres marines (n°ˢ 56 et 99) de feu Louis Berthoud.

Le Favori avait aussi trois cercles de réflexion et deux montres marines de feu Louis Berthoud.

Pour obtenir de ces divers instruments des résultats décisifs, sous le rapport des longitudes absolues, il aurait fallu pouvoir employer beaucoup plus de temps que nous ne devions en avoir à notre disposition.

Dans l'espace de dix mois, « nous devions recon- « naître et sonder toutes les baies, l'entrée de tous les « ports et des principales rivières; assigner la position « géographique des points remarquables du rivage, et « celle des écueils et dangers de toute espèce, sur la to- « talité des côtes comprises entre l'île Sainte-Catherine « et l'embouchure de la rivière des Amazones, c'est-à- « dire sur une étendue de près de neuf cents lieues. Nous « devions aussi étudier la direction et la force des vents « et des courants dans les diverses saisons; le mouve- « ment des marées à terre et au large; la déclinaison de « l'aiguille aimantée; indiquer, d'après ces éléments, les « routes à suivre pour atterrir sur ces côtes, pour navi- « guer à leur vue et pour s'en éloigner; en un mot, « recueillir tous les documents nécessaires pour cons- « truire une carte exacte du littoral entier du Brésil. » (*Dépêche ministérielle du 23 novembre 1818.*)

Le temps accordé pour accomplir ce travail était peu proportionné à l'entreprise. Nous nous propo- sâmes de n'en pas perdre un seul instant; et, afin d'en

Objet détaillé de l'expédition.

Modification que j'apporte au plan de la campagne.

tirer le plus d'utilité possible, je crus devoir modifier le plan sur lequel la campagne avait d'abord été conçue.

La détermination géographique qu'on s'était proposée, des principaux points de la côte, aurait eu cet inconvénient commun à tous les périples faits au moyen des seules observations astronomiques exécutées à la mer, que chaque position étant le résultat d'observations isolées et sans liaison entre elles, l'ensemble de ces positions ne peut donner que très-éventuellement la figure exacte du rivage; en sorte qu'il est rarement possible de placer, entre deux points déterminés de cette manière, la portion de la côte intermédiaire, lorsque, plus tard, on vient à la lever. Cela provient de ce qu'à la mer, les observations astronomiques ne pouvant pas toujours être faites dans des circonstances favorables à leur exactitude, elles ne peuvent pas non plus donner toujours des résultats précis.

D'après cette opinion, confirmée pour moi par l'expérience de mes campagnes sur la côte d'Afrique (où néanmoins j'oserai rappeler que nos observations astronomiques atteignirent un degré de précision digne d'être remarqué)[1], nous nous résolûmes, M. Givry et moi, à ajouter au travail d'abord projeté un second travail propre à en démontrer sur-le-champ l'exactitude, ou à en corriger les erreurs.

[1] Voyez mon *Mémoire sur la navigation aux côtes d'Afrique*; Paris, 1819

Nous nous décidâmes à *lever* entièrement la côte, c'est-à-dire à en lier tous les points remarquables par des relèvements, et à les embrasser ainsi dans un réseau continu de triangles, en même temps que nous les assujettirions à celles de nos observations astronomiques dont les circonstances, le choix et la concordance sur un même point nous auraient prouvé l'exactitude.

De cette manière, deux moyens, souvent indépendants l'un de l'autre, marchant de front, devaient se contrôler et se corriger mutuellement. Cette méthode était indispensable dans le commencement de notre travail, où, d'après la saison régnante et le gisement de la côte jusqu'au cap Frio, nous allions nous trouver dans l'impossibilité d'obtenir des latitudes par la hauteur directe du soleil, et réduits à recourir à des hauteurs supplémentaires, déjà trop grandes pour pouvoir être employées avec succès; mais nous l'appliquâmes, par conviction de ses avantages, à tout le reste des opérations de la campagne.

C'est donc ainsi, c'est par le concours d'une suite non interrompue de relèvements et des observations astronomiques, que nous avons obtenu les éléments des cartes de la côte du Brésil.

Tous les relèvements ont été faits avec des instruments à réflexion, et avec l'assiduité nécessaire pour en assurer la continuité.

Les observations astronomiques, portées à un très-grand nombre, ont été faites, autant que possible, dans des circonstances favorables , et leurs résultats ont subi toutes les rectifications qui peuvent compléter leur exactitude.

J'ai eu soin de distribuer les relâches des bâtiments à des distances assez rapprochées les unes des autres pour que nous ayons pu faire, à terre, plusieurs observations que le séjour à bord n'aurait pas permises, ou qui y auraient été faites avec moins de précision. Ces observations ont eu la plus heureuse influence sur l'ensemble du travail, comme on en pourra juger par cet extrait d'un mémoire inséré dans la Connaissance des temps de 1825, par M. Givry.

Il y fait le rapprochement suivant de nos observations pour déterminer la longitude de Rio-Janeiro, avec celles qui ont été faites antérieurement dans le même but.

Longitude du *Pain-de-Sucre* (*Paõ de Açucar*) à l'entrée de la baie de Rio-Janeiro :

« Moyenne de 892 distances lunaires, partagées en 332 séries, que nous avons observées, tant à Rio-Janeiro que sur divers points situés au Nord et au Sud de cette baie et rapportées au méridien du Pain-de-Sucre, au moyen des montres marines.   45° 34′ 42″,9 O

« Longitude, par la montre marine n° 56, embarquée sur *la Bayadère,* d'après la différence trouvée entre le méridien d'Anhatomirim et celui du Pain-de-Sucre . . . . .   45° 34′ 48″,1 O.

« Longitude, par l'immersion du premier sa

tellite de Jupiter, observée, le 17 mai
1820, par M. Givry, sur Anhatomirim . .   45° 32′ 22″

« Longitude, par les observations de Louis Godin, astronome français, en 1751   45   9 50

« Longitude, par 11 distances lunaires observées dans la même année par la Caille et
d'Après 44 57 30

« Longitude, par les astronomes portugais, en
1783, d'une part 45 38   0

« De l'autre, par les mêmes 45 37 50

« Longitude, par des observations du capitaine
anglais Haywood, cité par Horsburg 45 31 30

« Longitude, par les observations du capitaine
Freycinet, dans son Voyage autour du
monde 45 36 22

« Longitude, par les observations du lieutenant Hewett, pour l'île *Ratos* (baie de Rio-
Janeiro) 45 26 38

« Longitude, par les observations du général
Brisbane, à bord du vaisseau anglais *le
Royal-Georges*, près du cap Frio, en 1811.   45 31 18

« Enfin, par des observations chronométriques
faites, en 1821, à bord de la frégate de
Sa Majesté, *la Clorinde*, commandée par
M. le capitaine de vaisseau Baron de
Mackau, à vue du cap Frio, et rapportées
au Pain-de-Sucre 45 33 54

« Un tel accord entre les résultats des observations
« des astronomes portugais, du capitaine Haywood, du
« lieutenant Hewett, du capitaine Freycinet, du géné-
« ral Brisbane, de la frégate *la Clorinde*, et les nôtres,

« doit faire présumer que la longitude de Rio-Janeiro
« n'éprouvera désormais que de légers changements
« par suite des observations qu'on pourra faire dans ce
« lieu. »

En rapportant cette détermination, je ne veux pas
attribuer aux opérations de ma campagne au Brésil un
mérite auquel il n'était pas de son objet de prétendre.
Probablement la longitude de Rio-Janeiro ne paraîtra
définitivement fixée que lorsqu'un observatoire aura
été établi depuis quelque temps sur ce point; ce sera
le sentiment des astronomes, et nous ne voulons pas en
appeler. Nous ne nous proposions, dans notre voyage,
que de déterminer des positions relatives, des différences en longitudes d'un point à un autre, au moyen
des montres marines; mais on conviendra peut-être,
cependant, que ce que nous avons pu y ajouter avance
la solution d'une question plus importante, et augmente au moins le nombre des probabilités obtenues
jusqu'ici sur la longitude de Rio-Janeiro.

J'ai dit plus haut que le mât de pavillon du fort
Santa-Cruz d'Anhatomirim avait été pris provisoirement pour premier méridien de nos cartes.

Position
du point de départ
de nos
reconnaissances
hydrographiques.
Au moyen d'un grand nombre d'observations, de la
précision desquelles nous croyons pouvoir répondre, à
très-peu de secondes près, nous lui avons assigné la latitude de 27° 25′ 31″,9 Sud.

Sa longitude, par la montre n° 56, en employant une
marche diurne moyenne entre celles qui ont été obser-

vées à Ténériffe et à l'île Anhatomirim, est de 31° 1′ 18″
à l'Ouest de l'observatoire royal de Paris [1].

C'est de cette position que nous avons compté les
longitudes de tous les points de la côte jusqu'à Ma
ranham; en sorte que toutes ces longitudes forment un
ensemble invariablement lié, et qu'étant en fonction
les unes des autres, si (ce qui nous paraît douteux) des
observations subséquentes prouvaient que la côte orientale d'Amérique doit être portée, d'une quantité quelconque, à l'Est ou à l'Ouest du point que nous lui assignons, il n'en résultera aucun changement dans les
positions respectives des lieux, et la correction ne porterait que sur leur ensemble; ce qui ne serait d'aucune
importance pour la navigation.

Les opérations hydrographiques sont maintenant pratiquées par un assez grand nombre de personnes, pour
qu'il soit superflu d'entrer dans le détail des méthodes
que nous avons employées. M. Beautemps - Beaupré,
membre de l'institut et ingénieur-hydrographe en chef
de la marine, en a, le premier, développé le principe
dans son appendice au Voyage de Dentrecasteaux, où il
a joint les meilleurs exemples aux meilleurs préceptes.

Exposition
sommaire
des méthodes
hydrographiques
que nous avons
employées
dans l'expédition.

---

[1] Cette longitude, conclue de la différence que nous avons trouvée
entre les méridiens du môle de Sainte-Croix de Ténériffe et du fort
Santa-Cruz d'Anhatomirim, est, en outre, basée sur la longitude que
nous avons assignée, en 1817 et 1818, à ce premier point, laquelle
est 18° 33′ 30″ à l'Ouest de Paris. (Voyez mon *Mémoire sur mes Reconnaissances hydrographiques à la côte d'Afrique*; Paris, 1819.)

Après avoir été les premiers à l'imiter dans l'application de sa méthode à l'hydrographie dans la grande navigation, lors de nos campagnes sur la côte d'Afrique, nous l'avons, de nouveau, pris pour guide dans notre travail sur la côte du Brésil, et cela nous dispense de dire plus de quelques mots sur cette méthode, devenue familière aujourd'hui.

Elle consiste, comme on sait, à déterminer successivement les diverses positions de l'observateur sur la mer par rapport à trois points déterminés de la côte. Il en résulte une suite de triangles liés entre eux par des parties communes, à l'aide desquelles les autres parties sont déterminées à leur tour. Toute la côte que nous allons décrire a été comprise dans une pareille triangulation. Afin de ne pas l'interrompre, je mouillais presque tous les soirs, quelque temps qu'il fît et sur quelque point de la côte que je me trouvasse; et je ne remettais sous voiles, le lendemain, qu'après avoir repris les derniers relèvements de la veille, pour nous assurer que nous n'avions pas changé de place pendant la nuit, et qu'après avoir orienté, par des relèvements astronomiques, la station par rapport aux principaux points relevés à terre.

En adjoignant un second bâtiment à l'expédition, on avait eu pour objet de la rendre moins pénible et d'augmenter le nombre des observations de toute espèce qu'elle avait pour but de recueillir. Le faible tirant d'eau du *Favori* m'avait fait espérer de pouvoir l'attacher de très-près au rivage, pour en étudier les détails que la prudence ne permettrait pas à la corvette d'approcher, et je me flattais, en le tenant à terre de mes routes, le long de la côte, d'abréger de moitié le temps nécessaire pour sonder, et d'avoir par son moyen une double ligne de sondes à porter sur les cartes.

Ce bâtiment se trouva si dépourvu de qualités, qu'il me fallut, dès le commencement de la campagne, renoncer à en faire un tel usage. Je pris alors le parti de l'expédier à l'avance, sur les divers points qui méritaient une exploration détaillée, avec ordre de s'occuper de cette exploration en m'attendant; ces travaux particuliers, assujettis ensuite à l'échelle et aux bases du travail général exécuté sur *la Bayadère,* devaient venir s'y intercaler avec avantage, et accroître l'intérêt des résultats généraux de la campagne.

Si le zèle eût suffi pour multiplier ces travaux, ils auraient sans doute été nombreux; mais *le Favori* ne put arriver que deux fois assez tôt aux relâches que je lui avais prescrites, pour s'y occuper utilement avant l'apparition de la corvette; et les plans du mouillage de Saint-Sébastien, de l'entrée de Espirito-Santo, de l'entrée de Bahia, de la rade de Pernambuco, et de l'embouchure de la rivière de Cayenne, sont les seuls auxquels il put coopérer. Les talents dont le capitaine, l'ingénieur, et les officiers de ce bâtiment y ont fait preuve, m'ont donné lieu de beaucoup regretter d'avoir été si souvent privé de leur assistance.

Au surplus, nos reconnaissances de la côte du Brésil, destinées principalement à l'usage de la grande navigation, ne comportaient pas une recherche minutieuse des détails de cette côte; cette sorte d'exploration n'intéresse réellement que les caboteurs, et ne peut être faite que par de petits bâtiments qui seraient stationnés long-temps sur les lieux mêmes. Ceux de l'expédition eussent-ils possédé les qualités qu'on leur avait supposées, la déférence que je devais aux autorités du pays, et les bornes assignées à la durée de la mission, me prescrivaient de ne pas m'étendre au delà des objets essentiellement importants pour le plus grand nombre des navigateurs.

Le gisement exact des côtes, l'atterrage sur les ports les plus fréquentés, les routes à faire pour s'y rendre et pour les quitter, les vents, les courants qui influent sur ces routes et les dangers qu'elles peuvent offrir, étant les principaux objets sur lesquels il était réellement nécessaire de procurer des renseignements précis, c'est à eux que je m'attachai et que je consacrai tout mon temps.

J'espère avoir laissé peu à désirer à cet égard. Nous avons prolongé huit cents lieues de la côte du Brésil, à une distance d'un à six milles, sans préjudice des nombreuses pointes, de dix à douze lieues au large, sur tous les points importants, pour en reconnaître les approches. Il est donc difficile qu'aucun danger, aucun objet digne d'intérêt nous ait échappé; et nos cartes, présentant la côte *telle qu'elle paraît à la distance d'une à deux lieues*, nous semblent offrir tout ce qui est utile à la généralité des marins, sans tomber dans les détails dont la recherche n'entrait pas dans le plan de l'expédition, et qu'on n'obtient, en général, qu'aux dépens de la clarté, première condition d'une carte et de tout document hydrographique.

Dans cette campagne, comme dans celles qui l'ont précédée, pour le même objet, sur la côte d'Afrique, nous avons apporté tous nos soins à l'exactitude des observations astronomiques, et nous n'avons rien négligé pour tirer, des instruments que nous possédions, tout le parti qui dépendait de nous.

Comme dans les campagnes de 1817 et 1818, les montres de *la Bayadère* avaient été suspendues dans une armoire placée un peu en arrière du grand mât dans l'entre-pont; dans cette situation, les montres ne participaient, pour ainsi dire, à aucun des mouvements du bâtiment; elles étaient tenues sans cesse dans une température uniforme d'environ 30° du thermomètre centigrade, au moyen d'une lampe, et jamais on ne les touchait que pour les monter; un chronomètre portatif, comparé avant et après les observations, était employé à transmettre le temps des montres, chaque fois qu'il en était besoin.

C'est sans doute en partie à ces précautions que nous avons dû de tirer des montres marines des résultats d'une exactitude, sinon supérieure à toute attente.

du moins égale à tout ce qui pouvait être espéré. On en jugera par l'exemple suivant, que je prends parmi une foule d'autres que je pourrais citer. Après cinquante-cinq jours, depuis notre départ de Bahia, l'accélération de la montre n° 56 n'avait augmenté que de $0'',4539$; en sorte que la longitude qu'elle attribua au fort *San-Luiz de Maranhaõ*, calculée avec la marche reconnue au départ, ne différait que de $3'\,10''$ de degré de celle que nous trouvâmes définitivement, en employant la marche moyenne des deux relâches; et, ce qui doit compléter la conviction sur l'extrême régularité de cette montre, c'est que la longitude qu'elle donna à Pernambuco (relâche intermédiaire où nous fîmes des observations de longitude), et calculée avec la marche de Bahia, ne différa que de $1'\,49''$ de celle qui fut assignée en dernier lieu à ce point, en employant la marche moyenne du départ et de l'arrivée.

Détails sur les longitudes obtenues pendant la campagne.

Une exactitude aussi remarquable doit inspirer une parfaite confiance dans les différences en longitude que nous assignons aux divers points de la côte du Brésil; le soin a été poussé, relativement à cet élément de nos cartes, jusqu'à recalculer tous les angles horaires, avec les latitudes corrigées des courants, toutes les fois qu'il a été reconnu que les courants avaient eu de l'influence sur la station dans laquelle la longitude avait été observée; et l'une des conséquences les plus certaines du système de relèvements continus que nous avons suivi était la connaissance précise de cette influence des courants, dans l'intervalle des observations astronomiques.

Sur les latitudes.

Les latitudes ont été conclues de séries nombreuses de hauteurs prises avant et après le passage du soleil au méridien, toutes les fois que la hauteur de l'astre rendait cette méthode praticable. Lorsque le soleil était très-près du zénith, nous observions sa hauteur supplémentaire en même temps que sa hauteur directe, comme je l'ai expliqué en rendant compte de mes campagnes à la côte d'Afrique, et nous partagions probablement ainsi l'erreur provenant de l'irrégularité des réfractions astronomiques, toujours si variables sous les hautes températures dans le voisinage de la terre.

Dans les parties de nos reconnaissances où le gisement des côtes s'opposait à ce que nous pussions amener les astres à l'horizon, j'ai fait des relâches plus nombreuses, afin que les observations faites à terre suppléassent, en plus grand nombre, à celles que le séjour à bord eût rendues défectueuses. Nos latitudes alors étaient obtenues, soit par des hauteurs croisées, avec le cercle de réflexion et l'horizon artificiel, soit par des distances des astres au zénith, prises avec le cercle répétiteur.

Les résultats que nous avons obtenus dans cette partie de notre travail ne sont pas moins satisfaisants que les autres, ainsi que le prouve la comparaison de nos observations de latitude avec les observations de même espèces faites antérieurement.

Je présenterai, sans le choisir, le rapprochement fait par M. Givry, dans le mémoire déjà cité, relativement à la latitude de la petite île *Ratos*, située dans la baie de Rio-Janeiro.

Latitude de l'île Ratos, par nos observations. 22° 53′ 16″ S.
Latitude du milieu de la place du Gouvernement, qui est de quelques secondes plus Sud que l'île Ratos, par Louis Godin, astronome français, en 1751 . . . . 22 53 40
Latitude du même lieu, par la Caille et d'Après. 22 54 0
Latitude du même lieu, à très-peu de secondes près, par les astronomes portugais, en 1783, d'une part. 22 54 12
Latitude, par les mêmes, une seconde fois. . 22 54 13
Latitude, par le lieutenant Hewett, en 1814 et 1815. . . . . 22 53 30

C'est, à bien peu près, une identité parfaite, et la moyenne est 22° 53′ 48″.

La déclinaison de l'aiguille aimantée a été déterminée avec des soins recherchés et continus, toutes les fois que le temps l'a permis. Chaque résultat que j'en rapporterai dans le cours de cet ouvrage sera toujours la moyenne de trois ou quatre séries d'azimuts ou d'amplitudes observés avec des compas de grands diamètres et éprouvés, en même temps qu'ils étaient toujours placés au même point du bâtiment par rapport au compas de route. Ce que j'ai dit plus haut de la manière dont les cartes ont été levées fait connaître que

la boussole y a été fort rarement employée : nous ne
nous en sommes servis pour les relèvements que lorsqu'il était impossible de s'en passer.

Les sondes méritent toute la confiance des marins.
A l'exception de celles des ports et des rades, elles ont
toutes été faites par les bâtiments mêmes; obligation
laborieuse à laquelle je me suis toujours assujetti, tant
pour donner aux sondes toute l'exactitude possible,
que pour pouvoir garantir, par ma propre expérience
et après les avoir parcourues moi-même, les routes que
j'aurais à indiquer. Les marins savent combien l'idée
que des bâtiments ont passé sur la route qu'ils tiennent
ajoute à leur confiance et à leur sécurité.

Nous étions parvenus à former des sondeurs capables d'avoir le fond avec certitude à vingt brasses,
par une vitesse de plus de quatre nœuds; mais j'ai
toujours eu soin de rester au-dessous de ce sillage
et de régler la vitesse sur la plus grande facilité de
sonder : j'ai la conviction que, sur cent sondes portées
sur nos cartes, il n'y en a peut-être pas deux de fautives.

Tous les brassiages marqués sur la route des bâtiments sont tels qu'ils ont été trouvés, et sans aucune modification pour les ramener au niveau des basses mers.

Dans les plans particuliers, les sondes ont été rame-
nées à la basse mer du lieu; des notes placées sur les
plans en avertissent toujours, et il faut lire ces notes
avec attention.

Le plomb de sonde ne pouvant indiquer que la nature de la surface du fond, nous nous sommes servis, dans tous les mouillages, de lances qui, pénétrant le sol assez profondément, nous ont fait connaître la qualité de ses couches inférieures, leurs avantages et leurs inconvénients pour la tenue des ancres.

L'observation des marées est la partie la moins précise de notre travail, et il ne dépendait pas de nous de lui donner un plus grand degré d'exactitude. Ce genre d'observations, s'exerçant sur un phénomène dont les effets se combinent d'une foule de causes irrégulières et variables selon les lieux, exige un long séjour à terre et une attention aussi suivie que minutieuse : ces conditions nous étaient refusées; nos relâches ne pouvaient avoir la durée nécessaire pour faire un nombre suffisant d'observations, et je devais m'abstenir, en pays étranger, de démarches qui, par leur durée et leur continuité, auraient pu porter ombrage aux autorités ou aux habitants.

C'est la même discrétion qui nous a privés des plans de l'intérieur des ports, espèce de documents qui n'entraient pas dans l'objet de ma mission, et qu'il faut attendre de la libéralité des gens du pays.

Mais nous avons remédié, autant qu'il dépendait de nous, à ces circonstances défavorables. Dans l'impossibilité d'établir à terre une échelle et un observateur de marées, je faisais sonder, de quinze en quinze minutes, à l'avant, à l'arrière et de chaque côté du bâtiment au mouillage, avec des lignes souvent vérifiées. Comme,

dans un grand nombre de ces mouillages, je faisais affourcher, et qu'à la très-petite distance où je me pla-
çais de la côte les vents ne variaient guère qu'alternativement du large et de terre, l'évitage du bâtiment
s'effectuait presque toujours sur les mêmes directions
et sur le même terrain, en sorte que les sondes ne
pouvaient manquer de retomber très-souvent sur les
mêmes points du fond, et d'indiquer, avec assez d'exactitude, les changements successifs de la hauteur des
eaux pendant toutes les périodes de leur mouvement
journalier. Les résultats de ces observations ont presque
toujours confirmé cette probabilité, et les variations de
la profondeur se sont accordées, avec la régularité la plus
satisfaisante, aux heures correspondantes de la marée.

Nous avons donné la même importance à l'observa- Sur l'observation
des courants.
tion des courants. Au mouillage, nous en relevions la
direction de demi-heure en demi-heure, et nous mesu-
rions en même temps leur vitesse avec un loch fait
exprès, gradué avec précision et souvent vérifié. Leur
action était d'ailleurs presque constamment évidente
pour nous, même quand nous étions sous voiles, au
moyen des observations astronomiques, des montres
marines et de la liaison de nos relèvements, d'où résultait la fixation presque continuelle de notre position
réelle.

On trouvera, dans le chapitre suivant, le résumé de
nos observations sur les courants généraux à la côte du
Brésil; les courants particuliers et le mouvement des

marées seront décrits à l'article de chacun des lieux auxquels ils se rapportent.

Sur
la nomenclature
employée
dans nos cartes

La nomenclature employée dans nos cartes et dans la présente instruction est, autant qu'il nous a été possible de la connaître, telle qu'elle existe dans le pays même.

Les motifs qui m'ont déterminé à la préférer à toute autre m'ont paru péremptoires. En effet, les côtes du Brésil, quoique très-mal figurées sur les cartes jusqu'ici, n'y sont pas moins présentées avec un détail de topographie qui nécessite une nomenclature fort étendue. Mais les erreurs de ces cartes ont jeté une telle confusion dans la désignation des lieux, qu'un même point, souvent même un point imaginaire, est indiqué sous cinq ou six noms différents sur autant de cartes : cela provient, tantôt de la différence de langage des auteurs des cartes et de la difficulté qu'ils éprouvaient à prononcer et à écrire le même nom d'une même manière, tantôt de la puérile prétention de quelques-uns, d'imposer des noms nouveaux à des objets déjà connus, décrits et nommés, afin de donner à leurs relations un vernis de découvertes.

J'ai voulu éviter ce travers, dont l'inconvénient est visible par la confusion qu'il a jetée si longtemps dans la géographie de beaucoup de lieux. Je me suis appliqué à recueillir les noms usités dans le pays, en les faisant, autant que possible, écrire par les habitants eux-mêmes ; et, à cet effet, j'ai embarqué avec moi, aussi souvent que je l'ai pu, un homme de la partie de côte que j'avais à reconnaître, sous la prononciation et la dictée duquel nous écrivions le nom de chaque point, à mesure qu'il passait sous nos yeux.

J'ajouterai un mot sur le second parti que j'ai tiré de ces rapports avec des hommes du pays, pendant que je faisais l'exploration de la côte.

Choisis, autant que je l'ai pu, parmi les meilleurs patrons du cabotage, ces hommes m'ont donné des renseignements très-intéressants sur les objets de détail que je ne pouvais pas étudier moi-même, et j'ai eu occasion de vérifier ensuite plusieurs de ces renseignements. Néanmoins, les points placés sur nos cartes, ou indiqués dans cette instruction, d'après ce seul genre de données, sont accompagnés, sur les premières, des mots : *Positions douteuses*, et, dans le cours de cet ouvrage, par les mots : *Renseignements des pratiques*.

On a également différencié, sur les plans et les cartes, les parties de côte que nous avons reconnues nous-mêmes, de celles, en très-petite quantité, dont la configuration a été prise ailleurs, faute d'avoir pu les approcher suffisamment. Quoique les sources de ces emprunts aient toujours été choisies dans ce qu'on connaissait de plus exact, comme nous ne voulons garantir que ce que nous avons vu, en le présentant comme nous l'avons vu, nous avons trouvé convenable de prévenir tous les doutes à cet égard : c'est ce que M. Givry a fait en rédigeant et dessinant les cartes, et les ma rins qui en feront usage devront faire attention aux explications qu'elles portent sur la manière dont les diverses parties de la côte y sont rendues.

Tels sont les avertissements dont j'ai cru devoir faire précéder le Pilote du Brésil. Ces sortes d'ouvrages ne peuvent prétendre à la confiance que leur but est d'inspirer, qu'autant qu'ils sont faits consciencieusement et présentés avec une entière bonne foi. J'ai eu sans cesse ces deux conditions devant les yeux dans l'accomplissement de ma mission, et c'est pour achever de la remplir dans le même esprit, que j'ai expliqué les procédés que nous avons suivis et les méthodes que nous avons pratiquées.

J'ai dit plus haut (pages xxvi et xxvii) que le résultat de nos reconnaissances des côtes du Brésil était de présenter ces côtes « telles qu'elles paraissent à la distance « d'une ou deux lieues de terre. » La présente instruction s'étend aux détails que ce cadre doit naturellement comporter. Je n'ai pas méconnu la responsabilité qu'entraîne une semblable tâche; je ne me suis pas dissimulé l'inconvénient de publier une description d'une portion quelconque d'un pays rempli d'autant de personnes éclairées qu'on en distingue au Brésil, et je sens qu'oser parler, avec une sorte d'étendue, des lieux qu'on n'a pu étudier que pendant quelques mois et en soumettre un tableau à des habitants si capables et si facilement à portée d'en relever les moindres inexactitudes, est une hardiesse qui doit paraître téméraire, et, presque inévitablement, exposer l'amour-propre de son auteur à de fréquentes contrariétés.

Cette considération frappante ne m'a cependant point arrêté, et j'ose espérer que ma hardiesse ne sera pas trouvée inexcusable.

L'insuffisance et l'imperfection des documents publiés sur les côtes du Brésil ne se bornaient pas à ce qui regarde la géographie; leurs erreurs s'étendaient à tout ce qui est relatif à la navigation sur ces côtes, et les vents, les courants, les saisons, les marées, etc., qui y règnent, avaient été jusqu'ici peu observés ou mal définis.

Il y avait donc beaucoup à faire dans un sujet si neuf; et, sans oser prétendre à remplir une aussi grande lacune, j'ai cru au moins utile de chercher à la diminuer. C'est ce qui m'a porté à entrer dans un tel détail : sacrifiant ainsi, par le désir du bien, le désagrément de me voir probablement reprocher des erreurs, à l'avantage d'exciter ceux qui me succéderont à faire mieux que moi.

Si, comme je le crois, les navigateurs trouvent dans cet ouvrage un assez grand nombre d'indications exactes et de conseils qui leur soient profitables, j'aurai atteint mon but, et je serai bien plus flatté de ce succès que blessé d'avoir à corriger des fautes qu'au moins j'aurai le mérite de faire signaler, et qui, au sentiment de tout juge impartial, ne pouvaient guère être évitées dans un premier essai de cette étendue.

Le tableau que j'ai présenté de l'état de l'hydrographie du Brésil, antérieurement aux reconnaissances dont j'ai été chargé, fera sentir, comme il doit l'être, le prix du service rendu par la France à la navigation. Ce service a le caractère du plus entier et du plus noble désintéressement, et la répartition actuelle du commerce maritime entre les nations qui y participent avec la France en est la preuve irrécusable. Les navigateurs en apprécieront d'autant mieux la générosité du Monarque éclairé dont la bienveillance s'est plue à contribuer ainsi à leur sûreté, et leur reconnaissance joindra son hommage à ceux que reçoit chaque jour sa mémoire révérée.

Je ne terminerai pas cette introduction sans acquitter une dette qui m'honore trop pour que je la puisse taire : je veux parler de mes sentiments pour les témoignages de bonté dont j'ai été l'objet durant mon séjour au Brésil.

J'ai rapporté les procédés des chefs de la province de Sainte-Catherine à mon égard. S. M. le roi D. João VI les approuva et m'en confirma l'assurance, lorsque, le 24 juin 1819, j'eus l'honneur d'être admis à lui offrir l'hommage de mon respect. S. M. daigna « reconnaître l'intérêt général de ma mission, en ap- « prouver le plan et en protéger l'accomplissement, en « m'annonçant qu'elle voulait donner des ordres pour « que je continuasse à trouver, sur la partie de ses « États qui me restait à parcourir, les mêmes facilités « que j'avais trouvées jusque là. »

L'esprit qui avait inspiré des ordres si généreux se manifesta dans tout le cours de leur exécution, et l'accueil le plus flatteur me fut fait sur chacun des points que je visitai.

Ces dispositions ne se sont point évanouies avec le règne qui les a vues naître. A mon second voyage au Brésil, où je me proposai d'utiliser mon séjour en ajoutant de nouveaux documents hydrographiques à ceux que j'avais déjà recueillis, S. M. l'empereur D. PEDRO Ier, entré alors dans la glorieuse carrière qu'il parcourt aujourd'hui, se montra également favorable à ce projet. Héritier des vues élevées et de la bienveillance de son auguste père, il protégea comme lui des travaux dont il reconnut l'utilité générale, et il daigna en distinguer l'auteur.

Ces bontés ont excité ma respectueuse reconnaissance.

J'achèverai d'obéir à ce sentiment, en plaçant ici, sous les noms augustes qui précèdent, ceux des personnes éminentes dont les égards et les procédés m'ont rendu agréables mes divers séjours au Brésil, et j'ai l'honneur de prier MM. le comte DOS ARCOS, ministre de la marine en 1819, le comte DE VIANA, vice-amiral, gentilhomme de la chambre du roi, le comte DE PALMA, capitaine général de la province de Bahia, D. Luiz DO REGO-BARRETO, capitaine général de la province de Pernambuco, et D. Bernardo DE SILVEIRA PINTO DE FONSECA, capitaine général de la province de Maranham, à la même époque, de recevoir l'expression de mes remercîments.

LISTE

Des **officiers** et **élèves** composant l'état-major des bâtiments du Roi, employés, en 1819 et 1820, à faire la reconnaissance hydrographique des côtes du Brésil.

LA CORVETTE *LA BAYADÈRE*.

MM. A. Roussin[1], capitaine de vaisseau, officier de l'ordre royal de la Légion d'honneur, chevalier de Saint-Louis, chef de l'expédition.

A. P. Givry[2], ingénieur-hydrographe de troisième classe, chevavalier de la Légion d'honneur.

L. G. Quernel, lieutenant de vaisseau.

J. N. Le Marié, *idem.*

L. J. Depéronne, enseigne de vaisseau.

M. Ch⁵ Ollivier, *idem.*

Ch⁵ P. Zylof de Créqui, *idem.*

X. Ch⁵ L'Évêque, *idem.*

ÉLÈVES DE LA MARINE.

P. G. Dutaillis, élève de première classe.

J. M. Manès, *idem.*

C. Laroche, *idem.*

LE BRICK *LE FAVORI*.

T. M. Le Tourneur, lieutenant de vaisseau.

J. B. Goeury, *idem.*

C. L. Gressier, ingénieur-hydrographe de troisième classe.

A. N. Hanet-Cléry, enseigne de vaisseau.

J. Ch⁵ Colignon, *idem.*

ÉLÈVES DE LA MARINE.

P. Gatier, élève de première classe.

J. Bellenger, *idem.*

Ch⁵ Pelletier, *idem.*

---

[1] Fait baron, au retour de la campagne, du propre mouvement du Roi, à son audience particulière, le 18 octobre 1820.

[2] Fait ingénieur de 2ᵉ classe, en témoignage de satisfaction, au retour de la campagne.

LE
PILOTE DU BRÉSIL.

CHAPITRE PREMIER.

ASPECT GÉNÉRAL DES CÔTES DU BRÉSIL; LEUR STRUCTURE ET LEURS
APPROCHES; TEMPÉRATURE, SAISONS, VENTS ET COURANTS QUI Y
RÈGNENT.

L'aspect des côtes du Brésil n'est pas le même sur toute leur étendue. Depuis l'île *Santa-Catharina* [Sainte-Catherine] jusqu'à environ soixante lieues au Nord du cap *Frio*, les terres sont très-élevées, couvertes de forêts, et elles peuvent être aperçues de dix-huit lieues de distance, par un beau temps : il n'y a donc que des précautions ordinaires à prendre pour les approcher en venant de la mer.

Mais il n'en est pas de même partout ailleurs : sur plusieurs points, on ne voit la terre que d'une médiocre distance, et l'atterrage exige plus de précautions. Telles sont les parties comprises entre *Espirito-Santo* et le *Monte-Pascoal*

Aspect général
des
côtes du Brésil.

[Mont-Pascal], entre *Porto-Seguro* et la baie de *Tous-les-Saints*, entre la *Torre de Garcia de Avila* et le cap *Saint-Augustin*, et ensuite, presque sans exception, depuis *Ollinda* jusqu'à l'île *Maranhaõ* [Maranham]. Sur tout ce développement, les terres sont basses ou de médiocre élévation, et elles n'offrent que çà et là quelques montagnes d'un ordre inférieur, ou trop reculées dans l'intérieur du pays pour qu'on puisse les apercevoir aisément du large.

Les avertissements qu'on peut retirer de la sonde, sur la proximité à laquelle on se trouve de ce continent, dépendent de la position où l'on est par rapport à lui. Ces avertissements ne peuvent être que d'un faible secours sur toute la côte orientale, principalement depuis l'île de Sainte-Catherine jusqu'à la pointe d'*Ollinda*, à cause des grandes profondeurs qui règnent à une petite distance du rivage (le parallèle des *Abrolhos* étant excepté).

La sonde rapporte soixante-dix brasses à dix-huit lieues sur le parallèle de l'île de *Sainte-Catherine*, quarante brasses à douze lieues de *Paranagua*, cinquante brasses à douze lieues dans l'Est de l'île *Saint-Sébastien*, trente-cinq brasses encore à cinq lieues seulement dans le Sud-Est de la pointe *Joatinga*, soixante-dix-huit brasses à dix-huit lieues dans le Sud-Est de l'entrée de *Rio-Janeiro*, enfin plus de soixante brasses encore à sept lieues seulement du cap *Frio*.

Une carte espagnole, de 1777, marque quelques sondes de vingt brasses, à dix ou douze lieues dans le Sud-Sud-Est de ce cap; mais nous ne les avons pas retrouvées.

Les profondeurs ne sont pas moindres dans le Nord-Est du cap *Frio*. On n'a déjà plus de fond à cent vingt brasses, à trente lieues dans l'Est $\frac{1}{4}$ Sud-Est du cap *San-Thomé*. Les sondes s'étendent davantage à l'Est et au Sud-Est des *Abro-lhos;* mais on ne peut guère en avoir à l'Est du méridien de 39° 10', situé à trente-six lieues dans l'Est de ces îlots ; et, si l'on trouve encore le fond au large de ce méridien par le travers des *Abrolhos*, ce n'est qu'accidentellement, sans qu'on y puisse compter, et rarement par une profondeur de moins de cent brasses.

On n'a pas trouvé le fond à deux cents brasses, à huit lieues seulement dans le Sud-Est du cap *Santo-Antonio de Bahia*, ni même à douze milles au Sud de ce cap, bien qu'à quatre milles plus à l'Ouest et au Nord il n'y ait que vingt brasses d'eau; enfin, à neuf lieues, sur le parallèle et à vue, par l'Est, du cap ou *morro San-Paulo*, on n'a pas eu le fond non plus avec une ligne de cent vingt brasses.

De *Bahia* à *Ollinda*, la côte n'est pas moins accore. A neuf lieues dans l'Est de la *Torre de Garcia de Avila*, la profondeur est déjà de cent quatre-vingts brasses; à la même distance dans l'Est de la petite embouchure ou *Barra de Ita-picuru,* elle est aussi de plus de deux cents brasses; elle excède cent quatre-vingt-dix brasses à vingt lieues de *Rio-Real* et de *Rio-Sergipe;* et l'on trouve cinquante brasses à dix lieues dans l'Est de l'embouchure du *Rio-San-Francisco;* enfin, sur toute la côte qui s'étend au Nord, jusque proche de *Pernambuco,* on ne trouve pas moins de trente à quarante brasses à neuf ou dix lieues du rivage; et à moins du double de cette distance, sur les parallèles de *Pernambuco* et d'*Ol-linda*, on n'a pas le fond à cent vingt brasses.

La profondeur est comparativement un peu moindre sur la côte au Nord d'*Ollinda;* mais elle est encore trop grande à petite distance de terre pour que la sonde puisse être consi-

Des côtes situées
entre *Bahia*
et
la pointe d'*Ollinda*.

Des côtes situées
entre
la pointe d'*Ollinda*
et les bancs
du cap *Saint-Rock*.

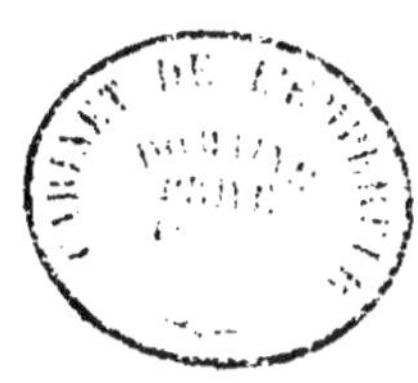

dérée comme un moyen facile et suffisant de sécurité à l'atterrage. Bien qu'on trouve de six à neuf brasses seulement, à deux ou trois milles du *Cap-Blanc*, devant l'embouchure du *Rio-Parahyba*, devant le fort *dos Reis-Magos* [des Rois-Mages] ou embouchure du *Potangi*, de même qu'à quatre milles au large du cap *Saint-Roch*, on passe promptement à quarante brasses si l'on s'éloigne de dix à douze lieues de la côte.

Des côtes comprises entre les bancs du cap Saint-Roch et l'île de Maranham.

Dans le Nord du grand coude formé par la côte proche le cap Saint-Roch, les terres qui se prolongent sur la direction de l'Ouest-Nord-Ouest jusqu'à l'île de Maranham, étant très-basses et composées de dunes de sable presque sans relief au-dessus de la mer, présentent l'indice d'une eau peu profonde dans leur voisinage; cet indice est justifié, et les sondes sont médiocres à une assez grande distance au large de la côte, depuis le cap Saint-Roch jusqu'à l'île de Maranham.

Depuis le petit mont *Melancia* jusqu'au village d'*Almufedas*, on ne trouve que quinze brasses jusqu'à douze ou quinze lieues de la côte, et le fond monte progressivement jusqu'à terre. Il y a proportionnellement un peu plus d'eau au mouillage, à trois milles au Nord de la *Barra de Ciará*, et l'on y est par dix brasses. Mais le fond diminue peu après en allant dans l'Ouest; et, en général, celui de dix brasses ne se trouve qu'à dix ou douze milles au large sur cette partie septentrionale de la côte du Brésil.

Entre *Almufedas* et *Jericocoará*, et vis-à-vis le petit village de *Caracú*, il y a une certaine étendue de côte que les grands bâtiments ne doivent pas approcher de plus de dix milles; ils éviteront par là le banc de *Caracú*, sur lequel on ne

trouve que de quatre à vingt-cinq pieds d'eau sur une éten
due de trois lieues du Nord au Sud : la profondeur aug
mente après l'avoir passé, et l'on peut se rapprocher à cinq
ou six mille de la côte ; mais elle reste assez faible jusque
sur le méridien de Maranham pour que, de une à vingt lieues
de terre, on ne trouve que de quatre à trente brasses d'eau.
et, par conséquent, pour que la sonde puisse indiquer très-
utilement le voisinage de la côte.

Telle est donc la différence qui caractérise la côte orientale et la côte septentrionale du Brésil. Je compléterai tout
ce qui est relatif aux profondeurs de la mer sur ces deux
côtes en faisant la description des lieux en particulier; et je
me borne à établir ici que, sur la plus grande partie du littoral compris entre l'île de Sainte-Catherine et le cap Saint-
Roch, les profondeurs sont en général trop grandes et qu'elles
ne peuvent être obtenues facilement assez loin de terre, pour
qu'on puisse considérer la sonde comme un moyen suffisant
de corriger l'estime de la route.

Si la navigation date de quinze ou vingt jours, et si l'on
est parti d'un point situé dans l'Est, il est probable que cette
route sera altérée de plus de trente lieues, dont le bâtiment
sera plus à l'Ouest que ne le suppose l'estime; et, comme on
ne peut généralement compter sur des sondes régulières et
réellement concluantes, à trente lieues de la côte orientale
du Brésil, il faut prendre d'autres précautions pour rectifier
le point.

On ne doit pas conclure de ce qui précède qu'il est inutile de sonder aux approches de cette côte, mais qu'il ne
faut accorder à la sonde qu'une confiance limitée; et nous
étendons cet avis à ce qui est relatif à la côte du Nord, où,

quoique les profondeurs soient généralement moindres à des distances pareilles, les fonds sont assez irréguliers pour qu'on ne doive pas se fier aveuglément aux indications de la sonde.

La côte du Brésil, depuis l'île de Sainte-Catherine jusqu'à celle de Maranham, présente une particularité qui mérite d'être remarquée.

Cette côte est comme enveloppée de deux ceintures de hauts-fonds qui, sauf quelques intervalles, se prolongent sur toute son étendue et semblent avoir pour objet de la garantir de l'impétuosité des vagues dont son rivage est sans cesse frappé.

L'un de ces contre-forts, adjacent à la plage, est une lisière de roches, dont elle est pour ainsi dire ourlée, principalement depuis le cap Frio jusqu'à l'île de Maranham.

Souvent de niveau avec la pleine mer, quelquefois la surmontant de un à dix pieds, plus ordinairement submergé par elle, ce récif forme, par ses coupures, la plupart des embouchures ou barres des rivières de presque tous les ports et de toutes les criques qui découpent la côte.

Les ports de *Espirito-Santo, Porto-Seguro, Os Ilheos, Camamú, Rio-Una, Itapicuru, Rio-Real, Rio-Vaza-Barris, Rio-San-Francisco, Santa-Anna das Alagoas, Porto-Francez, Porto-Jaragua, Rio - Santo - Antonio, Cammaragibe, Barra - Grande, Porto-Tamandaré, Santo-Aleixo, Pernambuco, Rio-Ay*, les deux *barras* de *Tamaraca, Rio-Capibarim, Parahyba, Mamanguape, Bahia de Traiçaõ, Rio-Grande, Ciará, Jericoacoará*, et beaucoup d'autres encore, ne sont que des brèches de ce récif, dont on retrouve les traces sur toute la côte jusqu'à Maranham.

L'autre défense naturelle de la côte du Brésil est un fond varié, situé de deux à dix lieues de terre, généralement d'un brassiage médiocre et irrégulier, que les habitants nomment *pracel* [paracel], comme tous les fonds inégaux et mélangés, et sur lequel ils vont pêcher.

On peut dire que ce paracel, non plus que le récif, n'est pas submergé dans toute son étendue; car les îlots *Figuiera* et *Castillo*, les îlots *Queimada*, les *Alcatrasses* entourés de rochers, les *Abrolhos*, la vigie de *Manoel-Luiz* même et ses annexes, quoique assez éloignés de terre, semblent être autant de points appartenant à la même chaîne de hauts-fonds ; c'est au moins partout la même espèce de roche. Tous ces points sont, en outre, presque sans interruption, liés entre eux par des fonds de même nature, dont l'inégale hauteur et les anfractuosités rompent efficacement la mer, bien que la profondeur y soit partout assez grande pour n'intéresser nulle part la navigation.

Sans prétendre vouloir expliquer la formation de cette espèce de parvis du rivage, peut-être ne serait-ce pas sans raison qu'on l'attribuerait en partie au ressac des eaux de la mer.

Le Brésil, situé dans la zone des vents généraux de l'Est, a sa côte orientale constamment en butte aux efforts d'une mer toujours chassée dans la même direction. On conçoit que les vagues, repoussées par une côte élevée, où elles ne peuvent pas s'étendre, sont refoulées sur elles-mêmes, avec les débris du rivage qu'elles ont pu ébranler; mais ce mouvement de répulsion ne doit pas tarder à être détruit par la pression contraire de la masse de l'Océan; et il doit en résulter une sorte de stagnation des eaux à une certaine distance de la côte, et, sur ce point de repos, le dépôt des matières entraînées [1].

Quoi qu'il en soit, il est certain que les Brésiliens reconnaissent, sur la plus grande partie de leurs côtes, un paracel ou haut-fond inégal et mélangé sur lequel ils vont pêcher pendant presque toute l'année, et dans l'Est duquel la profondeur s'accroît promptement. Cette élévation du fond contribue à la tranquillité des eaux proche du rivage, et ses parties les plus éloignées les unes des autres ont assez d'analogie entre elles et avec plusieurs des rochers que j'ai cités tout à l'heure, pour qu'on soit porté à les rapporter à la même origine.

Des vigies sur les côtes du Brésil.

Les recherches que j'ai faites dans le pays, parmi les marins familiers avec les mers qui l'environnent, n'ont pu m'annoncer l'existence que de deux *vigies*, dont l'une est au moins probable et l'autre certaine [2].

Vigie dont l'existence est probable.

La première, m'a-t-on dit, est à trente-cinq lieues dans le Sud $\frac{1}{3}$ Sud-Est de la pointe Sud-Est de l'île Saint-Sébastien, et à soixante-douze lieues dans l'Est 29° Nord de la pointe Nord-Est de l'île Sainte-Catherine, ce qui correspond à 25° 41' 20" de latitude Sud, et à 47° 19' de longitude Ouest de Paris, sur la première feuille des cartes provenant de nos reconnaissances hydrographiques.

Cette vigie est marquée à peu près dans cette position sur

---

[1] Sans doute cette hypothèse ne peut expliquer la formation de ceux des îlots que je viens de citer, qui s'élèvent au-dessus de la mer; mais elle n'est peut-être pas dépourvue de vraisemblance relativement à la formation des hauts-fonds qui lient ces îlots entre eux.

[2] Depuis que ceci a été écrit, on a trouvé, non une vigie proprement dite, mais un haut-fond sur le sommet duquel il ne restait que 12 brasses $\frac{1}{2}$ d'eau. Il est situé à 40 milles de distance au Nord 20° Est de la pointe septentrionale de l'île Sainte-Catherine, et à 25 milles au large de la pointe *Itapucurutya*. (Voir dans le supplément à la fin de ce volume l'article relatif au *banc du Volage*.)

deux anciennes cartes manuscrites portugaises que je possède, et elle me paraît devoir être rétablie sur toutes.

Elle a été revue, le 13 février 1811, par le nommé *Manoel Medeiros*, patron portugais, que j'ai eu pendant un mois à bord de *la Bayadère*; il l'a presque contournée à un demi-mille de distance, dans un très-petit bâtiment; et, bien qu'ayant sondé plusieurs fois *il n'ait pas eu le fond à cent brasses*, il m'a affirmé qu'il n'avait pas le moindre doute sur la réalité de cette vigie. « C'est, m'a-t-il dit, une roche ronde, « nue et assez élevée sur la mer pour être souvent couverte « par la houle. » Tous les navigateurs brésiliens à qui j'en ai parlé croient à son existence; mais le témoignage de Medeiros surtout mérite d'entraîner la conviction sur ce point : aucun homme de sa classe ne m'a paru mériter la confiance autant que lui.

La seconde vigie, marquée sur nos cartes du Brésil, est celle de *Manoel-Luiz*, située presque directement sur le méridien du fort *Santo-Antonio da Barra*, à Maranham. Indubitable pour tous les navigateurs du pays, d'après les naufrages multipliés qu'elle occasionnait chaque année, sa position leur était néanmoins inconnue et n'était, pour ainsi dire, mentionnée sur les cartes que pour mémoire. Nous l'avons fixée avec précision à la suite des recherches que nous avons faites dans ce dessein et dont je rendrai compte au chapitre de Maranham, en même temps que de la nouvelle découverte que le hasard vient de procurer, par la rencontre d'un second groupe de rochers à environ sept lieues au Nord de ceux que nous avons reconnus et dont nous avons déterminé la position. Je me bornerai à dire ici que cette position a été fixée de manière à mériter la plus entière confiance.

Tels sont, à ma connaissance, les seuls dangers qu'on puisse désigner sous le nom de *vigies* à la côte du Brésil. La plupart des cartes publiées jusqu'ici en marquent plusieurs autres dans le Nord-Est du cap Saint-Roch : quelques perquisitions que j'aie faites parmi les pratiques du pays, je n'ai pu réussir à confirmer ces indications; ils m'ont tous assuré qu'ils ne connaissaient, au large des bancs du cap Saint-Roch, d'autres dangers que les *Rocas*, groupe de rochers parfaitement connu, et que les dernières observations placent définitivement à vingt-cinq lieues dans l'Ouest, quelques degrés Sud de l'île Fernando de Noronha.

Quant à quelques autres rochers qu'on trouve sur plusieurs points des côtes du Brésil, leur proximité du rivage doit les exclure de la classe des vigies, et leur description sera comprise dans celle de la portion des côtes à laquelle ils se rapportent et d'où le plus souvent ils peuvent être aperçus.

Le Brésil, situé presque entièrement dans la zone torride, au Sud de l'équateur, est soumis en général aux températures des petites latitudes; mais la grande variété des hauteurs du sol, dans un pays aussi montagneux, ne permet pas d'étendre beaucoup en dedans des côtes les observations thermométriques dont on voudrait comparer le résultat pour en conclure des moyennes. La température ordinaire, sur le bord de la mer, est de 19 à 20 degrés de Réaumur, de mars à septembre, et de 20 à 24 de septembre à mars (vers midi). Mais on conçoit que, même sur les côtes, certaines localités ajoutent à cette température ou la diminuent; ainsi, à San-Salvador (dans la ville haute), par exemple, la moyenne dilatation du mercure n'a été trouvée, de septembre à janvier, époque la plus chaude de l'année, que de 19°.20 le ma

tin, de 20°,45 à midi et de 19°,60 le soir. A Pernambuco,
dans la même saison, le thermomètre marque de 22°,55 à
22°,65 vers midi, et s'élève parfois jusqu'à 24°; tandis qu'à
Rio-Janeiro, qui est beaucoup plus éloigné de l'équateur que
ces deux villes, la chaleur est souvent plus forte et va parfois
jusqu'à 26 et 27 degrés. Cela provient de l'exposition et de
la hauteur du sol, qui sont si variés au Brésil, qu'on ne
peut, pour ainsi dire, faire un pas sans changer de climat.

Dans les provinces méridionales, l'hiver est assez rigou-
reux; les gelées ne sont pas rares à Rio-Grande de San-Pedro, à Sainte-Catherine, et la neige y tombe quelquefois assez
abondamment, surtout dans les lieux élevés; la grêle y cause
aussi parfois des ravages dans les plantations. Plus on avance
dans l'intérieur du pays, plus l'élévation du terrain et l'éloignement de la mer donnent lieu au développement des phénomènes qui caractérisent l'hiver.

On peut d'abord réduire à deux les saisons marquantes Saisons du Brésil.
qui partagent l'année au Brésil : ce sont *la saison de la séche-
resse* et *la saison pluvieuse*, qui concordent à peu près avec
la mousson du Nord et *la mousson du Sud*.

La saison sèche commence, sur toute la côte orientale du Saison sèche.
Brésil, vers la fin de septembre, et se prolonge jusqu'à février. Pendant les cinq mois qu'elle dure, il tonne quelquefois, mais il pleut rarement dans les orages, qui viennent
presque toujours du Nord à l'Ouest; les années où il pleut
sur la plupart des points de cette côte, durant ces cinq mois,
sont considérées comme des exceptions.

Le reste de l'année comprend la saison pluvieuse, qui tou- Saison pluvieuse.
tefois est loin de la remplir en entier, de manière à justifier
ce nom. Les seuls mois qui le méritent sont mai, juin, juillet,

août, et quelquefois une partie de septembre, sur la côte orientale. A la côte Nord, les saisons générales s'écartent un peu de cette loi : les pluies y commencent en décembre; la proximité de l'équateur peut en rendre raison. La principale force des pluies y répond d'ailleurs aussi aux mois de mai, juin, juillet et août.

En réduisant ainsi à deux divisions les saisons de l'année à la côte du Brésil, je n'ai voulu que me conformer à une expression usitée, et je me suis convaincu qu'il ne faut l'envisager que comme une généralité. La diversité des expositions, le voisinage des montagnes, les divers degrés d'élévation du sol donnent lieu, dans plusieurs endroits, à des circonstances météorologiques qui font de fréquentes exceptions à la saison régnante. A Rio-Janeiro, par exemple, il pleut beaucoup plus dans les derniers mois de la mousson du Nord, qui, généralement, est la saison sèche, que pendant le reste de l'année; de novembre à mars, il y a de fréquents orages le soir, au coucher du soleil; ils sont accompagnés de tonnerre et de grandes pluies, auxquels succède promptement un ciel clair et dégagé : cela est évidemment dû à la disposition des montagnes qui forment le bassin de Rio-Janeiro, et à la grande chaleur qui règne dans ce bassin à cette époque du passage du soleil au zénith.

Par des motifs en partie analogues, il en est de même à Sainte-Catherine, où des orages et de grandes pluies ont également lieu pendant quelques mois de la saison sèche; mais ces anomalies sont particulières à certains lieux, et n'empêchent pas que, sur la côte en général, les saisons n'aient le caractère que nous leur avons assigné.

Ainsi on peut dire qu'au Brésil, comme en Europe, l'état

du temps dépend de la position du soleil : en général, le temps est beau quand le soleil et dans l'hémisphère du lieu; la cause contraire produit l'effet opposé.

Les mauvais mois de la saison pluvieuse sont marqués par des brumes fréquentes, une humidité extrême et continuelle, et des pluies qui durent quelquefois dix ou douze jours consécutifs, avec une grande abondance.

On remarque, pendant la saison pluvieuse, que le temps est plus mauvais et qu'il pleut davantage dans les nouvelles et pleines lunes que dans les autres phases de cette planète.

C'est à cette portion de l'année que se rapportent plusieurs maladies occasionnées par l'humidité; les chaleurs qui suc-cèdent en favorisent le développement, au lieu de l'atténuer, et l'on a observé que les maladies sont d'autant plus graves, qu'il y a moins de tonnerre lors du passage du soleil à l'é-quinoxe. Elle consistent principalement, dans les baies et sur les côtes, en dyssenteries, en flux de mauvais caractère, qui, étant négligés, s'ils ne conduisent pas toujours à la mort, dégénèrent en obstructions, en tumeurs indolentes, ou autres affections chroniques des viscères, dont on ne peut se guérir qu'en changeant de climat.

Comme les chaleurs compliquent souvent ces maladies de fièvres bilieuses, de rhumes opiniâtres (*constipaçaõs*)[1], on considère, dans quelques endroits, la saison sèche comme la plus nuisible à la santé; mais, à l'exception des contrées très-voisines de l'équateur, cela n'est vrai que parce que cette saison succède à des circonstances de température oppo-sées, et que, dans les climats très-chauds, toute transition

[1] *Constipaçaõ*, suppression de transpiration, resserrement des pores; cour-bature.

trop brusque de cette espèce est dangereuse : quand on a
franchi la saison pluvieuse sans maladies, il est rare qu'on en
éprouve dans la saison sèche; celle-ci en détermine bien quelques-unes qui lui sont propres, mais elles sont peu dangereuses, et aucune n'est aussi redoutable que la dyssenterie.

Ce que j'ai dit de cette maladie dans le *Mémoire* où le
présent ouvrage a été annoncé, a trouvé un contradicteur à
Rio-Janeiro : lors de mon dernier séjour en 1822, il m'a-
dressa, dans un journal [1], une réclamation en faveur de la
la salubrité du Brésil, qu'il trouvait que j'avais calomniée.

Je lui répondis qu'en pareille matière il n'est guère possible d'avoir une opinion systématique, et que celle qu'é-
mettent les voyageurs sur la salubrité ou l'insalubrité d'un
pays est ordinairement fondée sur ce qu'ils ont observé
eux-mêmes ou recueilli des personnes mêmes du lieu. Ce
sont, en effet, ces deux espèces d'informations auxquelles
j'ai eu recours. *La Bayadère* a eu constamment le quart de
son équipage atteint de la dyssenterie, pendant les quatre
mois de la saison pluvieuse qu'elle a passés sur la côte : cette
maladie régnait alors à Sainte-Catherine, où j'étais au mois
de mai 1819; elle régnait également à Espirito-Santo, quand
je m'y présentai en juillet; et l'on m'y confirma qu'elle y
était toujours fréquente dans cette saison; enfin, elle ne dis-
parut du bâtiment qu'à dater de ma relâche à Bahia, en septembre et octobre, où nous éprouvâmes l'influence salutaire
de la saison sèche. Il est impossible de révoquer en doute
de pareilles données, et difficile de n'en pas conclure, comme
je l'ai fait, que, pendant le temps des pluies, il existe dans

[1] *O Espelho*; Rio-Janeiro, 12 novembre 1822.

la constitution de l'air, sur les côtes du Brésil, une prédis
position aux maladies inflammatoires des intestins, qui dé
génèrent souvent en dyssenterie.

J'ai eu de nouveau l'occasion de me confirmer dans cette
opinion, pendant le second séjour que j'ai fait au Brésil, en
1822 et 1823 ; non-seulement les équipages de ma division
ont été atteints de dyssenterie, mais il en était de même des
équipages des autres bâtiments, comme nos médecins l'ont
constaté.

Au reste, il ne faut que s'entendre avec l'apologiste de la
salubrité du Brésil, et cela ne me paraît pas impossible. J'affirme avec lui, et avec tous les voyageurs qui ont vu ce ma-
gnifique pays, qu'il est un des plus sains de toutes les contrées qu'embrasse la zone torride en Amérique ; la fièvre jaune
n'y est pas connue ; et je conviens que les maladies qui lui
sont propres, même celles que j'ai signalées, n'ont point, à
beaucoup près, le caractère effrayant et dévastateur de ce
fléau, qui semble tendre à exclure les Européens de la plus
grande partie du Nouveau Monde. Mais il n'en est pas moins
vrai aussi que le climat du Brésil offre quelques maladies
qui lui sont particulières[1] ; et, ces dangers pouvant atteindre
les équipages, j'ai dû ne pas les laisser ignorer aux navigateurs, dans un livre consacré à signaler ce qui peut intéresser leur sûreté.

Comme aucun des moyens propres à conserver la santé
des hommes n'avait été négligé dans les bâtiments que je
commandais au Brésil, je ne sais ce qu'il faudrait ajouter à

Maladies propres à toutes les époques de l'année.

---

[1] Entre autres, on doit encore distinguer la maladie de peau connue, dans
le Brésil, sous le nom de *sarna*.

ces moyens pour être plus heureux que je ne l'ai été sous ce rapport.

Tant que l'intérêt de nos travaux m'a retenu sur la côte, le nombre des malades n'a pas diminué, et leur état a présenté le même degré de gravité; mais, aussitôt que je pouvais faire au large une navigation de quelques jours, ils éprouvaient un soulagement marqué. Le brick *le Favori*, que j'ai dû tenir presque toujours hors de vue de terre, n'a point eu de malades ; *la Bayadère*, toujours attachée à la côte, en a eu beaucoup. Je ne doute pas, d'après cela, que le bon état des équipages, à la côte du Brésil, dans la saison des pluies, n'exige qu'on n'y prolonge pas trop leur station, et qu'ils ne doivent tirer un grand avantage de quelques pointes assez grandes et assez fréquemment faites au large, pour pouvoir soustraire les bâtiments à l'humidité qui règne alors près de terre.

En se renfermant toujours dans les généralités, on pourra dire que la saison pluvieuse, au Brésil, comprend à peu près ce qu'en Europe nous nommons le *printemps* et l'*été*, et que l'*automne* et l'*hiver* occupent la durée de la saison sèche. Mais ce rapprochement n'aura quelque justesse que dans les provinces les plus méridionales, et au Sud de Rio-Janeiro seulement : depuis ce port jusqu'au cap Saint-Roch, la végétation est presque toujours également active; le printemps, l'été, l'automne et l'hiver diffèrent peu entre eux; le froid se fait peu sentir, et les mois de pluies et de brumes sont réellement les seuls qui rappellent l'idée que nous nous formons de l'hiver.

Des moussons du Brésil.

Les limites des moussons, au Brésil, sont également déterminées par les équinoxes. La mousson du *Sud* règne de mars à septembre; celle du *Nord* s'étend de septembre à mars : telle est du moins la classification adoptée, à cet égard, dans le pays, et par tous les voyageurs qui en ont traité.

Les vents généraux attribués à la première mousson sont de l'Est-Sud-Est au Sud-Sud-Est; ceux de la seconde sont de l'Est-Nord-Est au Nord-Nord-Est; mais mes observations ne m'ont pas confirmé ces annonces; j'ai trouvé les vents les plus variables dans les deux saisons. Peut-être sont-ils au large tels qu'on l'a prétendu; mais je puis certifier que, sur la côte, et jusqu'à la distance de six à sept lieues au moins, les variétés sont on ne peut pas plus fréquentes : par exemple, sur cinq mois de la mousson du Sud, je n'ai pas eu quarante jours de vents de l'Est-Sud-Est au Sud-Sud-Est; et, d'un autre côté, il est certain que les navigateurs familiers avec ces parages comptent toujours bien plus sur des vents d'Est que sur d'autres, dans les mois d'octobre, novembre et décembre, quoique ces mois appartiennent à la mousson du Nord ; j'ai éprouvé moi-même combien cette opinion est fondée. Le résumé suivant de deux tableaux des vents que j'ai éprouvés, pendant près d'une année de navigation sur les côtes du Brésil, achèvera de faire voir quelle est l'instabilité des moussons dans ce pays. Chacun de ces tableaux, qui font partie de mon Rapport général sur ma mission, présente les vents d'une saison, en les partageant en quatre classes seulement, pour abréger leur nomenclature.

Par le premier tableau, renfermant les observations de cent treize jours de la mousson du Sud, et qui commence au 20 mai 1819, on voit qu'il n'y a eu que trente-cinq jours de vents du Sud à l'Est, c'est-à-dire tels que la saison les faisait espérer, d'après l'opinion établie ; que, pendant trente-

Des vents
propres
à chaque mousson.

huit jours, il a régné des vents du Nord à l'Est, qui semblaient n'appartenir qu'à la mousson opposée; et qu'enfin il y a eu seize jours de vents du Nord à l'Ouest, et vingt-trois jours de vents de l'Ouest au Sud.

Par le second tableau, consacré aux observations de cent cinquante-trois jours de la mousson du Nord, commençant le 1ᵉʳ septembre, on trouve soixante-quinze jours de vents du Sud à l'Est, sept jours de vents du Nord à l'Ouest, six jours et un quart de vents du Sud à l'Ouest, et seulement soixante-deux jours de vents du Nord à l'Est, tels que, d'après l'opinion dominante, on devait les attendre dans cette saison: le reste s'est passé en calme. Il est impossible que de pareils faits n'affaiblissent pas l'idée qu'on se formait de la régularité de deux moussons à la côte du Brésil.

Au milieu de ces variétés, on distingue encore certains vents particuliers, les uns accidentels, les autres périodiques, qui semblent se rattacher à quelques phénomènes spontanés, ou être propres à certaines positions des lieux.

Vents accidentels.   Au rang des premiers, on doit mettre les bourrasques de Sud-Ouest, qui soufflent assez souvent pendant la saison pluvieuse, aux époques des nouvelles et pleines lunes. Les Brésiliens les nomment *rebojos*, et ils durent trois ou quatre jours : modérés quand ils sont accompagnés de pluie, ils acquièrent de la force quand le ciel est dégagé.

Les autres vents accidentels sont d'une espèce particulière et de la nature des *grains*. On les éprouve principalement aux environs des Abrolhos, et ils sont, pour cette raison, nommés *grains des Abrolhos*. Quand l'année est très-pluvieuse, ces grains sont fréquents dans les mois de mai, juin, juillet et août, et ils soufflent de la partie de l'Est-Sud-Est. « Ils

« sortent, dit-on, de nuages blancs et ronds de peu d'appa-
« rence, et éclatent avec une force dont il faut se méfier. »
(*Renseignements des pratiques.*) Je n'ai pas eu occasion de
faire l'expérience de ces grains, quoique je me sois trouvé
sur les Abrolhos au mois de juillet, mais les renseignements
qui précèdent ne sont pas contredits dans le pays.

Les brises de terre sont à peu près régulièrement périodiques sur la côte du Brésil, et elles se font sentir toutes les
nuits pendant presque tout le cours de l'année.

Ces brises règnent sur tous les points de la côte, depuis
l'île Sainte-Catherine jusqu'à l'île de Maranham ; mais elles
ont plus ou moins de force et de régularité selon les saisons
et les lieux. Plus on approche de l'équateur, plus elles sont
marquées. A Rio-Janeiro, elles sont déjà, à très-peu près,
journalières, et manquent rarement de s'élever vers neuf
heures du soir, pour ne finir entièrement que dans la mati-
née du lendemain ; il en est de même à Espirito-Santo,
Porto-Seguro, Bahia, Pernambuco et dans les autres expositions semblables.

Dans la mousson du Nord, les brises de terre sont plus
régulières que dans l'autre mousson ; elles sont aussi plus
fortes, parce qu'alors, les vents du large venant plus directement et plus constamment frapper la côte, la réaction
causée par la fraîcheur des nuits à terre doit produire aussi
des effets plus forts et plus réguliers.

Dans la mousson du Sud, les vents étant plus souvent
variables vers le Sud et le Sud-Ouest, les brises de terre se
confondent avec eux, et ne s'en distinguent pas.

Plus la brise du large a été forte, plus celle de terre l'est
aussi. C'est l'effet des vapeurs élevées de la terre et amonce-

Des
brises de terre.

2.

lées sur elle en plus grande quantité pendant le jour; con
densées ensuite par la fraîcheur des nuits, elles retombent
et déterminent l'air à se répandre au large avec plus de force.

A l'aide des brises de terre, les bâtiments peuvent donc
presque toujours sortir, au jour fixe, de tous les ports du
Brésil.

En général, plus on avance dans le Sud en suivant la côte,
plus on trouve que les vents s'approchent aussi du Sud et
de l'Ouest, dans la saison des pluies. Dans cette partie de
l'année, depuis *la lagoa dos Patos* [le lac des Canards] jusqu'au
cap Frio, ils soufflent quelquefois violemment du Sud-Est
au Sud-Ouest, et même jusqu'au Nord-Ouest; ce sont alors
de véritables ouragans; on les nomme *pampeiros* dans la rivière de la Plata, et ils sont très-redoutables. Leurs pronos-
tics sont les mêmes que ceux des coups de vent en Europe.
Si le soleil se couche environné de nuages très-brumeux, si
les terres sont fort apparentes, et semblent, en s'éclaircis-
sant, se rapprocher du spectateur, on peut s'attendre que
les vents souffleront du Sud au Sud-Ouest, et qu'ils y écla-
teront. Heureusement la durée de ces coups de vent est
d'autant moins grande que leur force l'est davantage : quand
ils sont furieux, il est rare qu'ils durent plus de vingt-quatre
ou trente heures; leur force et leur durée diminuent à
mesure qu'on se rapproche de l'équateur. Quand les vents du
Sud-Est au Sud-Ouest de la mousson du Sud sont modérés,
ils halent le large, c'est-à-dire l'Est, pendant le jour, et ils se
rapprochent de l'Ouest pendant la nuit.

Aussitôt que le vent se rapproche de l'Est, le temps s'em-
bellit toujours. C'est le contraire quand il tourne vers l'Ouest;
la brume alors devient de plus en plus épaisse. Les vents de

la partie de l'Est sont l'état ordinaire dans toutes les mers tropicales : ce sont les vents réellement généraux, le cours naturel de l'air; les interruptions qui arrivent dans cet ordre de choses ne sont que des crises passagères sur lesquelles le mouvement général tend sans cesse à prendre le dessus ; c'est un équilibre rompu qui tend toujours à se rétablir.

De tout ce que j'ai observé et recueilli sur les vents qui règnent au Brésil, on peut conclure que la séparation des moussons et l'espèce de vents propre à chacune d'elles ne sont pas à beaucoup près aussi tranchées qu'on le suppose communément. Cette dernière opinion peut être trouvée exacte à quelque distance de la côte; mais sur la côte même, et jusqu'à sept ou huit lieues au large, il est certain que les vents sont variables dans les deux moussons.

C'est aussi l'avis des pratiques du pays, mais ils n'en conviennent que depuis assez peu de temps. Ils disent qu'autrefois les saisons étaient plus marquées; ils en donnent pour preuve que jadis on regardait comme impossibles, ou du moins comme bien difficiles, certaines navigations sur la côte pendant certains temps de l'année, tandis qu'aujourd'hui les caboteurs luttent avec succès contre presque toutes les contrariétés du temps. Sans examiner à quel point cette remarque, qui n'est pas particulière au Brésil, est fondée, on peut croire que les perfectionnements survenus dans la navigation ont dû beaucoup étendre sa carrière, et qu'il est arrivé moins de changements dans la marche des éléments que dans les moyens de les vaincre. Quoi qu'il en soit, on peut regarder comme certain qu'immédiatement sur la côte du Brésil les vents, en toute saison de l'année, permettent à un bâtiment qui a quelques qualités, et qui mettra à profit les variétés plus ou moins périodiques des brises (variétés aisément connues après quelque temps d'observation), d'entreprendre avec succès toutes les navigations et tous les trajets.

 Ce que les vents permettent à la navigation sur ces côtes y est également permis par les courants. Je ne les ai trouvés ni aussi forts ni aussi invariables dans chaque saison que je m'y étais attendu, d'après l'opinion existante. Les courants suivent les vents, à qui seuls, dans ces parages, ils doivent leur force et leur direction; car aucune rivière, depuis l'île Sainte-Catherine jusqu'à celle de Maranham, n'est assez puissante, à son embouchure, pour imprimer à la mer un mouvement sensible, au delà de une ou deux lieues de distance de la côte. Les vents étant souvent variables, les courants ne le sont pas moins; leurs changements sont d'autant plus prompts, que, dans ces mers chaudes, les eaux étant fort légères, elles obéissent à la première impulsion qui leur est donnée ; au bout de vingt-quatre heures d'une brise un peu forte, on peut remarquer un courant dans la même direction.

D'après une suite presque infinie d'observations sur les courants, nous avons évalué leur vitesse moyenne sur la côte, depuis l'île Sainte-Catherine jusqu'à Pernambuco, à 0,6 de mille par heure dans les deux moussons; elle est souvent au-dessous de cette quantité, rarement au-dessus, quelquefois nulle : le second cas arrive seulement aux environs des parties de côte qui font saillie, telles que l'île Saint-Sébastien, le cap Frio, les environs d'Ollinda, le cap Saint-Roch, et autres semblables.

La vitesse des courants est un peu plus considérable dans la mousson du Sud que dans celle du Nord, parce que la force des vents de la première est plus grande que dans la seconde.

Cette vitesse n'est pas non plus exactement la même sur toutes les parties de la côte. Depuis le parallèle de l'île Sainte-Catherine jusqu'à celui de dix-huit degrés, et de deux à dix lieues de terre, le courant est presque insensible en toute saison; du dix-huitième au onzième degré, les eaux portent au Nord-Ouest pendant la mousson du Sud; du onzième au neuvième degré, elles vont au Nord-Est, en augmentant de mouvement; passé le neuvième degré, en allant vers le Nord, les eaux se portent au Nord avec plus de force; leur vitesse est quelquefois de trente-six milles par vingt-quatre heures, et rarement moindre de vingt milles; enfin, elle atteint par fois quarante-huit milles au Nord-Ouest du cap Saint-Roch, et les eaux se portent au Ouest-Nord-Ouest, dans la direction de la côte.

Ce n'est donc guère qu'à partir de Pernambuco, et en suivant la terre dans le Nord, que les courants dus aux moussons peuvent avoir une influence réelle sur la navigation : dans le Sud, ils sont d'un effet peu sensible, et il n'y a à considérer que les marées; encore celles-ci n'ont-elles de véritable importance qu'à petite distance de terre, et pour les bâtiments qui fréquentent les petits ports ou criques de la côte. Presque tous les grands ports, quoique assujettis à des marées régulières, en sont indépendants par leur profondeur. On traitera des marées qui sont propres à ces ports, aux articles consacrés à leur description.

D'après ce qui vient d'être dit des vents et des courants sur la côte du Brésil, il faut conclure, 1° que, depuis l'île Sainte-Catherine jusqu'à la pointe d'Ollinda, il n'y a presque pas d'obstacles permanents contre la navigation, et que la recommandation qu'on faisait autrefois, d'atterrir au vent du lieu

pour lequel on se destinait, est plutôt une affaire de précaution pour se conserver toutes les chances, qu'elle n'est d'une
réelle nécessité ; 2° que, depuis la pointe d'Ollinda, mais
surtout depuis le cap Saint-Roch jusqu'à l'île de Maranham,
la prudence exige au contraire de se tenir à l'Est du point où
l'on veut arriver, afin de compenser dans la route l'effet des
courants portant au Ouest-Nord-Ouest. On trouvera, à la
description de chaque port principal du Brésil, la désignation
des points où il convient d'atterrir dans les deux moussons,
pour avoir toutes les garanties possibles d'une prompte et
facile arrivée au lieu de destination.

CHAPITRE II.

ROUTE POUR SE RENDRE DE FRANCE AU BRÉSIL.

Il est presque inutile de parler des premiers jours de la traversée de France au Brésil : la route alors dépend uniquement des vents qu'on trouve au sortir du port; et, ces vents étant ordinairement variables, le principal objet doit être de les mettre le plus à profit qu'il est possible, et, par conséquent, de prendre la bordée la plus favorable pour s'éloigner promptement de la terre.

On s'appliquera ensuite à s'avancer dans le Sud, de préférence, pour y recevoir les vents alizés, qui doivent favoriser la plus grande partie de la navigation; il suffira de s'astreindre, jusque-là, à passer de quinze à quarante lieues dans l'Ouest du cap Finistère, selon l'état du temps, ou selon qu'on sera dans l'été ou dans l'hiver. De là, si l'on est pourvu de chronomètres, on pourra laisser Madère dans l'Ouest, pour aller prendre connaissance des îles Canaries, à vue desquelles on passera, soit à l'Ouest de toutes, soit dans l'un des canaux qu'elles forment entre elles, et qui ne présentent à éviter que ce qui paraît hors de l'eau.

On rencontrera dans ce trajet les îles Salvages, îlots parfaitement déterminés par Borda, et, d'après lui, bien placés sur toutes les cartes. Ils n'offrent aucun danger, en se tenant à quatre ou cinq milles de distance, le rocher que les An

Précautions
à prendre
dans
le commencement
de la traversée.

glais disent avoir trouvé, en 1818, dans la partie de l'Est,
n'étant pas éloigné de plus d'un mille du gros îlot.

Les observations chronométriques sont nécessaires, en
allant chercher les îles Canaries, pour corriger l'effet du
courant qui règne depuis le parallèle du cap Finistère jusqu'à celui des îles du Cap-Vert.

Ce courant, plus ou moins fort, selon que le vent le con-
trarie ou le favorise, mais qui est rarement nul, se dirige au
Sud par le travers des côtes d'Espagne et de Portugal, à
l'Est, à l'entrée du détroit de Gibraltar, et enfin au Sud et
au Sud-Est, le long de la côte d'Afrique, avec une vitesse
moyenne de 0,6 de mille à l'heure. Cette direction des eaux
est prouvée par un si grand nombre de faits [1], qu'il est impossible de la révoquer en doute.

Les bâtiments qui naviguent sur leur estime devront donc
se tenir sur leurs gardes, et la prudence exige qu'ils passent
à l'Ouest de Madère, pour aller rectifier leur point sur la
plus occidentale des Canaries.

En quittant ces îles, la route sera le Sud $\frac{1}{2}$ Ouest ou
Sud-Sud-Ouest (selon qu'on aura passé à cinq ou six lieues
dans l'Ouest de l'île de Palme, ou dans le canal entre Ténériffe et la Grande-Canarie), jusqu'au vingtième degré de latitude Sud; ensuite on gouvernera de manière à passer entre

---

[1] On se bornera à rappeler le fait suivant, très-connu des marins et rapporté dans plusieurs ouvrages d'hydrographie, et entre autres dans l'ouvrage
espagnol intitulé *Derrotero de las Antillas* (Madrid, 1820, pag. 532) : «Un
«convoi de 70 bâtiments anglais, parti de Corck le 26 mars 1807, sous l'es-
«corte de la frégate *l'Apollon*, tomba inopinément, le 2 avril, sur la côte de
«Portugal, près de Mondégo, où il se perdit presque entièrement; il avait ce-
«pendant presque toujours gouverné au plus près tribord amures, avec des
«vents de la partie de l'Ouest, et même du Nord-Ouest. »

les îles du Cap-Vert et la côte d'Afrique, en se tenant un peu plus près de celle-ci que des îles.

Après ce passage, on gouvernera au Sud pour aller couper l'équateur, qu'on atteindra ainsi, vers le vingtième ou le vingt et unième degré de longitude Ouest du méridien de Paris. Il a été souvent remarqué que, dans cette partie de la route, les courants portent encore légèrement au Sud et à l'Est; mais il n'y a rien de régulier à cet égard.

D'Après dit (*Neptune oriental*, in-f°, p. 8) « que les vais-
« seaux qui vont à San-Salvador, Rio-Janeiro, ou l'Ile-Grande,
« peuvent couper la ligne par 25 ou 26 degrés de longitude
« Ouest de Paris, et diriger leur route vers l'endroit où ils
« veulent aborder, en faisant attention aux vents périodiques
« qui soufflent sur la côte du Brésil, et qui y déterminent
« des courants au Nord et au Sud. Il ajoute que, les vents
« régnant du Sud-Sud-Est à l'Est-Sud-Est sur cette côte, de-
« puis mars jusqu'en septembre, les courants portent au
« Nord, et que, dans les six autres mois, les vents constants
« du Nord-Nord-Est à l'Est-Nord-Est déterminent des cou-
« rants au Sud. »

Nous venons de voir, au chapitre précédent, jusqu'à quel point l'expérience confirme ou affaiblit cette opinion sur les moussons à la côte Est de l'Amérique méridionale; il ne s'agit ici que de la route à faire pour se rendre sur cette côte en partant de France, et de la longitude la plus convenable pour passer d'un hémisphère dans l'autre.

Je crois qu'il n'est pas prudent de se porter toujours au 25° ou au 26° degré pour couper l'équateur, en allant au Brésil ou dans l'Inde.

Les contrariétés résultant des vents variables qui succèdent aux vents généraux de l'hémisphère Nord, et qui précèdent ceux du Sud de la ligne, sont assez souvent de nature à retarder les bâtiments qui veulent atteindre un des ports du Sud de l'Amérique. Ces vents variables forcent quelquefois de s'avancer dans l'Ouest; et, si (ce qui n'est pas rare) les vents généraux de l'hémisphère méridional participent plus du Sud que de l'Est, il peut arriver qu'on ne puisse pas doubler l'Amérique à la bordée.

Une seconde cause de contrariété, d'autant plus digne d'attention qu'on peut la regarder comme permanente, concourt encore à faire recommander aux bâtiments destinés pour l'Inde ou le Brésil de se maintenir sur des méridiens plus Est que ceux qu'on vient de désigner; c'est le courant équatorial de l'Est à l'Ouest qui règne entre les tropiques.

Courant
équatorial
de
l'Est à l'Ouest.

Ce courant, attribué au mouvement de rotation de la terre et aux vents généraux, commence à se faire sentir à environ quarante lieues dans l'Ouest du méridien du Cap-Vert, et il augmente à mesure que l'on avance à l'Ouest.

Aux approches du parallèle du cap Saint-Roch, il a été trouvé, à certaines époques de l'année, de deux milles et demi par heure, et même de trois milles, dans le voisinage des côtes de la Guyane.

Il paraît que la plus grande force de ce courant s'observe depuis mars jusqu'en septembre; du moins c'est à cette époque de l'année que se rapportent les faits les plus remarquables qui le constatent.

C'est du 1er au 5 juin 1793 que le vaisseau anglais de la compagnie des Indes *le Royal-Georges*, ayant coupé l'équateur par 26° 2' Ouest de Paris, fut porté de 1° 33' dans l'Ouest, et à vue du cap Saint-Roch, qu'il ne put doubler qu'après être rentré dans l'hémisphère Nord, et s'être de nouveau élevé dans l'Est[1].

C'est en juin et juillet 1795 que *le Bombay-Castle* éprouva une différence Ouest de 6° 30' en se rendant de l'île de Palme à la côte du Brésil[2].

C'est du 20 mai au 14 juin 1802 que le vaisseau *le Cuffnels* fut porté de trente-six milles par jour dans l'Ouest, depuis qu'il eut quitté les vents alizés de l'hémisphère Nord, sur le parallèle de 8° 30' et le méridien de 17° Ouest, jusqu'à ce qu'il aperçût la côte du Brésil par 8° de latitude Sud[3].

D'autres bâtiments, au mois de mai 1807, se sont trouvés arrêtés par le cap Saint-Augustin, lorsqu'ils s'en croyaient fort au large, pour ne pas s'être suffisamment précautionnés contre ce courant à l'Ouest, pendant leur navigation dans les vents alizés.

Enfin, c'est à l'effet de ce courant à l'Ouest qu'est due la découverte même du Brésil, le 24 avril 1500. Pedro Alvarez Cabral, parti de Lisbonne pour l'Inde au mois de mars précédent, ayant relâché aux îles du Cap-Vert, et, sous prétexte d'éviter les calmes de la côte d'Afrique, s'étant ensuite dirigé trop à l'Ouest, tomba dans la région des courants de l'équateur, et aperçut, à son grand étonnement, la côte d'Amérique, sous le dixième degré de latitude Sud.

Le mouvement des eaux de l'Est à l'Ouest, sous les tropiques, entre les continents d'Afrique et d'Amérique, ne peut donc pas être mis en doute; et l'on doit toujours le faire entrer dans le calcul de la route, lorsqu'on passe de l'hémi-

<hr>

[1] *Derrotero de las Antillas;* Madrid, 1820.
[2] *Dito.*
[3] *Dito.*

sphère Nord à l'hémisphère Sud, pour se rendre en Amérique.

Ce mouvement, au reste, n'est pas toujours aussi violent que dans les circonstances qui viennent d'être citées. MM. de Fleurieu[1] et de Borda[2] ne l'évaluent qu'à neuf milles par vingt-quatre heures; D. José Espinosa et D. Ciriaco de Cevallos[3], dans une traversée de Cadiz à Saint-Domingue, du 25 novembre au 18 décembre 1790, ne l'ont trouvé que de sept milles dans le même intervalle de temps; et j'ajouterai même, d'après mes propres observations, que le courant porte quelquefois dans une direction contraire, c'est-à-dire dans *l'Est*, entre les méridiens de 20° et 26° Ouest, depuis le parallèle de 3° Nord jusqu'à celui de 3° Sud, quoique cette position soit fort éloignée de la côte d'Afrique, à petite distance seulement de laquelle on admettait des courants à l'Est. J'ai reconnu deux fois cette direction contraire, et dans l'une d'elles, qui se présenta du 11 au 30 avril 1819, le progrès à l'Est, par l'effet du courant, s'éleva jusqu'à 5° 49′ 18″, c'est-à-dire de 0,75 de mille par heure.

Courant accidentel à l'Est sous l'équateur.

Cependant les faits de ce genre ne peuvent être considérés que comme des exceptions, et la presque totalité des observations s'accordent à évaluer à sept ou neuf milles par jour la moyenne quantité dont les bâtiments sont portés à l'Ouest, quand ils naviguent entre les parallèles de 15° Nord et 15° Sud, à partir des îles du Cap-Vert, et en allant dans l'Ouest.

Méridien

J'indiquerai ensuite le seizième degré comme le méridien

[1] Voyage de *l'Isis* (en 1769, vol. 1ᵉʳ, pag. 345).
[2] Voyage de *la Flore* (en 1776, vol. 1ᵉʳ, pag. 192).
[3] *Derrotero de las Antillas.*

à l'Est duquel on ne doit pas se porter dans cette partie de la route : ces limites supposent presque nécessairement qu'on aura passé entre les îles du Cap-Vert et la côte d'Afrique, et c'est aussi la route qu'il me paraît le plus convenable de faire.

Quant à l'influence qu'on voudrait attribuer à tel ou tel méridien sur le plus ou moins de force des vents dans la traversée, elle est illusoire à une certaine distance de terre. D'Après a déjà fait remarquer qu'il n'y avait aucun motif pour préférer de descendre jusqu'au trentième degré, comme on le faisait avant lui, plutôt que de se borner au vingt-cinquième ou au vingt-sixième, qu'il conseille, pour abréger la route. Le même raisonnement est fondé pour des méridiens plus à l'Est, jusqu'à une certaine distance de la côte d'Afrique, et un grand nombre d'exemples en font foi; on doit même penser qu'il n'est pas nécesaire que cette distance soit fort grande; et, en indiquant le méridien de seize degrés qui, sur le parallèle de 3° Nord, est déjà à quatre-vingts lieues de la côte, on croit qu'il est hors de toute influence réelle de la terre sur la force des vents.

On trouve généralement une brise fraîche du Nord à l'Est, un horizon gras, un temps gris et pluvieux, dans le canal formé par les îles du Cap-Vert et ce cap lui-même ; les sondes que j'y ai faites plusieurs fois ne m'ont rien indiqué du banc de *Pargas*, marqué dans ce canal sur la plupart des cartes.

La limite des vents alizés au Nord de la ligne n'est pas fixe; elle varie souvent de onze à quatre degrés de latitude au Nord; et l'on a remarqué qu'elle est d'autant plus méridionale, que le soleil est plus élevé dans l'hémisphère Sud. L'époque la plus favorable de l'année pour passer de France au Brésil est donc le mois de décembre, et en général de septembre à mars.

Une zone de calmes et de brises variables occupe l'espace compris entre les vents généraux de l'hémisphère Nord, et ceux du Sud de la ligne; on y trouve des orages, des pluies abondantes, des grains, des brises de tous les points de l'horizon, et des calmes qui durent quelquefois plusieurs jours; il faut se hâter de traverser cet espace, et faire au Sud le plus de chemin qu'on pourra.

Les vents généraux de l'hémisphère Sud commencent quelquefois un peu au Nord de la ligne, mais plus souvent de un à deux degrés de latitude Sud. Faibles et variables d'abord, ils n'acquièrent que progressivement de la consistance, et, en général, les plus forts n'empêchent pas un bâtiment qui les reçoit par le travers de faire usage de toutes ses voiles. Ils varient ordinairement du Sud-Est au Sud; mais ils dépassent parfois aussi le Sud du côté de l'Ouest, et ce sont ces variations qui font sentir l'à-propos de ne pas se porter à l'Ouest du méridien de vingt-six degrés, pour couper l'équateur.

Le point où l'on a traversé la ligne, la direction du vent qu'on aura trouvé ensuite, la saison où l'on sera et le port de destination, détermineront la route à suivre, quand on sera dans l'hémisphère austral. Si l'on va dans un port du Brésil situé au Sud du dix-huitième degré, qui est le parallèle des Abrolhos, on devra se maintenir à l'Est du méridien de 38°, longitude qui paraît être la limite extrême des fonds accessibles à toutes profondeurs, dans l'Est des Abrolhos. Cependant, la grande irrégularité des fonds, aux approches de ces îlots, et le défaut d'une exploration absolument complète de ce parage, doivent toujours exciter la prudence; et il convient de sonder toutes les quatre heures, en traversant les parallèles compris entre ceux de 17° 50′ et 18° 30′, si l'on a des raisons de se croire plus Ouest que le méridien de 38°.

Lorsque les vents généraux de l'hémisphère Sud éprouvent des variétés très-marquées, on ne doit plus compter sur une direction constante des courants; au lieu de porter dans l'Ouest, ils éprouvent aussi des variétés; et dans un voyage, durant lequel je trouvai des vents inconstants, depuis le quatrième jusqu'au huitième degré de latitude Sud, les courants ne portèrent pas deux jours de suite dans la même direction.

Les moussons et les courants, sur la côte orientale du Brésil, n'offrant presque jamais des obstacles réels à la navigation, il n'y a que des précautions ordinaires à prendre pour atterrir sur tel ou tel point de cette côte. Ces précautions consistent, tout au plus, à diriger la route de manière à se trouver de quelques lieues au vent du port de destination; mais, comme nous l'avons dit plus haut, cela n'a rien d'absolument nécessaire, et ne doit, dans aucun cas, aller jusqu'à augmenter la route, au point de causer un retard sensible dans l'époque de l'arrivée.

Les bâtiments qui se destinent pour la côte Nord du Brésil doivent agir avec plus de circonspection à l'atterrage, parce que les courants sont plus forts sur cette côte que sur l'autre. Ils portent toujours dans l'Ouest-Nord-Ouest, et quelquefois même très-rapidement. Si donc l'on compte à bord du bâtiment une longitude qui ne soit pas absolument certaine, on devra toujours supposer une différence Ouest dans le point véritable; et alors la prudence devra conseiller d'atterrir comme si cette différence était réelle.

Le moyen le plus direct de reconnaître l'existence et l'étendue de cette différence serait de prendre connaissance de l'île Fernando de Noronha, avant d'attaquer la terre, et je crois cette précaution convenable. Quand même cette île ne serait pas encore placée avec une précision absolue sur les cartes, l'erreur ne peut pas être de nature à rendre une telle reconnaissance dangereuse, et la vue de ce point servirait à rectifier l'estime à un degré suffisant. De la vue à deux ou trois lieues au Nord de cette île, gouvernant à l'Ouest $\frac{1}{4}$ Nord-Ouest l'espace de trente lieues, avant de faire prendre du Sud à la route, on n'aurait rien à craindre des *Rocas*, qui, d'après les dernières observations sur leur longitude, paraissent ne pas être éloignées de plus de vingt-cinq lieues à l'ouest de l'île. Parvenu à l'Ouest de leur méridien, on inclinerait vers le Sud, pour joindre la côte au point qu'on aura déterminé pour atterrage, en observant seulement de choisir ce point à douze ou quinze lieues dans l'Est du lieu de la destination définitive.

Ainsi que nous l'avons annoncé au chapitre précédent, on trouvera, aux articles consacrés à la description des principaux ports et mouillages de cette côte, de même que de la côte orientale, tout ce qui est relatif aux atterrages qu'on doit y faire dans les deux saisons de l'année.

La distance totale à parcourir pour se rendre de Brest à Bahia (position à peu près moyenne entre les deux extrémités opposées de la côte du Brésil), est d'environ dix-sept cents lieues, en suivant la route que nous venons d'indiquer. La durée de cette traversée peut donc être, en général, de quarante-cinq à cinquante jours.

CHAPITRE III.

DESCRIPTION DE LA CÔTE COMPRISE ENTRE L'ÎLE SAINTE-CATHERINE ET
LA BAIE DE RIO-JANEIRO.—DESCRIPTION DES PRINCIPAUX MOUILLAGES
INTERMÉDIAIRES. — ATTERRAGES SUR LA BAIE DE RIO-JANEIRO.

L'île *Santa-Catharina* [Sainte-Catherine], située à très-petite distance du continent d'Amérique, sur le parallèle de 28° Sud, est assez élevée pour être vue du large à quinze lieues de beau temps. A cette distance, on trouve soixante-dix brasses, et cette profondeur diminue graduellement jusqu'à quatre encablures du rivage, où elle est encore de quatre brasses[1].

En s'approchant par l'Est, cette île paraît sous une forme très-hachée etentrecoupée de montagnes et de vallées profondes; son élévation est plus grande au Sud qu'au Nord; et, par son travers, les montagnes du continent sont un peu plus élevées qu'elle : on distingue principalement parmi celles-ci le *morro de Camborella*, qui est un rameau de la Cordilière[2] de l'Est.

Environ au milieu de la longueur de l'île, et proche du bord de la mer, une lagune fort grande sépare profondément

Description
de l'île
Sainte-Catherine.

[1] A 40 milles au Nord 20° Est de la pointe septentrionale de l'île Sainte-Catherine, et à 25 milles de terre, par le travers de la pointe Itapacoroya, le navire anglais *le Volage* a trouvé, en 1831, un banc sur lequel il n'y avait que 12 brasses ½ d'eau. Voyez, dans le supplément au Pilote du Brésil, à la fin de ce volume, l'article relatif à ce banc.

[2] Les Brésiliens donnent le nom de *Cordilheiras* à la chaîne de montagnes qui s'étend de Sainte-Catherine à Rio-Janeiro.

les terres, et offre une coupure apparente qui peut servir de remarque pour l'atterrage. Quand, à trois lieues de la côte orientale, on relève cette coupure à l'Ouest, la pointe Nord-Est de l'île reste à trois lieues au Nord-Ouest.

Toute cette côte extérieure est saine, assez escarpée, et l'on peut ranger de près, sans danger, plusieurs gros rochers qui accompagnent le rivage.

L'île Sainte-Catherine peut être contournée entièrement, et elle offre de nombreux mouillages entre sa côte occidentale et la côte du continent; mais la partie Nord du canal de séparation est la seule qui puisse recevoir des bâtiments d'un grand tirant d'eau; d'après le plan de nos Reconnaissances, c'est à cette partie que nous bornerons nos descriptions.

Route à faire pour entrer par le Nord dans le goulet de l'île Sainte-Catherine.

Le passage le plus fréquenté pour se rendre dans les mouillages du Nord du goulet est entre la pointe Nord de Sainte-Catherine et l'*Arvoredo*, île boisée, située au Nord-Nord-Est de la pointe *Rapa* de Sainte-Catherine. Ce passage, d'un peu moins de deux lieues de largeur, ne présente aucun danger, et l'on peut s'approcher indifféremment de l'une et l'autre côte, en observant seulement de laisser dans le Sud les *Muleques*[1], gros rochers qui avoisinent le rivage de Sainte-Catherine. On peut en dire autant de toutes les terres qui environnent ce passage, à une petite distance desquelles on peut louvoyer sans courir aucun risque : on trouve encore vingt-six pieds d'eau à six cents toises seulement de la côte Nord-Ouest de Sainte-Catherine, qui est l'endroit le plus profond de cette partie du canal.

Mouillage

Parvenu en dedans du goulet, on peut mouiller partout,

---

[1] *Muleque* [petit nègre], nom générique des rochers hors de l'eau et qui se terminent par des formes rondes et noirâtres.

selon la grandeur du bâtiment; en se tenant à demi-largeur du canal, la profondeur sera suffisante pour les plus grands navires, jusqu'à mille toises dans le Sud ¼ Sud-Est de la petite île *Anhatomirim*. Passé ce point, en s'avançant dans le Sud, la profondeur décroît par degrés, et, au Sud des îlots *Raton*, elle n'est déjà plus que de dix à douze pieds. Il y a un peu plus d'eau à l'Ouest de ces îlots, dans la vaste baie appelée dans le pays *Sacco-Grande*; c'est une relâche tranquille, et fréquentée principalement par les bâtiments qui font la pêche de la baleine dans ces parages; mais les bâtiments d'un très grand tirant d'eau n'y auraient point accès.

Le fond est de vase dans presque tous les mouillages du goulet de Sainte-Catherine. De celui que les bâtiments de guerre fréquentent le plus ordinairement, on fait les relèvements suivants :

La pointe N. de l'île Sainte-Catherine au. . N. 69° 30' E.
Le milieu du fort Santa-Cruz. . . . . S. 63 30 O.
Le fort *San-José* (île Sainte-Catherine). . . . S. 55 30 E.
La pointe de l'*Armaçaõ*[1] (sur le continent). N. 16 50 E.

(Nous avons prévenu que tous les relèvements rapportés dans cet ouvrage seraient corrigés de la déclinaison de l'aiguille aimantée.)

La profondeur à ce mouillage est de six brasses, et le fond est de vase verdâtre de très-bonne tenue.

On y jouit presque toujours d'une tranquillité parfaite, à l'abri des terres élevées dont il est entouré; la seule direction du Nord-Est est découverte, mais les vents de cette par-

---

[1] *Armaçaõs.* On appelle ainsi au Brésil les établissements destinés à la fabrication de l'huile de baleine. La plupart de ces usines appartenaient au Gouvernement, quand la pêche sur les côtes du pays était un privilége qu'il se réservait. Les *armaçaõs* consistent en hangars où sont les chaudières, etc.

tie ne sont presque jamais dangereux à Sainte-Catherine.

Plusieurs aiguades abondantes en sont peu éloignées ; la meilleure, à deux milles au Nord de l'île Anhatomirim, sur le continent, fournit nuit et jour d'excellente eau, dont on peut s'approvisionner sans rétribution. On obtient à bon compte la permission de prendre du bois à feu, soit sur le continent, soit sur l'une des îles Raton ; et l'on trouverait également à se procurer, à peu de frais, les bois de construction nécessaires à la réparation d'une avarie, quelque grave qu'elle fût; enfin la ville principale de l'île et les habitations voisines du mouillage fournissent, à des prix modérés, tous les vivres et tous les rafraîchissements que produit le pays.

Ces ressources consistent en bœufs, cochons, volailles, riz, maïs, arack de sucre, farine de manioc, viande sèche, sucre, café, fruits des tropiques, etc. L'île Sainte-Catherine est donc une des meilleures relâches qu'on puisse procurer aux équipages destinés à une longue navigation ou fatigués du séjour à la mer.

Les mouilages de cette île sont quelquefois assez abondants en poissons, mais le succès de la pêche y dépend de plusieurs causes encore peu connues; et toutes les saisons de l'année, non plus que toutes les heures du jour, n'y sont pas favorables. La Pérouse trouva la pêche abondante au mois de novembre; j'y ai été moins heureux dans le même mois et dans ceux de mai et d'août. La plupart des plages sont d'ailleurs embarrassées par des ossements de baleines, qu'il est difficile d'éviter en jetant la seine.

Quand on s'approvisionne de bois à feu dans le pays, et généralement sur toutes les côtes du Brésil, ou situées comme elles entre les tropiques, il convient de prendre de préférence ue jeunes arbres; les vieux troncs, remplis de cavités, recèlent beaucoup d'insectes et d'œufs plus ou moins venimeux, qui seraient préjudiciables à bord : il est prudent de jeter le bois à la mer avant de l'embarquer.

Les vents les plus ordinaires, dans le goulet de Sainte-Catherine, suivent la direction de ce goulet, soit dans un sens, soit dans le sens opposé; mais ils sont rarement violents, et les orages n'y ont rien de dangereux pour les bâtiments bien amarrés.

De mars à septembre, c'est-à-dire pendant l'époque qu'on nomme, à Sainte-Catherine, l'*hiver* ou la *mousson du Sud*, les vents, dans le voisinage de l'île, soufflent généralement du Sud au Sud-Ouest, quelquefois avec une grande force et accompagnés de pluie; mais ces crises violentes ne durent pas plus de quarante-huit heures.

Vers le mois d'octobre, les vents se rapprochent de l'Est et du Nord; les six mois suivants forment l'*été*, et offrent les plus grandes chaleurs de l'année; il y a alors des orages assez fréquents qui viennent du Nord au Sud-Est par l'Ouest; et si, dans cette saison, les vents descendent vers le Sud-Est, ils sont accompagnés de pluies considérables. Mais en général, cependant, les plus grandes pluies tombent pendant les mois d'août et de septembre, bien que, même à cette époque, plusieurs années en aient été exemptes.

Les marées sont régulières dans les mouillages du goulet de Sainte-Catherine; elles ont cela de remarquable, qu'elles entrent par le Nord et par le Sud du goulet en même temps, et se rencontrent dans la rade de la ville; elles ressortent ensuite par les mêmes passes, avec plus ou moins de vitesse, selon qu'elles sont poussées ou retenues par les vents régnants.

La vitesse moyenne du courant excède rarement 0,3 de mille à l'heure, à mi-marée; et la différence de niveau, dans les marées ordinaires, ne passe pas trois pieds.

Mais, dans les syzygies, et même un jour ou deux avant ou après, le courant va quelquefois à 1,5 de mille, et alors la mer monte et baisse de six pieds.

Établissement
des marées.

Enfin l'établissement des marées est de deux heures quarante minutes au mouillage indiqué plus haut[1].

Si l'on se trouvait dans des circonstances qui rendissent la protection des forts nécessaire, ce mouillage ne conviendrait pas; il faudrait se rapprocher davantage de l'un des ouvrages voisins : ce sont les forts *Santa-Cruz*, sur l'île Anhatomirim, *San-José*, sur l'île Sainte-Catherine, et le fort *Raton*, sur le plus grand des deux îlots de ce nom. Les feux de ces fortifications ne se croisent utilement sur aucun point, du moins avec l'artillerie dont ils sont actuellement armés.

Chef-lieu
de la province
de
Sainte-Catherine.

Le gouvernement de la province de Sainte-Catherine réside dans la ville de *Nossa-Senhora do Desterro* [de l'Exil], capitale, située à environ quatre lieues dans le Sud-Sud-Est du fort Santa-Cruz. Ce trajet, dans un goulet bien abrité, est presque toujours facile pour les canots, et les communications entre tous ses points sont promptes. La profondeur y décroît de six à deux brasses, en allant du mouillage ci-dessus indiqué vers le Sud.

---

[1] L'Annuaire de M. Chazallon donne $2^h 45'$; c'est identiquement l'établissement indiqué sur la carte de la côte comprise entre l'île Sainte-Catherine et le cap Frio (n° 411 du Catalogue des cartes du dépôt de la marine); mais cette heure diffère de 15′ en plus de l'établissement porté sur le plan du mouillage situé au Nord-Ouest de l'île Sainte-Catherine (n° 415 du même catalogue), établissement qui résultait d'une observation isolée faite à bord de *la Bayadère*, lorsqu'elle était à l'ancre dans ce mouillage, et qu'on avait adoptée provisoirement

Nous donnerons ici la position du mât de pavillon du fort Santa-Cruz d'Anhatomirim :

Position
du mât de pavillon
du
fort Santa-Cruz.

Latitude. . . . . 27° 25′ 32″ S.

Longitude. 51   1 14 O.

Voici celle de la pointe *Rapa* (pointe Nord de Sainte-Catherine) :

Latitude. . . . . 27° 22′ 31″ S.

Longitude . . . . 50 52 22 O.

La déclinaison de l'aiguille aimantée a été observée au mouillage, au mois de mai 1819 , de 7° 29′ 26″ Nord-Est.

L'atterrage sur l'île Sainte-Catherine peut se faire indifféremment, sur tous les parallèles compris entre ceux de 28° et 27° 30′, qui sont voisins des extrémités Sud et Nord de cette île ; rarement les vents et les courants sont assez forts pour qu'il soit difficile de redresser l'erreur de la route, quel qu'en soit le sens : toutefois, on doit préférer de se tenir sur les parallèles méridionaux de l'île, dans la mousson du Sud , et sur ceux du Nord dans la mousson contraire.

Le plan du mouillage au Nord-Ouest de Sainte-Catherine, levé dans la campagne de 1819, et dont j'ai complété les sondes en 1822, explique les corrections qui ont été faites à celles-ci d'après le mouvement des marées : j'ai louvoyé plusieurs fois depuis. avec des frégates, sur la foi de ce plan.

Description
des côtes au Nord
de
Sainte-Catherine

Au Nord de l'île Sainte-Catherine, les terres sont fort élevées ; et, comme celles des environs de cette île, elles offrent un mélange de formes tourmentées et de grandes vallées, dont plusieurs s'étendent jusqu'au bord de la mer : toutes ces terres sont couvertes de bois, et elles peuvent être aperçues d'une distance de quinze lieues.

Plusieurs petites iles ou ilots se voient au Nord de Sainte

Catherine. La plus grande des premières est celle d'*Arvoredo*, dont nous avons déjà parlé. Sa distance, à la pointe *Ganxos* à celle de *Zimbo* du continent et à l'îlot *Pedra de Gale*, est à peu près la même qu'à la pointe Rapa de l'île Sainte-Catherine, et l'on peut passer, avec toute sécurité, dans tous les canaux formés par ces îlots et le continent. La profondeur y varie de vingt-quatre à douze brasses, fond de vase et de sable gris; et il n'y a à éviter que les rochers et le brisant de *San-Pedro*, situés à un peu moins de trois mille toises dans l'Ouest-Nord-Ouest d'Arvoredo.

Immédiatement au Nord du goulet de Sainte-Catherine, est la baie de *Tijucas*, où, suivant les pratiques, l'on trouve encore de bons mouillages. A trois lieues au large de tous les îlots, la profondeur est de trente à trente-cinq brasses.

Au Nord de ces îlots, la côte rentre considérablement dans l'Ouest, et forme plusieurs baies dont les pointes de *Bombas, Garopas, Camboriu* et *Itapacoroya*, gisent à peu près Sud-Sud-Est et Nord-Nord-Ouest entre elles, sur une étendue de sept lieues et demie. On peut ranger toutes ces pointes à deux ou trois milles de distance.

« La pointe Itapacoroya est l'extrémité orientale d'une baie « assez profonde, abritée des vents du Sud à l'Ouest, et oc-« cupée par un *armaçaō* et deux petits îlots, près desquels on « peut mouiller et faire de l'eau. » (*Renseignements des pra-tiques.*)

Du fond de cette baie, la côte court au Nord et au Nord ½ Nord-Est, jusqu'aux îlots *Garcia*, où l'on voit un autre *armaçaō*; la distance est de treize lieues.

Îlots des Remedios et des Tamborêtes

Dans cet espace, outre les deux îlots dont nous venons de parler, plusieurs groupes d'îlots s'offrent encore à la vue; ils sont à deux ou trois milles de la côte, et l'on peut passer entre les deux principaux : le plus Sud de ces groupes est celui des *Remedios*, situé proche la *barra* ou embouchure du *Rio d'Aracary*; le groupe suivant, dans le Nord-Nord-Est de celui-là, est celui des *Tamboretes*. Tous ces îlots sont couverts de bois; les petits bâtiments seuls peuvent passer à terre des îlots Remedios; encore ce passage est-il, dit-on, peu sûr.

Les îlots de Garcia sont sur le parallèle et à deux milles et demi dans l'Est de la pointe de *Joaõ Diaz*, qui forme l'extrémité de la rive orientale du *Rio San-Francisco*.

Rio San-Francisco.

Cette rivière, peu profonde, a son embouchure tournée au Nord-Nord-Est, et se jette à la mer dans une baie assez vaste, où l'on peut mouiller par divers brassiages : à deux lieues de la côte, au Nord-Nord-Est de cette embouchure, on ne trouve déjà que dix brasses d'eau sur un fond de sable fin. Le rivage est plat; les terres environnantes sont peu élevées, mais entrecoupées de mornes isolés assez remarquables; ce n'est qu'à quelques lieues dans l'intérieur que s'élèvent les *serras* [montagnes] de *Maratuba*, chaînes de montagnes très-hautes.

Barra de Guaratuba.

A seize milles dans le Nord ¼ Nord-Ouest de la pointe de Joaõ Diaz, est la *barra de Guaratuba*; elle est à l'extrémité méridionale du paracel qui s'étend de quatre à cinq milles au large de la côte, et, dans le Nord, jusqu'à *Barra do Sul*, l'une des deux entrées de la baie de *Paranagua*. Ce paracel, borné au large par deux gros rochers de vingt pieds de hauteur, nommés *Itacolomis*[1], et par la petite île *Coral*, n'est praticable

Rochers Itacolomis.

---

[1] *Itacolomi*, de *ita* [pierre] et de *columi* [petit enfant], nom générique brésilien donné à beaucoup de rochers hors de l'eau et à des mondrains ronds, sur la côte.

que pour des bateaux. Ces rochers sont par 25° 50' 20" de latitude Sud, et 50° 52' 54" de longitude Ouest; on peut les approcher par le large, à un ou deux milles, où l'on trouve de dix à douze brasses d'eau fond de sable et de vase.

La baie de Paranagua est un enfoncement de trois à quatre lieues de diamètre, qui reçoit plusieurs ruisseaux et petites rivières. Son entrée est abritée, et en même temps divisée en deux canaux, par une île basse, sur laquelle s'élèvent plusieurs mondrains qui, de quelque distance, ressemblent à des îlots. Cette île, nommée *île do Mel*, est accompagnée, dans le Nord-Est, des trois petits îlots *das Palmas*. L'entrée du Sud, embarrassée de brisants, n'est pas navigable; celle du Nord admet des bricks, et l'on en construit d'assez grands dans l'intérieur du bassin, environné de forêts, qui forme la baie de Paranagua.

« En pratiquant la passe du Nord, disent les pratiques, on « doit laisser à tribord, en entrant, les îlots des Palmes, « qu'on reconnaît aux palmiers très-apparents dont ils sont « couverts. Un pilote est toujours nécessaire pour cette navi- « gation intérieure. »

Les eaux qui sortent de la baie de Paranagua entraînent au large des alluvions qui diminuent sensiblement le brassiage; mais il n'en résulte rien d'inquiétant pour la navigation, et, à deux lieues des deux entrées, on trouve encore de cinq à neuf brasses d'eau, fond de sable gris et de vase.

De ce point, la côte, dont l'ensemble depuis l'île Sainte-Catherine court généralement au Nord, commence à s'étendre dans le Nord 45° Est : la baie de Paranagua est donc le fond du golfe, formé par la terre, entre l'île Sainte-Catherine et le cap Frio.

Le sommet du mondrain méridional de l'île de Mel est dans la position suivante :

Position
de l'île de Mel.

Latitude. . . . . 25° 32' 43" S.
Longitude. . . . . 50 45 55 O.

La déclinaison de l'aiguille y a été observée, en mai 1819, de 6° 11' Nord-Est.

En prolongeant le rivage, à environ deux lieues de dis-tance, on rencontre les deux îlots *Figuiera* et *Castillo* : ces îlots tirent leur nom de leur apparence, car le premier est un monceau de roche assez approchant de la forme d'une *figue*, et l'autre, plus étendu et moins élevé, a sur son milieu un rocher qui, de loin, peut être pris pour un *château*. Ils sont tous deux presque arides et situés à huit milles trois quarts dans le Nord 35° Est l'un de l'autre. On peut les contourner de très-près; à un mille au large, on trouve de dix à quinze brasses d'eau, fond de sable fin.

Ilots
Figuiera et Castilio.

Après avoir dépassé ces îlots, on arrive à la pointe de *Ca-nanea* et à l'île de *Bom-Abrigo* [Bon-Abri] : l'une et l'autre forment la rive méridionale de la barre de Cananea, dans l'in-térieur de laquelle les Brésiliens construisent d'assez grands bâtiments. « On peut passer, avec des pilotes, au Sud de l'île « de Bom-Abrigo, pour entrer dans la rivière, mais le che-« nal ordinaire est au Nord de cette île, bien qu'il soit em-« barrassé de plusieurs bancs. » (*Renseignements des pratiques.*)

Barre
de Cananea.

On peut mouiller à petite distance, au large de cette île, qui est fort élevée et couverte de bois. Elle projette un petit îlot dans le Sud, et, à deux milles au large, la sonde rap-porte de dix à douze brasses d'eau, fond de sable.

La barre de Cananea peut se reconnaître du dehors à deux marques également sûres : c'est, d'une part, le mont

Cardoz, situé à environ cinq lieues dans le Ouest-Nord-Ouest de l'île de Bom-Abrigo, et, de l'autre, la *praya* [plage] d'I-*guape*, suite de petites dunes de sable blanc, parsemées de broussailles, qui s'étendent depuis cette barre jusqu'à celle d'Iguape, c'est-à-dire sur un espace d'environ dix lieues.

Malgré le peu d'éloignement et la hauteur de la chaîne de montagnes dont le mont Cardoz fait partie, et qu'il domine si remarquablement, les brouillards qui règnent parfois sur cette partie de la côte, dans la mousson du Sud, empêchent de voir la terre, et les grands bâtiments ne doivent approcher la plage d'Iguape qu'avec précaution. Cette plage, fort basse, excepté vers son milieu, ne se voit que d'une petite distance ; il faut s'en tenir à deux lieues, où l'on aura de dix à douze brasses d'eau, fond de sable.

Le mont Cardoz, qui est la plus haute montagne de cette partie de la côte, est situé par 24° 58′ 45″ de latitude Sud, et 50° 32′ 41″ de longitude Ouest. Au mois de mai 1819, la déclinaison de l'aiguille était de 6° 27′ Nord-Est, à six lieues de distance sur son parallèle.

La plage d'Iguape est séparée du continent par un lac ou canal naturel, qui communique de la barre de Cananea à celle d'Iguape, et que les Portugais nomment *mar Pequena* [petite mer]. Ce lac peut admettre d'assez grands bâtiments ; la barre d'Iguape ne peut recevoir que des bateaux. Il ne faut pas confondre avec cette barre celle qui se trouve à trois lieues plus au Nord-Est, et qui sert d'embouchure à la petite rivière Iguape.

On peut mouiller tout le long de cette côte, à deux ou trois milles de la plage, sur d'excellents fonds de vase, par six e dix brasses d'eau ; mais, aucun port accessible aux grands bâtiments ne se trouvant sur cette partie de côte, on conçoit qu'ils ne peuvent avoir occasion d'y jeter l'ancre que dans un moment de calme, auquel ils n'ont nul motif de s'exposer.

La côte suivante, vers le Nord, redevient élevée dès le rivage qui se dirige au Nord 50° Est; les sondes, vis-à-vis, s'accroissent en proportion de l'élévation des terres. En prolongeant celles-ci de trois à dix milles de distance, on trouve de huit à quinze brasses de profondeur, et l'on reconnaît successivement la pointe de *Jurea*, *la Barra da Una*, les îlots de *Guarau*, la crique, les hauteurs et la *praya de Piruibe*, les deux îles *Queimada* (*Grande* et *Pequena*), enfin le village *da Conceiçaõ* [Conception], situé près du rivage, sur un monticule, à quatre milles duquel on peut mouiller par dix et douze brasses d'eau.

Les îles Queimada [Brûlées] sont deux masses de rochers presque arides, situées à environ dix milles l'une de l'autre, dans une direction Sud-Est et Nord-Ouest; la plus grande, qui est la plus au large, peut être vue de sept à huit lieues; un petit rocher l'accompagne dans le Nord. On peut, sans danger, contourner les deux îles *Queimada*, et en passer à terre.

A sept milles dans l'Est 31° Sud du village de la Conceiçaõ, et à quinze milles au Nord 4° Ouest de *Queimada-Grande,* on trouve un rocher isolé, élevé de douze à quinze pieds au-dessus de la mer, du genre de ceux que les Portugais appellent *laages*[1], et à une portée de fusil duquel on trouve douze et quatorze brasses d'eau, fond de sable vaseux. De ce point on aperçoit distinctement le port de *Santos*, à sept lieues dans le Nord-Est.

[1] *Laage* [dalle, carreau], nom générique donné par les hydrographes portugais, aux rochers plats et peu élevés au-dessus de la mer.

La côte continue de s'étendre dans la même direction, jus-qu'à la pointe de *Taypu*, qui forme l'extrémité occidentale du havre de Santos, et le sépare d'une inflexion assez pro-fonde de la côte, que les Portugais nomment *Sacco-Grande*, comme toutes les grandes anses pareilles.

Port de Santos.

Le port de Santos, autrefois très-fréquenté par les flottes portugaises, n'est plus aujourd'hui que d'une importance secondaire; la richesse des provinces de Rio-Janeiro, Bahia et Pernambuco, acquérant chaque jour une prépondérance plus marquée sur celle des provinces méridionales. Ce port est formé par le continent et par l'île *Santo-Amaro*, portion du continent, séparée par la rivière de *Bertioga*. Il a donc deux entrées : mais celle du Sud seulement est praticable pour les grands bâtiments; l'autre, la rivière de Bertioga, ne l'est tout au plus que pour des bateaux. Le havre de Santos peut admettre de grands bâtiments, qui y sont à l'abri de tous les vents, excepté ceux du Sud-Sud-Ouest jusqu'au Sud-Est.

Position de l'entrée de ce port.

La pointe de Taypu, qui, comme on vient de le dire, ter-mine le côté occidental de la grande entrée de Santos, est par 24° 1′ 11″ de latitude Sud, et 48° 50′ 35″ de longitude Ouest. La pointe opposée (*ponta de Manduba*), sur le même paral-lèle, est à un mille dans le Nord-Ouest du petit îlot *Moela* [Gésier, de sa ressemblance avec cet objet], que l'on peut approcher sans danger[1]. A seize milles et demi dans le Sud 14° Est de cet îlot, on trouve le *laage* ou rocher de Santos,

Laage de Santos.

pierre unie, blanche et élevée seulement de six ou huit pieds au-dessus de l'eau.

[1] Il existe maintenant, sur l'île Moela, un phare à feu fixe. Il est allumé depuis 1830, et signale, aux navigateurs, l'entrée du port de Santos. (*Extrait de la 6ᵉ édition de la Description générale des phares, par M. Coulier.*)

Du village de la Conceiçaõ jusqu'à Santos, les terres sont généralement basses au rivage; mais une chaîne de montagnes élevées le prolonge à quatre ou cinq lieues dans l'intérieur, et, de distance à autre, elle vient aboutir à la mer par des rameaux séparés, qui, de loin, ressemblent à des îles. Cette chaîne, que le havre de Santos interrompt, continue de s'étendre dans l'Est $\frac{1}{4}$ Nord-Est, en formant la côte même, jusqu'au goulet de l'île *San-Sebastiaõ* [Saint-Sébastien].

En doublant l'îlot Moela et les terres du Sud de Santo-Amaro, on découvre la grande courbure que forme la côte, jusqu'à l'île Saint-Sébastien, et, dans cet enfoncement, plusieurs îles ou îlots, dont les plus considérables sont le *Monton de Trigo* [le Tas de Blé], proche de terre, et, plus au large, le groupe des *Alcatrasses*.

Le Monton de Trigo est une île presque conique, élevée, boisée jusqu'au sommet, qui est à seize milles dans le Nord 17° Ouest des Alcatrasses. A deux ou trois milles autour de lui, ainsi qu'à la même distance de toute la côte voisine, on trouve d'excellents fonds de vase, depuis douze jusqu'à vingt-cinq brasses de profondeur.

Le groupe des Alcatrasses se compose de plusieurs rochers arides, dont le plus grand peut être vu de sept lieues; relevé à l'Est-Sud-Est, il a la forme sous laquelle les peintres représentent un *dauphin*, dont la tête, accompagnée de deux petits rochers, serait tournée vers l'Ouest-Sud-Ouest : un autre rocher, plus gros que ces deux derniers, est à deux milles dans l'Ouest-Nord-Ouest; et enfin deux ou trois autres sont à peu près à la même distance dans le Nord-Est. Les pilotes du lieu disent que les fonds ne sont pas sains dans le voisinage de ce groupe de rochers, et qu'il est prudent de n'en approcher

Monton de Trigo
ou
Tas de Blé.

Les *Alcatrasses*.

qu'à quatre ou cinq milles, et avec un vent fait; cette précaution est motivée par le voisinage du goulet et de l'île Saint-Sébastien, qui donnent lieu à des courants parfois assez considérables sur ce point.

Le sommet de l'îlot principal des Alcatrasses est situé par 24° 6′ 5″ de latitude Sud, et 48° 6′ 47″ de longitude Ouest. Au mois de juin 1819, nous observions 5° de déclinaison Nord-Est proche de cet îlot.

L'île Saint-Sébastien a environ quatre lieues et demie sur ses plus grands diamètres, et ses montagnes sont aussi élevées que celles du continent, dont elle n'est séparée que par un canal étroit. Cette île peut être aperçue de quinze lieues, de beau temps : ses rivages sont fort escarpés; celui du Sud rentre sensiblement, et court ensuite à l'Est-Sud-Est, jusqu'à la pointe Sud-Sud-Est de l'île; le côté oriental suit en masse à peu près la direction du méridien; l'ensemble de l'île a la forme d'un triangle; et le côté opposé au continent forme avec lui un canal et des baies profondes, où l'on trouve d'excellents mouillages, sur de la vase, et des profondeurs de huit à vingt-cinq brasses. A l'occasion de ces qualités de fonds, j'observerai que, sur la côte du Brésil, les fonds de vase se trouvent presque toujours proche des terres élevées.

Plusieurs îles ou groupes d'îlots situés dans la partie Nord de l'île Saint-Sébastien, contribuent à étendre et à abriter le vaste bassin que cette île forme avec le continent. La plus voisine est l'île *Vittoria;* viennent ensuite, à six milles dans l'Est 28° Nord de celle-là, les trois petites îles *Busios*, et, à onze milles dans le Nord 15° Ouest de celle-ci, l'île et les îlots *Porcos*.

Le passage est libre pour les bâtiments de toutes dimensions entre ces divers groupes, de même que dans tout le bassin qu'ils forment avec l'île Saint-Sébastien et le continent; toutefois, le canal entre Saint-Sébastien et Vittoria étant rétréci par un rocher qui s'étend à environ deux milles dans le Sud-Sud-Ouest de cette dernière île, il convient de ne s'y engager qu'avec des bâtiments de médiocre tirant d'eau.

Il y a peu de motifs pour recommander aux bâtiments qui se destinent pour le canal de Saint-Sébastien d'atterrir dans le Sud ou dans le Nord de cette île, quelle que soit la saison régnante. Ce qui a été dit au chapitre précédent, sur les vents et les courants généraux de la rive orientale du Brésil, fait voir qu'il y a peu de précautions obligatoires de cette nature ; et j'ajouterai même qu'en certains cas ces précautions pourraient avoir plus d'inconvénients que d'utilité. Au mois de juin, par exemple, qui est le milieu de la mousson du Sud, ayant attaqué l'île Saint-Sébastien par le Sud, j'ai mis, en 1819, trois jours à remonter, en louvoyant pour atteindre sa partie Nord; les vents étaient opiniâtres et très-frais du Nord-Est, et les courants portaient au Sud avec une vitesse de 0,7 de mille à l'heure. Le plus prudent semble donc être de ne déterminer l'atterrage que d'après le temps qu'on éprouve et les apparences qu'on lui reconnaît aux approches de la terre.

La pointe *Pirasonungo* (pointe Sud-Est de l'île Saint-Sébastien) est située par 23° 57′ 32″ de latitude Sud et par 47° 40′ 33″ de longitude Ouest.

Position
de
la pointe Sud-Est
de l'île
Saint-Sébastien.

Le goulet de Saint-Sébastien, formé par l'île de ce nom et le continent, offre une relâche aussi sûre que commode pour les plus grands bâtiments. Son gisement total est le Sud 30°Ouest; mais cette ligne ne peut pas être suivie exactement pour parcourir toute la longueur du goulet; elle rencontrerait des bancs qui tiennent au rivage du continent, à peu près sur les deux tiers de sa longueur du Nord au Sud; de sorte qu'en venant du Nord et partant d'un point situé à demi-mille de l'*armaçaõ* qui est construit à la tête de l'île de ce côté, il faut faire d'abord environ cinq milles au Sud 16° Ouest, et, de là, Sud 45° Ouest, jusqu'à ce qu'on soit dehors.

Sur cette route, qui est à peu près de onze milles, la moindre profondeur sera de dix brasses, le plus souvent de quinze à vingt, et le fond toujours de vase de la meilleure tenue. La plus grande largeur entre les terres opposées est d'environ trois milles; c'est à l'entrée du Nord : mais les deux tiers de cet espace sont occupés par les bancs indiqués plus haut, sur lesquels il n'y a que de une à trois brasses d'eau, et il faut ranger la côte de Saint-Sébastien à cinq ou six cents toises de distance.

L'entrée du Sud est beaucoup plus étroite; tous les pratiques du pays assurent néanmoins que les plus grands bâtiments peuvent y naviguer en suivant le canal.

On ne peut pas désirer une relâche plus tranquille que celle de Saint-Sébastien; environnés de terres fort élevées, les bâtiments y sont comme dans un bassin. Il n'y avait, en 1819, aucune fortification; mais on peut s'embosser assez près du rivage pour ne pas être tourné par l'ennemi, et le peu de largeur du chenal rendrait la manœuvre de l'assaillant assez délicate. La faculté de sortir par les deux issues double d'ailleurs les chances en faveur des bâtiments qui craindraient d'être bloqués.

On trouve à Saint-Sébastien les mêmes ressources qu'à Sainte-Catherine. Elles consistent en bestiaux, volailles, arack, vivres et denrées ordinaires aux contrées des tropiques; on se les procure assez facilement à un prix modéré. soit aux deux principaux établissements, soit dans les habitations répandues en assez grand nombre sur les côtes intérieures. La pêche est rarement très-productive dans ce mouillage, mais le poisson est de bonne qualité.

L'ancienne ville de Saint-Sébastien est sur le continent, à la partie la plus étroite du goulet. Depuis 1817, les Brésiliens en projettent une autre (*villa nova da Princeza*) proche de l'entrée du Nord, sur l'île même. C'est à quatre cents toises au Sud-Ouest de ce nouvel établissement qu'est le meilleur mouillage pour les bâtiments de guerre; on y est par dix-sept brasses d'eau, fond de sable gris.

Il y a plusieurs aiguades sur l'île Saint-Sébastien : une des meilleures est entre la nouvelle ville et l'*armaçaõ* situé à la pointe Nord-Ouest; l'eau en est saine et s'y fait aisément. On trouve à bon marché quantité de bois à brûler sur toute la côte du continent voisin.

Les vents, à Saint-Sébastien, suivent presque toujours la direction du goulet, à l'exception de la nuit, où les brises de terre s'élèvent alternativement de divers points, sans suivre aucune loi. Pendant le jour, les vents viennent le plus ordinairement du Nord-Nord-Est et du Sud-Sud-Ouest, suivant le gisement des terres; ils sont fréquemment interrompus par des intervalles de calme.

Les courants suivent la même direction que les vents, et leur vitesse est proportionnée à la force de ceux-ci. La plus ordinaire dans le goulet est de 0,7 de mille par heure, et de 1,8 de mille dans les circonstances les plus propres à l'augmenter.

Ville principale de l'établissement de Saint-Sébastien.

Aiguades.

Des vents régnants à Saint-Sébastien.

Des courants dans le goulet de Saint-Sébastien.

Des marées.

Les marées n'ont point de régularité dans le chenal; néanmoins, nous avons cru pouvoir estimer que la haute mer, les jours de nouvelle et pleine lune, arrivait à deux heures[1]. La différence du niveau des marées a été évaluée à quatre pieds; c'est d'après cette opinion que les sondes ont été marquées sur le plan particulier de Saint-Sébastien, levé dans l'expédition.

Position
du principal
mouillage
dans le goulet.

Le mouillage indiqué plus haut est situé par 23° 47′ 26″ de latitude Sud, et 47° 47′ 20″ de longitude Ouest. La déclinaison de l'aiguille y a été observée de 3° 25′ Nord-Est au mois de juin 1819.

Nous avons dit que les terres de Saint-Sébastien, ainsi que celles qui les avoisinent, sont très-élevées; elles sont de plus couvertes de bois jusqu'à leurs sommets et d'un aspect agréable : les côtes sont accores, et on peut mouiller partout à petite distance d'elles, sur de bons fonds; elles n'ont en général de dangereux que ce qui paraît hors de l'eau.

Îles Porcos.

Le groupe des îles Porcos comprend une île assez élevée; elle est accompagnée de trois îlots, dont l'un est dans le Sud et les autres dans l'Est. « Cette île laisse, entre elle et le conti-« nent, un très-beau canal, où de grands bâtiments peuvent « passer et mouiller en parfaite sécurité. On peut, sur plu-« sieurs points du rivage, trouver des ressources en bes-« tiaux et en rafraîchissements et faire de l'eau et du bois. « Mais on ne doit s'engager dans ce passage qu'avec un vent « fait. » (*Renseignements des pratiques.*)

Pointes
de Caioçu
et de Joatinga.

Depuis les îles Porcos, la côte court (sauf les inflexions) à l'Est 23° Nord, où l'on distingue, à environ neuf lieues, la

---

[1] L'Annuaire des marées de M. Chazallon donne exactement la même heure.

pointe de *Cairoçu*, qui, avec celle de *Joatinga*, termine la partie Sud des hautes terres formant la vaste baie de *Ilha-Grande*.

Le petit ilot qui accompagne la pointe Joatinga est situé par 23° 18′ 30″ de latitude Sud, et 46° 59′ 2″ de longitude Ouest.

Position
de
la pointe Joatinga.

La pointe Joatinga, ainsi que celle de Cairoçu, est élevée et peut être rangée de près par toute espèce de bâtiments.

La grande baie de *Ilha-Grande* [Ile-Grande], formée dans le continent par l'île de ce nom, a deux entrées : l'une, celle de l'Ouest, est formée par la pointe Joatinga et l'Ile-Grande ; l'autre, par cette même île et le promontoire ou plage de *Marambaya* : ces deux entrées conduisent dans l'intérieur de la baie, et, comme elle, elles peuvent recevoir de grands bâtiments.

Baie
de Ilha-Grande.

« Des flottes entières pourraient entrer dans la baie de « Ilha-Grande et y trouver un abri contre tous les vents; les « sondes y varient de trente à sept brasses dans une grande « partie de sa surface, et, sur plusieurs des côtes intérieures, « on peut aisément faire de l'eau et du bois. » (*Renseignements des pratiques.*)

A environ deux milles dans la partie Sud de Ilha-Grande est le petit îlot de *Georgi-Greco*. « Quoique en apparence « aride, il fournit de l'eau et du bois; les plus grands bâti- « ments trouvent un bon mouillage sur sa côte Nord, et ils « peuvent se procurer des rafraîchissements au petit village d'*Angra dos Reys*, qui y est situé. » (*Renseignements des pratiques.*)

En quittant l'Ile-Grande et en poursuivant la route dans l'Est-Nord-Est, on prolonge la *praya de Marambaya*, dont la pointe Ouest est terminée par un mondrain nommé *morro de Marambaya*, et la pointe Est, par une petite ouverture, dans laquelle les bateaux seulement peuvent pénétrer pour se rendre dans la baie. Cette langue de terre, d'environ huit lieues de longueur Est et Ouest, est très-basse, et il ne faut en approcher qu'avec précaution lorsque le temps n'est pas clair. La circonspection est d'autant plus nécessaire qu'une roche [*laage*], accompagnée d'un haut fond, se projette à trois milles au large dans le Sud du milieu de son rivage; en se tenant à quatre milles de terre sur ce point, on aura de vingt-deux à trente brasses d'eau, fond de sable et de gravier.

Immédiatement à la pointe orientale de la *praya de Marambaya*, on trouve la grosse pointe de *Guaratiba*, où commencent les rameaux des montagnes qui environnent la baie de Rio-Janeiro. De cette pointe, on aperçoit clairement, de beau temps, à huit lieues dans l'Est, l'*Ilha-Redonda* [Ile-Ronde], qui est à l'entrée de cette baie, et que distinguent sa forme et les falaises, tranchées de blanc et de vert foncé, qui la terminent de tous côtés[1]. On aperçoit également, à

À deux milles et demi dans l'Est ¼ Nord-Est de l'île Redonda se trouve une île basse, nommée *Ilha-Raza*, qui ne peut être vue distinctement qu'à une lieue et demie ou deux lieues de distance, sur le sommet de laquelle on a établi un phare à *feu tournant* présentant alternativement un éclat blanc et un éclat rouge, dont les révolutions complètes s'effectuent en 3 minutes de temps. Ce feu est allumé depuis le mois de juin 1829 : il est destiné à signaler pendant toute l'année, et quelle que soit la mousson, la position des îles qui sont devant l'entrée de Rio-Janeiro; on peut l'apercevoir, en temps clair, à une distance d'environ huit lieues; mais il est masqué par l'île Redonda, depuis la direction de l'Ouest ¼ Sud-Ouest jusqu'à l'Ouest ½ Sud.

Un petit feu fixe, élevé de quarante-sept pieds au-dessus du niveau des hautes mers et dont la portée est d'environ six milles, est allumé toutes les environ six lieues dans l'Est-Nord-Est, la *Gabia* [la Hune], montagne qui, par sa forme remarquable, ne peut être confondue avec aucune autre, et qui est la plus sûre indica-cation de Rio-Janeiro, surtout en venant de la partie du Sud. La route ensuite, pour aller dans cette baie, n'exige aucune précaution particulière, et, quand on sera parvenu près de l'Ile-Ronde, on choisira, selon le vent régnant, le chenal qu'il conviendra de prendre entre les îles et les îlots environnants, en ayant attention cependant de ne s'engager dans ces canaux qu'avec un vent fait et capable de conduire jusque dans la baie avant la nuit, ce qui n'a généralement lieu que vers midi, époque de la journée où la brise du large est presque toujours déclarée et suffisamment forte.

L'atterrage de Rio-Janeiro est ordinairement indiqué sur le cap Frio; mais il doit sans doute être entendu que ce n'est que dans la mousson du Nord et lorsqu'on vient du Nord ou de l'Est que cet atterrage doit être fait. En toute autre circonstance, il aurait au moins le désavantage de donner lieu à une assez grande perte de temps, en allongeant le chemin à faire.

L'Ile-Grande, le morro de Marambaya, et surtout la Ga-bia, sont autant d'objets de reconnaissance qu'on peut choi-sir dans la mousson du Sud; ils se voient d'assez loin pour qu'on puisse les bien reconnaître sans cesser d'être maître de la route ultérieure; leur proximité de Rio-Janeiro per-mettant qu'arrivé près d'eux on puisse toujours prévoir l'heure à laquelle on pourra être mouillé dans cette rade.

nuits sur le fort Santa-Cruz, à l'entrée de la baie de Rio-Janeiro, et signale le côté oriental de cette entrée. On commence à apercevoir ce feu lorsqu'on est à 2 milles de distance au Nord et au Nord-Est de l'île Raza.

On peut encore citer, comme une marque très-facile à reconnaître, à l'entrée de Rio-Janeiro, l'aspect d'une partie des montagnes qui environnent cette baie [1]. Lorsqu'on vient du large, depuis l'Est-Sud-Est jusqu'au Sud-Ouest, la configuration de leurs sommets présente, d'une manière très-sensible, une figure d'homme couché de l'Ouest-Sud-Ouest à l'Est-Nord-Est, dont la Gabia forme la tête, et le Pain-de-Sucre, les pieds. Lorsque la crête des montagnes est dégagée de nuages ou de vapeurs, il est presque impossible de ne pas être frappé de cette apparence [2].

La Gabia est située à environ trois lieues dans l'Ouest $\frac{1}{4}$ Sud-Ouest de l'entrée de Rio-Janeiro; vu de tous les points du large, depuis l'Est jusqu'au Sud-Sud-Ouest, son sommet paraît plat et un peu plus large à sa surface supérieure qu'à quelque distance au-dessous, ce qui lui donne effectivement de la ressemblance avec la *hune* d'un bâtiment. Cette forme, qui exclut toute méprise avec toute autre montagne à vue, fait de la Gabia le meilleur point de reconnaissance.

Cette montagne est située par 22° 59′ 0″ de latitude Sud, et 45° 42′ 58″ de longitude Ouest. Au mois de juin 1819,

---

[1] Le plan de l'entrée de Rio-Janeiro, levé en 1837, par M. Jehenne, alors lieutenant de vaisseau, contient une vue de cette entrée prise de l'île Raza, que l'on peut consulter pour avoir une idée exacte de l'aspect des terres. (Voir aussi dans le supplément, à la fin de ce volume, l'article relatif aux travaux hydrographiques exécutés à Rio-Janeiro, depuis la reconnaissance faite par *la Bayadère*.)

[2] Lors de l'arrivée du roi de Portugal au Brésil, en 1807, cette apparence suggéra, à un officier de l'armée qui accompagnait Sa Majesté, l'idée ingénieuse d'un dessin représentant ce colosse couché, qu'il désigna comme le génie du Brésil. La flotte royale entrait à pleines voiles dans la capitale du pays, et on lisait, dans une gloire placée au-dessus du tableau : *Géant, lève-toi !*

la déclinaison de l'aiguille a été trouvée, à sa vue et sur son méridien, de 3° 43′ Nord-Est.

A environ huit milles dans l'Est 22° Nord de la Gabia, se trouve le Pain-de-Sucre [*Paõ de Açucar*], montagne conique de roche, qui forme le côté occidental de l'entrée de Rio-Janeiro. Cet énorme rocher est ordinairement indiqué comme la balise qui sert à reconnaître l'entrée de cette baie ; mais, beaucoup moins élevé que la Gabia et déjà un peu dans l'intérieur, il ne paraît ni d'aussi loin, ni d'un aussi grand nombre de relèvements du dehors que cette montagne ; et, quand on le reconnaît, on n'a plus guère besoin d'éclaircissements sur la position qu'on occupe : cependant, il est bon de relever aussi ce pic, remarquable entre toutes les hauteurs coniques, assez nombreuses sur cette côte, par l'inclinaison sensible d'une de ses faces au Nord-Ouest.

Il est prudent, en général, de se tenir à quelque distance de la côte qui joint Rio-Janeiro au cap Frio, parce que, quand le vent souffle du Sud-Ouest à l'Est-Sud-Est par le Sud, la houle y porte incessamment, et que, de gros temps, le mouillage n'y serait pas sûr.

On a conseillé plus haut de ne s'approcher des îles situées à l'entrée de Rio-Janeiro que lorsque la brise du large est bien établie ; on ajoute ici qu'il faut se ménager assez de jour pour pouvoir arriver au mouillage avant la nuit. On s'exposerait, sans cela, à rester parmi les îles ou dans l'entrée, pendant le calme qui sépare les brises du large et de terre, ou à recevoir celle-ci, qui est directement opposée à la route à faire pour entrer et assez souvent accompagnée de grains quelquefois violents, surtout à l'époque des nouvelles et pleines lunes.

Si, malgré les précautions qu'on aura prises, la brise de terre s'élevait avant qu'on fût entré, et si les mauvaises qualités du bâtiment, ou le courant qui sort presque toujours, ne permettaient pas de gagner le dedans de la baie en louvoyant, il serait préférable de se replacer en dehors des îles, plutôt que de chercher à se maintenir parmi elles ou à y mouiller. Le louvoyage y est très-borné, surtout pendant la nuit; le fond y est dur et la houle d'autant plus forte et plus incommode, qu'on est plus près de l'entrée. Les grains les plus forts de la brise de terre s'étendent rarement au large de l'Ile-Ronde.

La direction générale de la côte, entre l'île Sainte-Catherine et l'entrée de Rio-Janeiro, est le Nord 46° E., et la distance 392 milles.

Le gisement de l'île de Mel (à l'entrée de la baie de Paranagua) par rapport à la pointe Rapa de Sainte-Catherine, est le Sud 2° Ouest, et la distance 110 milles.

Le gisement de l'île de Mel, par rapport à la pointe Pirasonungo (Pointe Sud-Est de l'île Saint-Sébastien), est le Nord 60° Est, et la distance 193 milles.

Enfin, le gisement de la pointe Pirasonungo, par rapport au Pain-de-Sucre, est le Nord 62° E., et la distance de 129 milles.

CHAPITRE IV.

INSTRUCTION POUR ENTRER DANS LA BAIE DE RIO-JANEIRO ET POUR
EN SORTIR. — DESCRIPTION DE CETTE BAIE.

Pour entrer à Rio-Janeiro et pour en sortir, on préfère
ordinairement de passer entre l'île *Raza* [Rase] et les deux
îles *Paya*[1]. La première est au Sud, à peu près à sept milles
du Pain-de-Sucre; les deux autres sont à cinq milles et demi
dans le Nord 41° Est de l'île Rase : elles sont accores; on
peut les ranger de près, et même passer, au besoin, entre
elles et la terre. La profondeur du chenal qu'elles forment
avec l'île Rase est de vingt-trois à treize brasses, fond de
sable gris.

Si l'on se place à un mille dans l'Ouest de l'île Rase, on
relèvera la pointe Ouest de la plus occidentale des îles Paya,
au Nord 23° Est; de cette position, une route directe de
sept milles et demi, au Nord 8° Ouest, conduira à quatre
cents toises dans l'Ouest de la forteresse de *Santa-Cruz*, située
sur la pointe orientale de l'entrée du goulet. Dans ce trajet,
on aura laissé sur la gauche quelques îlots et un rocher [*laage*],
qui sont entre l'île Ronde et les terres de la Gabia; et l'on
passera à un demi-mille à droite de la petite île *Tucinho*
[Jambon], qui est proche du Pain-de-Sucre. Sur cette route,
les sondes auront passé graduellement de vingt-trois à sept

Route pour entrer dans la baie de Rio-Janeiro.

[1] Sur quelques cartes, ces deux îles sont nommées *Pay* et *May* [Père et
Mère]. J'emploie la dénomination la plus usitée.

brasses, fond de sable fin gris, sable blanc et dur. Aucun danger n'y existe, et il n'y a à éviter que ce qui paraît au-dessus de la mer.

Les profondeurs de sept brasses sont les plus faibles de l'entrée de Rio-Janeiro, et, lorsqu'on les a franchies pour entrer, la sonde s'accroît promptement, au point de perdre momentanément le fond avec une ligne à main. On trouve déjà de douze à seize brasses, presque à toucher la pointe de la batterie de Santa-Cruz; on pourrait en approcher davantage, et l'on pourrait, également sans danger, fréquenter l'autre côté de l'entrée; mais la direction qui vient d'être indiquée est la plus suivie : elle a le double avantage de conduire les bâtiments assez près de la forteresse de Santa-Cruz, pour pouvoir répondre aux questions qui leur sont adressées de ce fort, et de les tenir à une distance convenable de la petite île plate qui se présente au milieu de l'entrée, et sur laquelle le fort Laage est bâti. Un troisième avantage, résultant de la précaution de se tenir ainsi à petite distance de Santa-Cruz, est de corriger un peu l'effet du courant, qui porte quelquefois dans le Nord-Ouest, lors de la marée montante.

Le passage entre le fort Santa-Cruz et le fort Laage est le seul fréquenté, et celui que ce dernier forme avec la pointe de *San-Joaõ* ne l'est jamais. Ce n'est pas qu'il manque de profondeur; mais il est plus étroit que l'autre; et la variété probable des vents, sous le Pain-de-Sucre et les hautes terres voisines, au pied desquelles il faudrait passer, l'irrégularité des courants et les fonds de roches où l'ancre tomberait s'il fallait mouiller, rendent ce passage, sinon impraticable, du moins dangereux. On dit même qu'il est défendu.

Il n'offrirait d'ailleurs d'autres avantages, pour l'entrée ou la sortie de la baie, que de prendre à revers une partie des forts Laage et de la Bandeira, qui défendent le passage.

Du travers, à trois cents toises à l'Ouest du fort de Santa-Cruz, la route directe pour se rendre au mouillage des vaisseaux de guerre est le Nord 22° Ouest, jusqu'à ce qu'on soit dans l'Est-Nord-Est du fort de *Villegagnon*, à trois cents toises duquel on passe sans danger. De ce point, on gouvernera sur l'île *dos Ratos* [des Rats]; et, parvenu devant la ville, on choisira le mouillage, depuis vingt jusqu'à dix brasses, fond de vase, en observant seulement de ne pas découvrir le Pain-de-Sucre à l'Ouest du fort de Villegagnon.

Du pavillon de ce fort, si l'on tire une ligne droite jusqu'à l'île *das Cobras* [des Serpents], elle séparera les fonds propres aux grands bâtiments, des fonds de quatre à deux brasses qu'occupent les caboteurs et les petits bâtiments de commerce. La meilleure place pour les bâtiments de guerre est dans l'Est-Nord-Est du palais, au Sud de la ligne menée de l'île aux Rats à la principale église de la ville. Le fond y est de quinze à vingt brasses d'excellente tenue, et l'on évitera ainsi un petit banc de roche situé à deux encablures et demie dans l'Est-Nord-Est de l'île aux Rats.

Le mouillage des navires de commerce est immédiatement près de la ville; les plus grands y parviennent en passant au Nord de l'île das Cobras, et ils sont séparés du mouillage des bâtiments de guerre que nous venons d'indiquer, par un banc que des canots seuls peuvent franchir, et sur lequel la mer brise dans les basses mers des nouvelles et pleines lunes, lorsque les vents du large sont violents.

Observations sur le mouillage des bâtiments de guerre.

Mouillage des bâtiments de commerce.

On s'affourche Nord et Sud dans la baie de Rio-Janeiro ; mais nous croyons qu'il est préférable d'affourcher Nord-Est et Sud-Ouest : cette direction, qui n'est pas éloignée de celle des courants de flot et de jusant, donnera la facilité de présenter le travers aux brises de terre et de mer, seuls vents à peu près dominants ; ce qui est une nécessité dans l'été, où les chaleurs, dans cette baie, sont quelquefois insupportables. Une haussière, portée alternativement sur l'une ou l'autre bouée, selon le vent, procurera cet avantage important pour la salubrité du bâtiment ; l'ancre de flot doit être à bâbord, et celle de jusant à tribord.

Les brises de terre et de mer se partagent ordinairement les vingt-quatre heures du jour : la première commence le soir, dure toute la nuit, et finit vers neuf ou dix heures du matin ; une heure de calme lui succède, et généralement, vers onze heures, la brise du large pénètre dans la baie et dure jusqu'au coucher du soleil. La force de ces brises n'est pas constante ; elles éprouvent parfois des interruptions totales, et l'on voit alors le calme durer des jours entiers, ou n'être troublé que momentanément par des brises sans force et sans direction fixe : mais ces circonstances sont rares.

Les marées ne sont pas régulières dans la baie de Rio-Janeiro, si l'on entend par régularité l'égalité de durée des deux courants alternatifs dont se compose ordinairement une marée. Le jusant est généralement beaucoup plus prolongé que le flot, surtout après de grandes pluies. La vitesse ordinaire de l'un et de l'autre excède rarement 0,7 de mille à l'heure ; elle atteint 1,3 de mille dans les vives eaux, prin- cipalement pendant le jusant. L'établissement de la baie est de deux heures trois quarts [1], et la différence de niveau entre les hautes et basses mers des syzygies, a été trouvée de quatre pieds et demi; dans les circonstances ordinaires, elle n'est guère que de trois pieds.

La sûreté du mouillage, dans la baie de Rio-Janeiro, n'est presque jamais troublée, et il est infiniment rare d'y ressentir des vents capables de causer des accidents graves.

Plusieurs cales de débarquement sont pratiquées dans les quais devant la ville; les unes sont de simples rampes, les autres ont des degrés. La commodité de leur usage dépend de l'état de la mer, qui, du reste, est très-rarement assez agitée pour empêcher de communiquer de la rade avec la terre; mais les immondices de la ville, qu'on jette près de ces cales, en rendent les approches désagréables en tout temps.

Les bâtiments mouillés en rade prennent ordinairement leur eau à la grande fontaine érigée sur le quai de la place de mer, devant le palais : cette eau passe pour n'être pas très-saine et pour causer des coliques dangereuses, dans le commencement de son usage.

Rio-Janeiro, capitale et siége du gouvernement brésilien, est une grande et belle ville dont la population, toujours croissante, surtout depuis 1807, est déjà de plus de cent vingt mille âmes. Elle fournit abondamment toutes les ressources que les navigateurs peuvent désirer; les vaisseaux peuvent s'y caréner, s'y remâter, s'y approvisionner de toutes choses : mais cette relâche est dispendieuse; les réparations surtout y sont fort chères, à cause du prix élevé des matières et de la main-d'œuvre; les vivres, quoique abondants, n'y sont pas

___

[1] L'Annuaire de M. Chazallon donne également, pour l'heure de l'établissement des marées à Rio-Janeiro, 2^h 45' du soir.

moins chers aussi, à l'exception des bestiaux, dont la chair, d'ailleurs de médiocre qualité et de mauvais goût, est quelquefois malsaine, désavantage ordinaire aux climats chauds et sur la plus grande partie de la côte du Brésil.

La baie de Rio-Janeiro est très-spacieuse et l'une des plus magnifiques du monde. Elle s'étend sur des diamètres de trois à quatre lieues en diverses directions, entre des montagnes d'une majestueuse élévation, couvertes de la plus riche verdure, et dont la base, terminée en pente douce jusqu'à la mer, est occupée par de nombreux villages. Des plantations de toute espèce, des maisons de campagne élégantes et entourées d'arbres, plusieurs îles également boisées et habitées ornent et diversifient la surface et les côtes de cette petite mer intérieure, et il n'est pas sur le globe de plus beau séjour et d'aspect à la fois plus imposant et plus agréable.

Les mouillages propres aux grands bâtiments ne s'étendent pas beaucoup au Nord du parallèle le plus Nord de la ville ; mais toute la baie est navigable pour une multitude de petits bâtiments ou bateaux du pays, qui y font un cabotage fort actif et fort animé.

Le Pain-de-Sucre, à l'entrée de la baie de Rio-Janeiro, est dans la position suivante :

Latitude. . . . . 22° 56′ 8″ S.
Longitude. . . . . 45 34 43 O.

Nous observâmes, dans la baie, 3° 40′ de déclinaison Nord-Est au mois de juin 1819.

Le séjour sur la rade de Rio-Janeiro, comme celui que l'on fait sur la plupart des rades soumises à une température très-élevée, occasionne, sur la carène des bâtiments, l'adhésion d'une grande quantité de coquillages et autres

productions marines, qui végètent promptement et couvrent
bientôt tout le doublage; ils altèrent la marche, détériorent
le cuivre à un degré très-sensible, et il faut s'en débarrasser
souvent.

La pêche n'est pas abondante dans cette baie, parce qu'elle
est trop pratiquée et qu'il y a trop de bruit et de mouvement.
La consommation du poisson qui en provient n'est peut-être
pas d'ailleurs sans danger, à cause du grand nombre de bâtiments doublés en cuivre qui fréquentent cet endroit; les
coquillages et les huîtres doivent être écartés de la nourriture des équipages.

Les précautions à prendre pour sortir de la rade de Rio-
Janeiro sont des plus simples et des moins obligatoires; il
suffit, en général, d'attendre la brise de terre et le jusant,
et de se laisser, pour ainsi dire, entraîner par eux; encore le
jusant n'est-il pas nécessaire si la brise a la force qu'elle ac-
quiert presque tous les jours pendant certaines heures.

Pour être plus en appareillage, les bâtiments se portent
quelquefois, la veille de leur départ, sur la côte de la baie
qui fait face à la ville; ils y trouvent l'avantage de se dégager
des embarras de la rade proprement dite, de recevoir plus
tôt et plus franchement la brise de terre, et de pouvoir en
profiter plus matin; mais ce mouvement n'a rien d'obligé, et
l'on peut aisément mettre sous voiles de tous les points du
mouillage ordinaire.

La route, pour sortir, suit la même direction que celle qui
vient d'être indiquée pour entrer. Passer à trois cents toises
dans l'Est de l'île de Villegagnon; à la même distance, du
même côté, du fort Laage, et ranger la forteresse de Santa-
Cruz à portée de voix, en ayant soin, dans ce trajet, de fré-

quenter un peu plus la côte de l'Est que l'autre : telles sont les seules précautions à prendre.

Comme on part généralement le matin, il est probable qu'on jouira, au moins pendant quatre heures, de la brise de terre, et qu'on pourra se porter avec elle en dehors de toutes les îles de l'entrée de la baie; rendu à ce point, toute bordée est indifférente. Si la brise du large se déclarait avant qu'on fût entièrement sorti de dedans les îles, l'inconvénient n'aurait rien de grave, le passage étant libre entre toutes. Si l'on éprouvait du calme entre les brises, il conviendrait de mouiller, en choisissant une position favorable à l'appareillage avec la première brise prévue.

Après avoir quitté les îles, on prendra la bordée la plus rapprochée de la route qu'on aura à faire.

CHAPITRE V.

DESCRIPTION DE LA CÔTE COMPRISE ENTRE RIO-JANEIRO ET LA BAIE DE
TOUS-LES-SAINTS. — ATTERRAGES SUR LES PORTS D'ESPIRITO-SANTO,
PORTO-SEGURO, ETC., ET SUR LES CAPS FRIO, SAN-THOMÉ, SAN-PAULO
ET SANT - ANTONIO. — DESCRIPTION DES BANCS ET DES ÎLOTS
ABROLHOS.

En quittant la baie de Rio-Janeiro, pour aller dans l'Est, on rencontre, à quatorze milles dans l'Est 15° Sud du Pain-de-Sucre, les deux îles *Maricas*, situées à environ une lieue de la côte; elles sont d'une hauteur médiocre, accores dans la partie du Sud, et elles peuvent être approchées sans danger.

Quatorze milles plus loin, dans le Nord 77° Est de ces îles, on rencontre le cap *Negro* [Noir], formé par une colline peu élevée, mais adossée aux plus hautes montagnes qu'il y ait de Rio-Janeiro au cap Frio; cette circonstance, jointe à la verdure noirâtre dont le cap Negro est couvert, et à laquelle il doit son nom, le fait aisément reconnaître; on peut aussi l'approcher. A trois milles de lui, la profondeur est encore de vingt à trente brasses, fond de vase molle.

La côte jusqu'au cap Frio, à partir de Rio-Janeiro, est basse et sablonneuse au rivage; les montagnes qui se détachent des groupes qui environnent cette baie rentrent dans l'intérieur du pays, en se dirigeant à l'Est-Nord-Est, jusque sur le méridien du cap Negro, et de là au Nord-Est, de manière à laisser un terrain plat de plus de dix lieues entre elle et le cap Frio, et à ne pouvoir être aperçues de la mer que de très-beau temps.

L'abaissement du terrain est surtout remarquable entre le cap Negro et le cap Frio; il n'offre çà et là, à la côte, que de petits groupes de collines sur une plage de sable parsemée de broussailles. L'une de ces collines se distingue par une église bâtie sur son sommet et dédiée à Notre-Dame de Nazareth; elle est à environ trois lieues dans l'Est-Nord-Est du cap Negro. Toute cette plage, jusqu'au cap Frio, prend le nom de *praya de Maçambaba;* elle rentre un peu, et sa courbure est remplie, selon les pratiques du pays, par un paracel de sable et de roches, dont plusieurs points paraissent hors de l'eau et que les caboteurs recommandent d'éviter : mais nous n'avons pas eu occasion de vérifier la justesse de ces craintes. A la distance de deux lieues, à laquelle nous nous sommes tenus de la côte, dans cette partie, la profondeur est encore de trente ou quarante brasses, sur un bon fond de vase, et le brassiage augmente aussitôt qu'on s'éloigne; à dix lieues, il est de soixante-seize à quatre-vingt-dix brasses, fond mélangé de gros sable, de roche et de vase.

En dedans de la plage de Maçambaba, on voit une lagune qui prolonge le rivage sur une longueur de près de huit lieues; cette lagune communique avec la mer par quelques points, mais sans avantages apparents pour la navigation.

La sonde, aux approches de Rio-Janeiro, peut s'obtenir à une certaine distance de terre; mais la profondeur y est grande; de dix à quinze lieues, elle varie de soixante-dix à quatre-vingt-dix brasses et monte graduellement jusqu'à la côte. Les fonds sont mélangés de sable, gravier, coquilles brisées, roches et vase. Nous avons dit que quelques cartes avaient marqué des sondes de vingt à vingt-cinq brasses, à dix ou douze lieues dans le Sud-Sud-Est du cap Frio, et que nous ne les avions pas trouvées, il serait désirable que les navigateurs du Brésil s'occupassent de rechercher ces petits fonds.

Le cap *Frio* [Froid] est la pointe Sud d'une île située au coude du continent, à l'extrémité orientale de la plage de Maçambaba. Cette île, où la roche domine, est inégalement couverte d'arbres et offre plusieurs parties dépouillées de verdure; elle peut être aperçue de quinze lieues dans des circonstances favorables [1].

Relevée à l'Est et à l'Ouest, l'île du cap Frio offre deux monts distincts l'un de l'autre, dont le plus méridional est le plus petit en hauteur et en largeur : celui-ci porte un petit appendice qui semble s'en séparer.

Relevés au Nord-Nord-Est et au Sud-Sud-Ouest, ces deux monts ne forment qu'une seule masse à double sommet présentant deux petites pointes; on remarque enfin un petit îlot conique à une ou deux encablures dans l'Est-Sud-Est de l'île du cap Frio.

Toute cette terre est si accore qu'à un mille de distance dans toutes les directions, depuis le Nord jusqu'à l'Ouest-

---

[1] Un phare à *feu tournant*, dont les éclats et les éclipses se reproduisent de 2 en 2 minutes, est établi sur le sommet du cap Frio. La grande élévation de ce feu au-dessus du niveau de la mer permet de l'apercevoir à une distance considérable, lorsqu'il n'est pas masqué par les nuages, et que le temps est clair.

Un second feu avait été établi sur la pointe extrême du cap; mais, sa portée étant très-restreinte, et le phare étant d'ailleurs rarement invisible, on a jugé convenable de le supprimer, et maintenant le phare seul est allumé

Sud-Ouest par le Sud, on trouve de trente à cinquante brasses d'eau, presque toujours fond de vase.

Passage à l'Ouest
du
cap Frio

L'île du cap Frio forme avec le continent un passage pour les petits bâtiments et un mouillage pour ceux de toutes grandeurs.

Ce passage gît Nord-Est et Sud-Ouest : il est peu fréquenté à cause du défaut de largeur de son issue méridionale; mais la profondeur y est suffisante pour les grands navires. Il n'y aurait d'ailleurs qu'un médiocre avantage à ce qu'il pût être plus facilement pratiqué, le contour du cap, par le large, n'allongeant la route que de deux ou trois lieues.

L'entrée Nord de ce canal, beaucoup plus spacieuse que le canal lui-même, forme une baie commode et sûre contre tous les vents, excepté ceux du Nord-Est; encore peut-on s'en garantir en s'approchant de la petite île *dos Porcos*, placée au Nord de cette entrée. Ce mouillage, où le fond est de bonne tenue, est utile aux caboteurs, qui, pouvant sortir par les deux passes, selon leur destination pour le Nord ou pour le Sud, viennent y attendre la fin des vents qui leur sont contraires. En temps de guerre, ils y trouvent aussi d'utiles renseignements, au moyen du poste de signaux placé sur un mondrain voisin à l'Ouest du cap, et qui, communiquant avec Rio-Janeiro, leur annonce ce qui se passe devant ce port.

Position
du cap Frio

Le cap Frio est dans la position suivante :

Pointe Sud, latitude.... .... 23° 1′ 18″ S.
            longitude................ 44 23 34 O.

La déclinaison de l'aiguille y a été observée de 2° 30′ Nord-Est au mois de juillet 1819.

Description

La côte et les îles immédiatement situées au Nord du cap

Frio gisent d'abord entre elles au Nord 35° Est jusqu'aux *de la côte au Nord du cap Frio.* îles *Ancoras*, avec lesquelles elles forment une baie assez profonde, dont une partie est bordée d'un rivage de sable blanc. Le fond de cette baie est occupé par les îlots *Papagayos*, dont plusieurs, par leur élévation, leur position par rapport aux vents les plus fréquents, et la netteté des fonds qui les environnent, peuvent offrir de bons abris en cas de vents forcés contre lesquels on ne voudrait pas lutter.

Les îles Ancoras sont à quatre milles dans l'Est ¼ Sud-Est *Des îles Ancoras.* du cap *Busios;* la plus orientale du groupe a la forme d'un chapeau de cardinal. Les petits bâtiments peuvent, dit-on, passer à terre de ces îlots; la grande profondeur qu'on trouve près d'eux, du côté du large, porte à croire que tout bâtiment pourrait y passer également, et c'est en effet l'avis des pratiques.

Dans le Nord du cap Busios, on trouve d'abord la petite île *Branca* [Blanche]; ensuite une plage de sable que termine le *morro San-Joaõ* ou *San-Joam;* deux ou trois petites rivières et la petite île *do Ferro* [du Fer], passé laquelle la côte, qui courait à peu près au Nord, s'étend presque à l'Est jusque vers le cap *San-Thomé.* Cette espèce de golfe, formé par la côte, entre le cap Busios et le cap San-Thomé, a près de trente lieues de développement. Au milieu de ce golfe, et à environ trois lieues et demie de la côte, on trouve les îles *Sainte-Anne,* que nous décrirons plus bas.

Le *morro San-Joaõ* est facile à reconnaître par son isole- *Du morro San-Joaõ.* ment sur le rivage, les ondulations de son sommet et sa distance de la chaîne de montagnes très-heurtées de l'intérieur. Sa latitude est de 22° 32′ 26″ Sud, et sa longitude de *Sa position* 44° 26′ 34″ Ouest. À vingt milles dans le Nord ¼ Ouest de ce morro, on voit un autre morne très-élevé, surmonté d'un piton, et remarquable par sa chute à pic du côté du Nord; ce piton, situé par 22° 12′ 2″ de latitude Sud et 44° 29′ 24″ de longitude Ouest, est le *Frade* [Moine] *de Maccayé* ou *Maccahé*.

Les îles *Sainte-Anne* sont au nombre de trois; vues du Sud-Sud-Ouest et du Nord-Nord-Est, elles paraissent réunies. Celle du Sud est élevée et assez considérable; la plus orientable est la plus basse. Selon les pratiques, le mouillage est si sûr dans le chenal qu'elles forment avec le continent, qu'on peut y réparer toute sorte d'avaries et même y caréner: on y trouve, d'ailleurs, de l'eau et du bois. La profondeur entre ces îles et les îles Ancoras, jusqu'à quatre ou cinq milles de terre, est de trente à dix-neuf brasses sur le meilleur fond de vase.

Quelques navigateurs, se destinant pour Rio-Janeiro, ont prétendu avoir été trompés, dans leur atterrage, par la ressemblance des côtes au Nord du cap Frio avec celles qui forment l'entrée de Rio-Janeiro. Une telle erreur nous paraît peu vraisemblable. Le gisement des terres qu'il s'agit de comparer ici doit préserver de toute méprise. L'angle au sommet duquel est l'entrée de Rio-Janeiro, formé par des côtes dont les unes courent à l'Est $\frac{1}{4}$ Nord-Est et les autres à l'Ouest-Sud-Ouest, est si ouvert, que leur aspect général présente sensiblement une ligne droite dirigée à peu près Est et Ouest. Les terres au Nord du cap Frio, au contraire, s'offrent dans un sens perpendiculaire à celui-là, puisque, sur une étendue de quinze lieues, c'est-à-dire du cap Frio jusqu'à la rivière San-Joaõ, la masse de la côte gît Nord et Sud. Comment donc serait-il possible de confondre deux aspect:

aussi différents et de conserver, en les apercevant, le
moindre doute sur la position du bâtiment? Dans le premier cas, la route à l'Ouest prolongera à peu près la côte ;
dans le second, elle l'attaquera debout au corps : il ne peut
y avoir la moindre incertitude. Et nous ne parlons même
pas de la ressource que doit donner la latitude sur cette côte
Nord et Sud; si on l'a observée seulement la veille du jour
de l'atterrage, il est difficile de supposer, dans cet élément
de la route, une erreur assez grande pour rendre fort douteuse la position du bâtiment.

Depuis le parallèle des îles Sainte-Anne jusqu'à celui de la
pointe de *Benevente*, qui est par 20° 53′ 50″ Sud, le rivage
s'écarte considérablement de la chaîne de montagnes de
l'intérieur, et il laisse entre elle et lui un terrain plat, très-
bas, dont la largeur, Est et Ouest, va, sur quelques parties,
jusqu'à treize lieues. C'est à cette distance des montagnes que
se trouve le coude du rivage qu'on nomme cap *San-Thomé*.

Cette partie de la côte du Brésil est presque au niveau de
la mer; on n'y aperçoit que quelques arbres et de petites
buttes de terre, qui semblent noyées quand on les observe
de la distance à laquelle la prudence prescrit de se tenir dans
un grand bâtiment. Cette plage, en s'étendant sous l'eau, forme
ce qu'on appelle dans le pays les *Bancs du cap San-Thomé*.

Les caboteurs du Brésil circonscrivent ces bancs dans le
sens Nord et Sud, entre les points de la côte que nous rap-
portons aux parallèles de 22° 12′ 2″ et de 21° 37′ 0″, dont
le premier est celui du *Frade de Maccahé*, et le second celui
de l'embouchure de la petite rivière de *San-Joam* : quant à
leur étendue en longitude, elle est moins précise dans le pays,
mais nous avons des motifs de croire qu'elle n'est pas non

plus très-considérable, ainsi qu'on peut en juger sur notre carte par nos sondes.

Les profondeurs de douze à quarante brasses que nous avons trouvées de cinq à trente milles de terre, et qui vont toujours en augmentant du côté du large, ne permettent pas de supposer des hauts-fonds en dehors de cette dernière distance; et nous sommes même portés à penser qu'en la diminuant de près de moitié, c'est-à-dire, en se tenant à quinze ou dix-huit milles de la côte, tant que l'on est entre les parallèles que nous venons d'indiquer, on ne courra aucun danger avec un bâtiment de douze à quinze pieds de tirant d'eau.

Nos routes, autour du cap de San-Thomé, laissent un petit espace non exploré, comme cela ne peut guère manquer d'arriver, malgré tous les soins possibles, dans une navigation sur une côte basse, qu'on ne voit pas assez constamment pour pouvoir corriger toutes les parties de la route de l'effet des courants. Il se pourrait donc que, dans cette étroite lacune, on trouvât des profondeurs moindres que celles que nous avons obtenues sur ses limites : ce n'était pas l'opinion du pratique que j'avais avec moi sur cette partie de la côte; mais, dans tous les cas, d'après nos sondes, que nous pouvons garantir, il y a peu d'apparence que ces points élevés du fond, s'il en existe, puissent se rencontrer à plus de trois ou quatre milles à l'Est du méridien de 43°.

Or, ce méridien n'étant qu'à six lieues d'une des parties les plus basses des côtes du Brésil, la plus simple prudence engage à ne pas en passer à l'Ouest, et même à ne pas l'atteindre, tant qu'on est entre les parallèles de 22° 12′ 2″ et 21° 37′ que nous avons assignés aux bancs du cap San-Thomé.

L'opinion que quelques points de ces bancs ne conservent que deux ou trois brasses d'eau, et qu'ils brisent quelquefois de mauvais temps, a aussi des partisans dans le pays : notre pratique ne la partageait pas, et ceux qui l'émettent disent d'ailleurs que ces points sont à une très-petite distance du rivage. Nous n'avons pas vu de brisants; et nous croyons qu'en se tenant à six ou sept lieues au large du cap San-Thomé, les plus grands bâtiments trouveront toute la profondeur suffisante [1].

Nous donnerons, comme un renseignement qui confirme ce sentiment, l'opinion qui existe parmi tous les caboteurs de Rio-Janeiro qui fréquentent ce parage : ils disent « qu'en « partant de la *barra de Campos* ou *San-Joam*, et gouvernant « au Sud - Est l'espace de huit ou dix lieues, ils laissent arri- « ver au Sud, sans inquiétude et sans danger, et sont certains « de passer au large de tous les bancs. » Cela s'accorde avec notre propre expérience, comme le fait voir la carte qui présente nos explorations sur cette partie de la côte, et sur laquelle, bien que la position de la barre de San-Joam, indiquée par le pilote, puisse être défectueuse de deux ou trois milles, à cause de la distance à laquelle nous apercevions alors la terre, on voit que la direction du Sud-Est doit effectivement passer sur des profondeurs qui ne peuvent laisser aucune inquiétude.

On remarquera, comme une indication qui peut être utile, que, dans le voisinage du cap San-Thomé, les fonds de vase, si fréquents au Sud de son parallèle, disparaissent presque entièrement, et sont remplacés par des fonds de

Renseignements des pratiques sur l'étendue des bancs du cap San-Thomé.

Nature des fonds aux environs des bancs du cap San-Thomé.

---

[1] Voir dans le supplément, qui est à la fin de ce volume, l'article intitulé *Bancs au large du cap San-Thomé.*

sable blanc et de coquilles brisées : ce sont, du moins, ces qualités de fond que la sonde rapporte sur ce point de la côte, depuis le rivage jusqu'à dix ou douze lieues au large. On remarquera encore que c'est à quelques lieues au Sud du parallèle de Belmonté que commencent les fonds de tuf blanc, mêlés ou formés de madrépores broyés, qui s'étendent si loin dans le Nord, et que l'on ne trouve presque nulle part dans le Sud.

À quelque distance dans le Nord 44° Est de la pointe de Benevente, on trouve successivement la *barra de Guarapari*, les îlots *Calvada* [Chauve] et *Razas*, et le petit groupe des îles *Guarapari*.

La rivière de Guarapari débouche à la mer, entre deux collines boisées : celle du Sud se distingue par quelques palmiers visibles du large, plusieurs maisons et une église surmontée d'un clocher; l'autre est nommée dans le pays *Perro de Caõ*. Il nous a paru que, pour entrer dans cette petite rivière, il fallait tenir au Nord-Ouest la plus haute montagne à vue; c'est la montagne de Guarapari. L'église

dont on vient de parler est par 23° 43′ 56″ de latitude Sud, et par 42° 52′ 57″ de longitude Ouest.

La côte environnante est de médiocre élévation, presque couverte de petits arbres très-rapprochés, et elle présente, de distance à autre, des falaises jaunâtres qui ne se trouvent pas dans le Sud de la pointe de Benevente.

On voit aussi en second et en troisième plan, dans l'intérieur du pays, des groupes de montagnes de formes remarquables, droites, coniques, inclinées, qui donnent à cette partie de la côte un caractère différent de celle qui la précède au Sud et la suit dans le Nord.

Quoique l'îlot *Calcada* ne soit qu'à quatre milles de la côte, on peut passer entre elle et lui avec toute espèce de bâtiments, ainsi qu'entre la côte et les *muleques* de l'île Razas, où l'on trouve de vingt à douze brasses d'eau.

Les petits bâtiments passent peut-être aussi à terre des îlots Guarapari; les plus grands peuvent au moins les ranger de très-près du côté de l'Est, où la profondeur est de huit brasses. Les gens du pays disent qu'on peut faire de l'eau et du bois sur la plus Nord des îles Guarapari.

Au delà de ces îles, la profondeur varie de douze à vingt-sept brasses, jusque devant le havre d'*Espirito-Santo*, en prolongeant la côte de deux à sept milles de distance. A environ les deux tiers du chemin des îles Guarapari à Espirito Santo, on trouve tout près de terre l'îlot et les rochers de *Jicu*, et un peu plus loin les roches *Pacotes* [Ballots], qui, par leur position, concourent à indiquer l'entrée de la baie d'Espirito-Santo.

Cette baie est en outre annoncée d'assez loin par d'autres marques beaucoup plus apparentes : ce sont deux montagnes, dont l'une, située sur la pointe Sud de la baie, se nomme *monte Moreno*, et l'autre, dominant la partie Nord de la baie, porte le nom de *Mestre-Alvaro* (que les pilotes prononcent *Mestialve*).

Le mont Moreno est conique, boisé en partie, dépouillé de verdure du côté de l'Est, et il peut être aperçu de dix lieues d'un beau temps. Sa base septentrionale forme la partie Sud de l'entrée de la rivière d'Espirito-Santo, et il faut la ranger de près pour entrer. A deux milles et demi dans le Sud-Est, sont les deux rochers d'inégale grandeur, ou *îlots Pacotes*, que nous venons de nommer, à terre desquels les petits bâtiments seuls peuvent, dit-on, passer. A environ un mille dans le Sud 60° Ouest du mont Moreno, est le *morro de Nossa Senhora da Penha*, colline de roche peu boisée, au sommet de laquelle est l'église du même nom, et qu'on peut reconnaître à la distance de cinq lieues.

Du
Mestre-Alvaro.

L'élévation du Mestre-Alvaro, sa forme et sa position isolée sur un terrain assez bas, rendent cette montagne également remarquable.

Deux îles, situées à petite distance dans le Nord-Nord-Ouest du mont Moreno, occupent une grande partie de la baie d'Espirito-Santo.

Entrée
de
la rivière
d'Espirito-Santo.

Quoique l'espace compris entre ces îles et le morne soit presque entièrement embarrassé par des bancs de roches et par les deux rochers la *Balea* [la Baleine] et le *Cavallo*, on peut cependant y passer avec un grand bâtiment pour se rendre dans la rivière; et l'on voit, sur le plan que nous donnons de cet endroit, qu'on n'y trouve pas moins de dix-huit pieds d'eau. C'est ce chenal que le pilote de la côte nous a indiqué comme préférable, et nous n'avons pas pu nous assurer du contraire. Mais l'étroitesse de ce chenal rend ce renseignement peu digne de foi; et la profondeur que nous avons trouvée entre les deux îles que je viens de citer ferait conjecturer qu'il y a encore un passage plus au Nord : le mauvais temps que nous éprouvâmes dans cette baie nous empêcha de nous en assurer, et nous avons dû nous contenter des reconnaissances que présente notre plan. Elles suffisent pour pouvoir mouiller sur plusieurs points de la baie, communiquer avec la ville, et faciliter une exploration complète en fournissant les points d'appui nécessaires :

ces points, exactement déterminés, sont indiqués sur le plan par un petit triangle.

Le mouillage que *la Bayadère* a occupé dans la baie d'Espirito-Santo n'est pas le meilleur de cet endroit, car il n'est qu'à deux encablures dans le Sud-Sud-Est d'une roche sous-marine que nous ignorions alors, aussi bien que le pilote, et qui, ne brisant que par moment, est fort dangereuse. D'après nos sondes, ainsi que le plan le fait voir, on pourrait se placer avec avantage plus en dedans de la baie et dans le Nord de cette roche ; mais, si l'on veut être tout à fait sans inquiétude, on doit prendre la position marquée sur le plan par une ancre ; elle doit être préférée par les grands bâtiments, parce que, outre l'avantage d'indiquer un fond de vase de meilleure tenue et d'être à plus d'un mille de tout danger, elle est encore sur l'alignement qu'il faut suivre pour se rendre jusqu'à la ville : cet alignement réunit le Collége à la base septentrionale du mont Moreno.

Les renseignements obtenus dans le pays tendent à établir qu'il y a quatre brasses d'eau sur la partie la moins profonde de l'entrée de la rivière ; et l'on nous a assuré que de très-grands bâtiments peuvent y pénétrer ; mais nous ne l'avons pas éprouvé, et ce détail est au nombre de ceux que nous ne présentons que comme des probabilités.

La relâche d'Espirito-Santo n'est pas sans intérêt pour les marins. A une lieue au-dessus de la ville de *Victoria*, on trouve de très-bonne eau ; et dans la ville même, ainsi que dans des habitations du rivage, on se procure du bois, des bestiaux et une abondance de fruits du pays, à des prix peu élevés.

Nous ne pensons pas que le climat de cette ville soit très-sain ; nous l'avons trouvé extrêmement humide. La hauteur des montagnes et des terres environnantes, et le profond encaissement de la rivière, sur la rive gauche de laquelle la ville est bâtie, motivent cet état de choses. A mille toises dans l'Est du méridien de la ville, est un énorme rocher conique, nommé *Paõ-Azaredo*, ou *Paõ de Açucar*, comme celui de Rio-Janeiro ; on peut gouverner sur son relèvement pour entrer dans la rivière aussitôt qu'on a doublé le mont Moreno.

Détails
sur la ville
de *Victoria*.

La ville de *Victoria*, capitale de la province, bâtie en amphithéâtre sur le bord de la rivière, peut contenir trois ou quatre mille habitants. Si l'entrée de la rivière est aussi profonde qu'on nous l'a dit, le port d'Espirito-Santo est intéressant ; car, dans l'intérieur de la barre, on trouve en plusieurs endroits cinquante à soixante pieds de profondeur.

Position
du mont Moreno.

Le mont Moreno est situé par 20° 19′ 23″ de latitude Sud, et par 42° 39′ 40″ de longitude Ouest.

Au mouillage voisin, nous avons observé 1° 2′ de déclinaison Nord-Est, en juillet 1819.

La mer nous a paru monter et baisser, dans ce mouillage, d'environ quatre pieds.

Des marées.

Les marées ne sont régulières qu'en dedans de l'entrée, où la mer a été pleine vers trois heures dans les syzygies [1].

Description
de la côte au Nord
d'Espirito-Santo.

Au Nord d'Espirito-Santo, la côte est basse, couverte d'arbres, et le rivage, qui est de sable roux, court (sauf quelques inflexions) au Nord 32° Est, depuis la pointe *do Tubaraõ* [du Requin] jusqu'à la barre de *Rio-Doce* [Rivière Douce], qui en est à environ seize lieues : de cet endroit, la côte s'étend, à très-peu près, Nord et Sud, jusqu'à la barre de *San-Matheo*, distante de vingt lieues.

[1] D'après l'Annuaire des marées de M. Chazallon, l'heure de l'établissement des marées, à Espirito-Santo, serait 2ʰ 55′ du soir.

Mais, dans l'intérieur, les terres ne sont pas aussi basses qu'à la côte, sur la totalité de l'espace compris entre Espirito Santo et San-Matheo. Il faut en excepter les dix premières lieues, sur l'étendue desquelles des hauteurs se prolongent parallèlement au rivage, à peu de distance de lui ; et ce n'est qu'à partir du parallèle de Rio-Doce que le pays, vu de la mer, paraît entièrement plat : cet aspect ne change pas jusqu'au *monte Pascoal*, c'est-à-dire sur un espace de plus de cinquante lieues.

Il n'est donc pas plus difficile de reconnaître Espirito-Santo, en venant du Nord qu'en arrivant par le Sud. Le Mestre-Alvaro, qui succède à des terres basses dans le premier cas, ou qui termine à peu près des terres élevées dans le second, ne laisserait aucun doute sur la position du bâtiment, quand même on n'aurait pas le secours de la latitude, indication précise sur une côte qui gît Nord et Sud.

Le rivage, depuis la pointe *do Tubaraõ* jusqu'à la barre de *San-Matheo*, n'est interrompu que par les petites embouchures des rivières *Carahype, dos Reys-Magos, Doce* et *Seca*, qui sont toutes sans intérêt pour la grande navigation. Aucun danger n'est à redouter sur cette côte ; et, à l'exception de la pointe Tubaraõ, qui termine, comme on vient de le voir, la baie d'Espirito-Santo, et à sept ou huit cents toises au Sud de laquelle s'étend un brisant de roche, on peut approcher le rivage partout. A deux ou trois milles de distance, en allant du Sud au Nord, on trouve des profondeurs de vingt à neuf brasses, fond de sable, mélangé de gravier, de vase, de madrépores et de coquilles brisées.

Le *Rio-Doce* s'étend, dit-on, beaucoup dans l'intérieur du pays ; mais son embouchure est peu considérable et n'ad-

Du Rio-Doce.

6.

met pas de grands bâtiments. Elle offre toutefois à la vue
une assez grande coupure entre les arbres dont le rivage
est couvert; un banc de sable roux accompagne ses deux
pointes, et l'entrée est encore obstruée par un autre banc
de sable qui s'élève au-dessus de l'eau, mais il n'y a devant
cette rivière aucune des îles qui y sont portées sur la plupart des cartes antérieures aux nôtres. La pointe Nord de
cette embouchure s'avance un peu plus que l'autre, et l'on
y remarque une grande maison. L'entrée du Rio-Doce est
par 19° 36′ 57″ de latitude Sud, et par 42° 11′ 36″ de longitude occidentale.

L'entrée nommée *Barra-Seca*, située à dix lieues au Nord
de la précédente, ne présente qu'une petite séparation entre
les arbres de la côte : il est probable que cette rivière
n'existe que dans le temps des pluies, et c'est ce que nous
avons conclu des renseignements que nous nous sommes
procurés à son égard. Au reste, comme je n'avais à bord
personne de l'endroit, quand je reconnus cette partie de
côte, je ne puis garantir la nomenclature que nous lui avons
assignée depuis Espirito-Santo jusqu'à la barre de San-Matheo; nous l'avons prise des cartes les moins fautives, et
nous ne garantissons que la configuration du rivage et sa
position géographique.

A deux milles dans l'Est de la Barra-Seca, la déclinaison
de l'aiguille aimantée était nulle au mois de juillet 1819.

La barre de *San-Matheo* est à dix lieues dans le Nord de
celle-là. Semblable à la plupart des entrées des petites rivières de la côte du Brésil, elle n'est remarquable du large
que par les brisants, qui sont plus forts à son embouchure
que sur la plage contiguë. Quelques mâts de bateaux qu'on

aperçoit entre les arbres peuvent encore, selon les circonstances, marquer la position de San Matheo; mais il faut y regarder avec bien de l'attention.

On dit que lorsque le temps est clair, « on peut apercevoir, à quelque distance dans l'intérieur et un peu au Sud « de la barre, trois petites dunes dont celle du milieu est « la plus élevée : vues du Nord et du Sud, elles sont l'une « à côté de l'autre; vues de l'Est, au contraire, elles se confon- « dent en une seule. » Mais cet aspect n'est pas permanent, puisqu'il dépend de l'état du ciel; et le plus sûr est de ne s'en rapporter qu'à la latitude pour se diriger sur la barre de San-Matheo. Ce point, qui peut être considéré comme la limite méridionale des bancs qui font partie des Abrolhos, est dans la position suivante :

> Latitude. . . . .   18° 37′ 10″ S.
> Longitude 42   5 20 O.

Il n'y a presque aucune ressource à attendre d'une relâche devant la barre de San-Matheo; les difficultés de l'entrée, où l'on ne trouve que quatre pieds huit pouces d'eau dans les hautes marées ordinaires et le double dans les syzygies, n'en permettent l'accès qu'à de très-petites embarcations; et les brisants qui règnent toujours à son embouchure y rendent la navigation dangereuse, même pour de simples canots. Les gens du pays ne franchissent ces sortes de passages que dans des bateaux pontés d'un faible tirant d'eau, ou sur des radeaux nommés *jangadas*, formés par l'assemblage de quatre ou cinq pièces de bois flottant, et surmontés d'une voile de coton.

Les communications entre la mer et l'intérieur du Bresil par la plupart des rivières sont en général fort difficiles.

et il serait particulièrement très-pénible pour un bâtiment de faire même son eau dans la rivière de San-Matheo, ainsi que dans un très-grand nombre d'autres rivières qui lui ressemblent, et dont nous aurons successivement occasion de parler en décrivant la côte.

« La rivière de San-Matheo tourne au Nord, au-dessus « de son embouchure; après quoi elle fait plusieurs sinuosi-« tés : le bourg qui porte son nom est à sept lieues de l'entrée; « on ne s'y procure guère, avec un peu d'abondance, que quelques vivres du pays. » (*Renseignements des pratiques.*)

C'est à quatre ou cinq lieues au Nord de San-Matheo que la sonde commence à annoncer les fonds des *Abrolhos*, si l'on se tient à trois ou quatre lieues de terre. Ces bancs s'étendent depuis le parallèle de 18° 15' Sud jusqu'à deux ou trois lieues au Sud de la *villa Prado*, située par 17° 21', c'est-à-dire sur une longueur Nord et Sud de dix-huit ou vingt lieues.

Leur étendue en longitude n'est pas moindre. En circonscrivant ces bancs, les îlots et les hauts-fonds qui les accompagnent, dans les profondeurs au-dessous de vingt brasses, on doit assigner à l'ensemble au moins vingt lieues de largeur Est et Ouest; et l'on doit conclure qu'à moins d'avoir une destination spéciale pour les Abrolhos mêmes, ou pour des points de la côte qui les avoisinent, un grand bâtiment ne doit jamais atteindre le méridien de 40° Ouest, tant qu'il sera entre les deux parallèles que nous venons d'indiquer.

En citant le méridien de 40° comme la limite orientale des fonds qui offrent des dangers pour la grande navigation dans le voisinage des Abrolhos, nous ne voulons pas dire qu'il soit la limite de tout indice quelconque du paracel qui accompagne ces îlots. On trouve, au contraire, ce paracel à douze milles plus dans l'Est; et en suivant, du Nord au Sud, le méridien de 39° 48′ depuis le parallèle de 17° 40′ jusqu'à celui de 18° 10′, on rencontre encore des sauts de sonde de 120 à 27 brasses fond de roches, annonces au moins très-probables de profondeurs encore plus faibles : mais nous n'avons pas la preuve qu'on ait atteint le fond, quelques milles plus Est, avec des sondes ordinaires; et, comme nous l'avons dit page 32, il nous paraît certain que, sur le méridien de 38°, on ne trouve plus aucune trace du paracel des Abrolhos.

Les îlots Abrolhos [1], ou de *Santa-Barbara*, sont au nombre de quatre, non compris deux ou trois pâtés de roche, dont le plus considérable et le plus élevé est à cent cinquante toises au Nord de l'îlot le plus grand et le plus oriental.

Ces îlots forment entre eux un trapèze d'environ trois mille toises sur ses plus grandes dimensions. Les deux plus Nord sont les plus grands et les plus élevés; celui de l'Ouest a cent trente pieds et l'autre cent quinze pieds de hauteur; le groupe ne peut être aperçu que de vingt-deux milles, des hunes d'une frégate, par un temps clair [2].

Les îlots Abrolhos sont formés d'une roche tendre et blanchâtre que l'air détruit, mais qui se durcit dans l'eau de mer. Cette roche est de même nature que celle dont se com

----

[1] *Abrolho* [brisant], ou, peut-être, réunion et contraction des deux mots portugais *abrir* [ouvrir] et *olho* [œil], ouvrir l'œil.

[2] On avait annoncé qu'un phare devait être construit sur le rocher ou plutôt sur l'îlot le plus oriental des Abrolhos, et M. Coulier, dans les 5ᵉ et 6ᵉ éditions de sa Description générale des phares, a reproduit cette annonce; mais il paraît maintenant certain que cela n'aura pas lieu. *(Renseignement communiqué par M. Coulier.)*

posent les îlots *Castillo*, *Figueira*, les *Alcatrasses* et la presque totalité des autres îlots ou rochers répandus sur la côte du Brésil, et c'est cette ressemblance qui me paraît motiver la remarque qu'on a trouvée à la page 7.

La stérilité des Abrolhos est complète, et l'on ne trouve de végétation sur ces îlots que quelques joncs, quelques *cactus*, un pourpier sauvage, et, sur un seul rocher presque à fleur d'eau, un bouquet de petits arbustes dont l'existence au milieu de cet amas de rochers n'est pas sans singularité.

D'innombrables oiseaux de mer habitent ces îlots et les couvrent de leurs œufs et de leurs nids; mais aucun de ces oiseaux n'est mangeable. On y trouve encore quelquefois de la tortue, mais bien moins que la solitude du lieu ne le fait supposer; du sel marin, parfaitement cristallisé, se montre aussi sur divers points, et quelques gouttes d'eau douce filtrent au bas des rochers, sur la pointe Nord de l'îlot le plus Nord du groupe.

En juillet 1819, nous pêchâmes peu de poisson aux Abrolhos; mais cela vient sans doute de ce que la saison n'était pas favorable; car ces îlots sont la pêcherie ordinaire de la plus grande partie des habitants de la côte voisine : « Ceux de Porto-Seguro, principalement, y envoient cin- « quante bâtiments chaque année pendant la mousson du « Nord; ils y font des cargaisons d'un poisson de bonne « qualité, qu'ils nomment *garoupas*, qu'ils font sécher, et qui « compose la principale nourriture du peuple et des esclaves. « Les voyages de ces bâtiments de pêche durent ordinaire- « ment six semaines. » (*Renseignements des pratiques.*)

Ressources
qu'on peut se pro-
curer
aux Abrolhos.

C'est donc à ce seul objet que se bornent les ressources qu'un bâtiment peut espérer de trouver aux Abrolhos; et

encore ne doit-on y compter, comme on voit, que pendant
une partie de l'année : mais, à cette époque, une relâche en
cet endroit pourrait convenir pour rafraîchir un équipage
fatigué de la mer, ou pour réparer un avarie, à la suite d'un
mauvais temps ou d'un combat.

Le plateau qui sert de base aux Abrolhos n'offre pas une
surface unie dans toute son étendue ; sur toutes les directions, au contraire, les profondeurs sont très-cahotées, et
elles varient quelquefois sur de très-petits espaces, de plusieurs pieds, même de plusieurs brasses.

Ce plateau paraît se développer par des ondulations qui
suivent sensiblement le gisement général de la côte voisine,
c'est-à-dire la ligne Nord et Sud. Un chenal, propre seulement aux caboteurs, le sépare d'abord du rivage ; le fond
s'élève ensuite sur une largeur moyenne de cinq ou six
lieues dont plusieurs parties sont au niveau de la mer et
brisent de mauvais temps : un nouveau sillon succède, puis
viennent les îlots, et enfin leurs accores, qui s'étendent à
plus de trente lieues au large, si l'on y comprend tout l'espace de mer environnant où l'on trouve des profondeurs
irrégulières.

Nous avons déjà fait remarquer plus haut que toute cette
surface n'est pas interdite à la navigation : il résulte de nos
reconnaissances que, depuis l'Est-Sud-Est jusqu'au Sud par
le Nord et par l'Ouest, des bâtiments assez grands peuvent,
avec des précautions, approcher jusqu'à la vue des îlots, et
même mouiller d'un à huit milles de distance, depuis le
Nord-Ouest jusqu'au Sud par l'Ouest.

Il n'y a donc que la partie de mer comprise entre le Sud
et l'Est-Sud Est sur laquelle il reste de l'incertitude ; mais

nous voyons, par les renseignements qui ont précédé nos reconnaissances, que cette partie n'est pas beaucoup plus dangereuse que les autres. Le cosmographe portugais Pimentel, que j'ai cité, en rendant compte d'une exploration faite
des Abrolhos en 1605, par deux caravelles qui y furent en-
voyées, dit « qu'elles annoncèrent que plusieurs rochers,
« dont quelques-uns découvrent dans les grandes marées,
« existaient dans la direction du Sud-Est des îles, *sur un es*
« *pace d'environ trois lieues.* » En admettant ce renseignement
comme exact, on voit, d'abord, que dans la seule partie
que nous n'avons pas pu visiter, les dangers ne s'étendent pas
beaucoup plus au Sud-Est des îlots que dans les autres directions; et nous ajouterons qu'il se pourrait même qu'ils s'y
etendissent encore moins qu'on ne le dit ici : c'est ce que
sembleraient nous autoriser à croire nos stations de plusieurs
jours sur les points les plus élevés des îlots, d'où nous avons
observé, du temps le plus clair et dans toutes les circonstances de la marée, et nos recherches au large, à bord d'un
grand bâtiment, où, malgré la plus grande attention, nous
n'avons découvert ni rochers, ni brisants, dans toute l'étendue de notre horizon.

Néanmoins, nous ne donnons ceci que comme une con-
jecture, et la gravité du sujet exige que la prudence ne s'y
arrête pas. Jusqu'à l'entière exploration des approches du
Sud-Est des Abrolhos, nous conseillons donc de n'approcher
les îlots, à quatre lieues dans le Sud-Est, qu'avec beaucoup de circonspection[1].

---

[1] Voyez, au sujet de la partie orientale du banc des Abrolhos, l'article du
supplément, à la fin de ce volume, intitulé : *Banc des Abrolhos, extrait d'une
lettre du capitaine Fitz-Roy*, etc.

Nous venons de dire que de grands bâtiments peuvent mouiller d'un à huit milles de distance dans l'Ouest des îlots; on trouve effectivement, sur cette partie du paracel, un chenal où, à l'exception d'un petit nombre de points sur lesquels la sonde ne rapporte que huit brasses, la profondeur se maintient généralement de quinze à dix brasses. La direction sur laquelle il y a le plus d'eau est à peu près le Sud-Sud-Est et le Nord-Nord-Ouest, en passant à deux milles à l'Ouest des îlots : c'est ce chenal que nous appelons *canal des Abrolhos.* Quoiqu'il ait à peu près trois lieues de largeur, il est, comme on le voit par la carte, de très-peu d'importance pour la grande navigation, et il n'a réellement d'intérêt que pour les bâtiments de cabotage ou pour la pêche.

Le côté occidental de ce chenal est formé par des hauts-fonds très-dangereux, parce qu'ils s'élèvent brusquement du fond de la mer, sans s'annoncer par des diminutions graduelles de profondeur: ils sont si accores, que les Portugais les nomment *Paredes* [Murs]. Malgré l'abri que leur procurent les îlots à terre desquels ils sont placés, on dit que, de mauvais temps, la mer brise sur plusieurs points de ces hauts-fonds.

De leur pied et même du milieu du canal, on aperçoit la côte vis-à-vis, lorsque le ciel est clair. Cette côte plate est couverte d'arbres qui, de cette distance, paraissent presque noyés; son peu d'élévation ne permet pas de supposer qu'elle soit à plus de huit ou neuf lieues de l'accore orientale des *Paredes.* Ainsi les îlots Abrolhos, qui sont à huit ou neuf milles de ces dangers, sont à peu près à onze ou douze lieues de terre ; nous disons *à peu près,* parce que nous n'a vons pu qu'approximativement placer la côte dans cette partie, et seulement d'après les renseignements que nous

pûmes recueillir d'un pratique à San-Matheo. Notre bâti
ment n'était pas de nature à pouvoir s'approcher d'assez près
d'un tel rivage; mais il reste peu d'incertitude sur sa posi
tion réelle, et il n'en reste aucune sur celle des îlots, non
plus que sur celle de la presque totalité de leurs approches
par le large, seules choses véritablement importantes ici.

*Position
des îlots Abrolhos.*

D'après nos observations, faites sur les îlots mêmes, le
sommet le plus oriental du groupe est par 17° 57′ 44″ de
latitude Sud, et par 41° 2′ 9″ de longitude Ouest; la décli
naison de l'aiguille aimantée y était, au mois d'août 1819,
de 0° 46′ Nord-Ouest.

*Des marées
aux Abrolhos.*

Les marées sont irrégulières dans le voisinage des Abrolhos; les courants suivent la direction des vents régnants, et
leur vitesse ne nous a pas paru excéder 1,3 de mille à l'heure;
la différence de niveau, entre les basses et les hautes mers,
peut être évaluée à cinq pieds, à l'époque des syzygies.

*Qualité du fond
autour
des Abrolhos.*

On trouve rarement de la vase sur aucun des points du
paracel des Abrolhos où la sonde peut atteindre le fond, et
l'on pourrait dire que la présence de la vase dans les sondes
est un indice presque certain qu'on est hors du paracel; nous
n'en avons trouvé nulle part, si ce n'est fort mélangée de
sable et de madrépores broyés, et dans le canal intérieur
seulement. La qualité de fond la plus commune autour des
Abrolhos est un tuf blanchâtre, composé ou abondamment
mêlé de débris de madrépores réduits en poudre, et qui
n'offre d'autre variété que sa plus ou moins grande consistance. Quelquefois ce tuf est très-ferme, et il se combine de
sable et de roches, principalement dans le Nord-Est des
îlots; plus près de ceux-ci, surtout du Sud-Sud-Ouest au
Nord-Est par l'Ouest, le fond a la consistance d'un mortier

blanc, dans lequel l'ancre pénètre peu, mais tient fortement.

Nous n'avons pas de notions exactes sur l'intérieur des Paredes, non plus que sur la côte qu'ils prolongent; cette partie de la mer et du rivage ne peut être explorée en détail que par de très-petites embarcations, et elle n'intéresse qu'elles. Les renseignements que nous avons recueillis à son égard établissent qu'un petit chenal, navigable pour les seuls caboteurs conduits par des gens du pays, se trouve entre la côte et les Paredes, dont quelques points, nous a-t-on dit, s'élèvent au-dessus de l'eau. Ce parage ne peut être pratiqué que par des pilotes très-expérimentés.

D'après les mêmes renseignements, nous comprenons les bancs des Paredes entre la barre de *Portalegre*, que nous plaçons provisoirement par 18° 6′ 0″ Sud, et le parallèle de 17° 19′ 0″ Sud, qui passe à quelques milles au Nord de la petite ville d'*Alcobaça*. La côte comprise entre ces deux parallèles est occupée par les villes ou bourgs de *Portalegre*, *Villa-Viçoza*, *Caravellas* et *Alcobaça*, dont chacune communique avec la mer par une rivière ouverte au cabotage. Les embouchures de ces rivières sont marquées par le signe *Position douteuse*, sur nos cartes, parce que nous ne les avons pas reconnues nous-mêmes.

Sur le parallèle de 17° 31′ 0″ Sud, c'est-à-dire à environ huit milles plus Nord que la pointe Nord des Paredes, on trouve encore la petite ville de *Prado*, située à l'entrée de la petite rivière de *Jucurucu*, qui forme sur le rivage une coupure fort apparente parmi les arbres dont la côte est couverte. On peut approcher de cette embouchure; à la distance de trois milles, on trouve de dix à quatorze brasses d'eau fond de sable et de vase; et cette profondeur se maintient en pro longeant le rivage, jusqu'à une lieue au Nord du petit hameau de *Columbiana*, situé dans l'Est-Sud-Est du mont *Pascoal*, montagne remarquable qu'on aperçoit en remontant des Abrolhos vers le Nord.

À partir de ce relèvement du mont Pascoal, sur une longueur de onze milles du Sud au Nord et sur une distance de quatre à dix milles de la côte, on trouve des fonds élevés, inégaux, parsemés de rochers et de bancs de sable, dont quelques-uns découvrent de mer basse : ces dangers se nomment *Itacolomis*.

Les *Itacolomis* Ces Itacolomis s'étendent depuis l'Est-Sud-Est du mont Pascoal jusqu'à son parallèle. On peut naviguer et mouiller à terre d'eux, sur une bonne tenue, entre la moitié de leur longueur, à partir de leur extrémité Sud ; mais leur pointe Nord est jointe au rivage par un banc de sable étroit, qui ne laisse, dit-on, aucun passage. En se tenant à treize milles au large de la côte, on est en dehors de tous les dangers, et l'on trouve de onze à vingt brasses d'eau : douze milles plus à l'Est, on n'a déjà plus de fond à quatre-vingt-dix brasses. Aussitôt qu'on est au Nord du parallèle du mont Pascoal, on peut se rapprocher de terre et la prolonger à trois milles de distance ; la profondeur est de onze à vingt-quatre brasses, sur une grande partie de la côte, en allant du Sud au Nord.

Mont *Pascoal*. Le mont *Pascoal* est, comme nous venons de le dire, la première montagne remarquable qui se présente à vue, de la mer, en venant des Abrolhos ; il fait partie d'un groupe de collines dirigées à peu près Sud-Est et Nord-Ouest, dont la plus méridionale offre, à son extrémité Nord, un piton de la forme d'une grosse tour carrée, qu'on ne peut pas méconnaître.

Vu de l'Est, le mont Pascoal est conique ; placé à cinq

lieues seulement du rivage, il se distingue aisément, par son élévation, des hauteurs qui l'environnent, et il peut être vu de fort loin. Il sert d'objet de direction pour le cabotage, dans beaucoup de localités de la côte adjacente, et, à ce titre, nous en donnerons la position d'après nos observations :

Latitude. . . . . 16° 54′ 8″ S.
Longitude. . . . . 41 45 40 O.

Position
du mont Pascoal.

La déclinaison de l'aiguille, sur son parallèle, à dix lieues de distance, a été observée de 0° 50′ Nord-Ouest le 2 août 1819.

C'est à la vue du mont Pascoal que Pedro Alvarès Cabral se trouva le jour de *Pâques*, dans l'année 1500, où il découvrit le Brésil.

La côte devant le mont Pascoal, et depuis la *villa Prado*, court au Nord 10° Est; elle continue d'être basse, boisée et uniforme comme dans le Sud, mais elle s'en distingue par des falaises de tuf d'un jaune rougeâtre, qui forment le rivage : les hauteurs, en petit nombre, qu'on remarque dans l'intérieur du pays, sont moins élevées que le mont Pascoal et moins près que lui de la mer.

Description
de la côte au Nord
du mont Pascoal.

A mesure qu'on approche de *Porto-Seguro*, en venant du Sud, les falaises deviennent plus rouges, elles s'élèvent davantage et les arbres dont elles sont couronnées se mélangent de cocotiers, espèce d'arbres qu'on aperçoit peu jusque-là. En prolongeant cette côte, on passe successivement devant les barres, à peine visibles à quatre milles de distance, de *Craminuam*, de *Joasima*, *do Frade*, la petite baie de *Trancoso*, et la chapelle de *Nossa-Senhora de Judea*, à deux milles dans le Nord de laquelle est Porto-Seguro.

Ce port est situé dans une échancrure du rivage abritée

Porto-Seguro.

par le récif ou quai de rochers dont nous avons parlé plusieurs fois dans le cours de cet ouvrage; une coupure de ce récif forme l'entrée du port; la chapelle de *Nossa-Senhora de Judea*, qui le domine, est remarquable par ses murs, dont la blancheur tranche au milieu des arbres.

Une petite rivière descend dans le port de Porto-Seguro. « Il y a dix-huit pieds d'eau, de mer haute, sur sa barre ; « mais on n'en trouve que onze en dedans; en sorte qu'elle « ne peut recevoir que des bâtiments de médiocre grandeur : « plusieurs bancs, d'ailleurs, s'étendent au large, et il ne faut « s'approcher de cette embouchure qu'à la distance de deux « lieues, quand on n'a pas de pilote. » (*Renseignements des pratiques.*) A cette distance on a dix brasses d'eau.

La ville de Porto-Seguro est bâtie sur le côté Nord du port : ce terrain est escarpé, et l'on parvient au haut de la ville par un chemin tournant, que sa couleur rouge fait remarquer d'assez loin en venant du large. La ville contient plusieurs grands édifices; mais elle est néanmoins assez peu considérable, quoiqu'elle soit capitale de la province qui porte son nom. Au pied de la côte, et dans le port même, on voit un grand village habité par les pêcheurs, dont la préparation du poisson qu'ils prennent aux Abrolhos est la principale occupation.

Position du clocher de la cathédrale de Porto-Seguro.

Latitude de Porto-Seguro. . . . . 16° 26′ 50″ S.
Longitude. . . . . 41 23 33 O.

Ressources que présente Porto-Seguro.

La fertilité du pays circonvoisin offre beaucoup de ressources aux bâtiments qui peuvent fréquenter Porto-Seguro; ils s'y procurent aisément de l'eau, du bois, des bestiaux, et tous les rafraîchissements ordinaires aux climats situés entre les tropiques.

De *Porto-Seguro* à *Rio-Grande* la distance est de douze Description de la côte au Nord de Porto-Seguro.
lieues deux tiers, et la côte gît au Nord 14° Est; elle est
couverte d'arbres, s'abaisse graduellement en allant du Sud
au Nord, et elle est bordée, jusqu'à une distance d'environ
trois milles au large, de bancs de sable et de hauts-fonds,
dont plusieurs découvrent de mer basse, et qu'il ne faut approcher qu'avec un pilote de l'endroit : ces bancs sont séparés par des coupures devant *Santa-Cruz*, *Coroa-Vermelha* et
Santo-Antonio, petits établissements sur la côte, accessibles
seulement pour les caboteurs, et sans aucun intérêt pour les
grands bâtiments.

Une ville nouvelle, nommée *Belmonte*, commencée sur Belmonte.
la pointe Sud de l'embouchure du Rio Grande, fait remarquer cette embouchure, qui est masquée par des brisants
plus animés qu'au rivage de droite et de gauche. Rio
Grande, qu'on dit être une rivière du second ordre dans
l'intérieur du Brésil, n'a que deux brasses d'eau sur sa barre,
de pleine mer.

La côte, au Nord de Belmonte, court au Nord 5° Ouest
jusqu'au fort *San-Jorge dos Ilheos* [des Ilots], et la distance intermédiaire est de vingt et une lieues. Cette côte est
droite, accore, uniformément boisée, et on peut l'approcher de très-près; de un à cinq milles du rivage, on trouve de
sept à vingt brasses d'eau sur des fonds où la vase et les madrépores broyés prédominent. A environ dix lieues au Nord
de Belmonte, on trouve les *serras de Itaraca*, groupe de Serras de Itaraca.
montagnes terminant les terres basses qui suivent le mont
Pascal du côté du Nord; les plus méridionales de ce groupe
sont les *morros de Commandatuba*, d'où sort la petite rivière
du même nom. A partir du parallèle de ces montagnes,

la côte, entrecoupée de collines couvertes de bois, et de petites vallées cultivées, offre l'aspect le plus varié et le plus agréable, jusqu'aux approches de la baie de *Todos-os-Santos* [Tous-les-Saints].

Saint-Georges dos Ilheos.

Le fort Saint-Georges dos Ilheos est situé sur la partie Sud de la baie de ce nom, et il fait partie d'une petite ville sans apparence, qui est la capitale de la province; deux îlots, placés à petite distance dans l'Est, forment avec le rivage un abri pour les bâtiments de côte qui fréquentent ce mouillage : le plus Nord de ces îlots n'est qu'un pâté de roches que la mer couvre presque toujours de ses brisants; l'autre est couvert de touffes d'arbres, et séparé en deux parties disposées suivant une direction Nord-Est et Sud-Ouest; la latitude de cet îlot est de 14° 47′ 23″ Ouest. A trois milles dans l'Est de lui, la profondeur est de vingt brasses, fond de vase.

Position des Ilheos.

Description de la côte au Nord de ces îlots.

Immédiatement au Nord de la pointe de Saint-Georges dos Ilheos, la côte se courbe un peu dans l'Ouest en formant une petite baie; puis elle se dirige au Nord quelques degrés Est jusqu'à la pointe *dos Castelhanos*, éloignée de dix-neuf lieues. Toute cette côte est parfaitement saine, et les plus grands bâtiments peuvent la prolonger à deux milles de distance. Plusieurs petites criques ou embouchures de ruisseaux coupent son rivage; mais la barre de *Rio de Contas* est la seule qui ait quelque importance, même pour le cabotage.

Rio de Contas.

L'embouchure de cette rivière est assez apparente quand on vient du large. Sa pointe Sud est élevée et couverte d'arbres, et, dans l'enfoncement de la côte, on voit une petite ville qui semble plus considérable que celle dos Ilheos.

Les pratiques disent qu'une roche, qu'ils nomment *Pedra-Branca*, est placée devant l'entrée du port et doit être évitée.

La pointe dos Castelhanos fait partie d'une terre élevée qui se termine, du côté du Nord, par une partie basse nommée *Ponta de Muta*, laquelle est accompagnée, sur son prolongement, par la petite île *Quiepe*.

Cette île, la pointe de *Muta*, et la côte voisine forment entre elles un petit bassin dans lequel la rivière d'*Acarahy* vient se jeter proche de la petite ville de *Camamú*. Les brisants qui embarrassent les entrées de cette baie n'en permettent l'accès qu'aux petits bâtiments.

De ce point, la côte semble se diviser sur son prolongement, et elle présente l'apparence de deux îles : ce sont de petites collines séparées l'une de l'autre par des terres basses. Cet aspect est le même jusqu'au cap ou *morro San-Paulo*, espèce de promontoire sur lequel on atterrit ordinairement quand on va chercher la baie de Tous-les-Saints pendant la mousson du Sud, et dont, pour cette raison, nous ferons connaître l'apparence et nous donnerons la position.

Le *morro San-Paulo* forme la pointe orientale de la barre de *Rio-Una;* il est assez remarquable, quoiqu'il soit peu élevé. Il est adossé et suivi dans le Nord par des terres plus basses que lui, et il porte en outre, sur son extrémité Nord, cinq ou six cocotiers séparés en deux groupes et très-apparents relativement à ce qui est aux environs.

Vu de près, le mamelon qui termine le morro San-Paulo dans le Nord présente, du côté du large, de grandes taches blanches qui tranchent bien sur la verdure de l'ensemble, et qui peuvent être aperçues de huit lieues, de beau temps.

A deux milles sur son parallèle, on peut mouiller par dix-sept brasses d'eau, sur un excellent fond de vase ; à six lieues dans la même direction, on n'a déjà plus de fond à quatre-vingts brasses.

Le morro Saint-Paul est dans la position suivante :

Latitude.......................... 13° 21′ 53″ S.
Longitude.......................... 41 14 23 O.

A deux milles dans l'Est, la déclinaison a été trouvée de 1° 50′ Nord-Ouest, dans le mois d'août 1819.

Dans le Nord du morro Saint-Paul, la côte est basse, sablonneuse et bordée de récifs ; elle forme une anse profonde, après quoi elle revient au Nord-Est se joindre, au moins en apparence, avec les terres plus élevées de l'île *Itaparica*, qui forme la rive occidentale de la principale entrée de la baie de *Tous-les-Saints*, vulgairement appelée *Bahia*.

La séparation entre la côte Ouest de cette île et le continent forme ce qu'on appelle *Barra falsa* [fausse barre] ou fausse entrée de Bahia. Cette passe est fort étroite, sinueuse, peu profonde, et on ne l'aperçoit que d'une petite distance : elle ne peut recevoir que de très-faibles embarcations ; et les caboteurs mêmes ne s'y engagent que quand ils ont affaire sur quelque point du littoral intérieur de ce passage, ou lorsque le vent ne leur permet pas d'atteindre la principale entrée.

Du morro Saint-Paul au cap *Santo-Antonio* la distance est de dix lieues, et la direction le Nord 46° Est ; de beau temps ces deux points sont à vue l'un de l'autre.

On peut sans danger parcourir cette direction ; on y trouve de trente-quatre à douze brasses d'eau, fond de vase, de sable, de gravier et de madrépores, et l'on passe à une distance convenable entre les accores du Sud de l'île *Itapa-*

rica et de la *Basse* du cap Saint-Antoine. Un grand bâtiment qui fait ce trajet ne doit pas, en général, se porter au Nord-Ouest de cette ligne, tant qu'il est dans le sud d'*Itaparica*; et, si le vent battait fortement en côte, la prudence exigerait même qu'il se tînt un peu plus au large, jusqu'à ce qu'il fût sur le méridien de la pointe la plus Est de cette île, et qu'il se conservât par des profondeurs supérieures à douze brasses.

La distance du *Pain-de-Sucre* (à l'entrée de Rio-Janeiro) au cap *Frio* est de 65 mille $\frac{1}{2}$, et la direction de ce premier point à l'autre, l'Est 4° 30′ Sud.

La distance du cap *Frio* au cap *San-Thomé* est de soixante-dix-neuf milles, et la direction d'un point à l'autre, le Nord 46° Est.

La distance du cap San-Thomé au groupe des *Abrolhos* est de deux cent soixante-douze milles, et la direction intermédiaire, le Nord 28° Est.

La distance des *Abrolhos* au cap *Saint-Antoine* de *Bahia* est de trois cents milles, et la direction, le Nord 2° Est.

La distance totale de *Rio-Janeiro* à *Bahia*, par la route la plus courte, est donc de sept cent seize ou sept cent vingt milles.

CHAPITRE VI.

DESCRIPTION DE LA BAIE DE TOUS-LES-SAINTS, OU BAHIA. —INSTRUCTION POUR ENTRER DANS CETTE BAIE ET POUR EN SORTIR.

Précautions à prendre dans les deux moussons pour entrer à Bahia.

Nous venons de dire que les bâtiments qui se destinent pour la baie de Tous-les-Saints pendant la mousson du Sud doivent atterrir sur le Morro Saint-Paul, et nous avons décrit ce cap et donné sa position. Dans la mousson dite du Nord, il convient de reconnaître la terre, à quelques lieues dans le Nord de la pointe *Itapuan*, qui est sur un parallèle un peu plus Nord que le cap Saint-Antoine ; l'importance de cette précaution, dans les deux cas, dépendra de l'exactitude avec laquelle on naviguera et des vents qu'on trouvera à l'atterrage.

Entrée principale de la baie de Tous-les-Saints.

La principale entrée de la baie de Tous-les-Saints (ou de *San-Salvador* (du nom de sa ville principale) est formée dans l'Est par le promontoire du cap Saint-Antoine , qui appartient au continent, et, dans l'Ouest, par l'île Itaparica. La moindre largeur du canal est d'un peu moins de quatre milles et demi, entre les pointes opposées les plus rapprochées l'une de l'autre ; mais la moitié seulement de cet espace (la plus voisine du continent) est navigable pour les grands bâtiments , les côtes Sud-Est d'Itaparica se prolongeant sous l'eau à une assez grande distance au large.

Si du morro Saint-Paul on gouverne directement au Nord

46° Est, avons-nous dit au chapitre précédent, on passera à distance convenable des accores d'Itaparica et de la basse de Saint-Antoine; mais, si l'on doit louvoyer, il faudra prendre quelques précautions pour éviter les unes et les autres.

On n'aura rien à craindre des premières, en se tenant à cinq milles de la côte du continent contigu au morro Saint-Paul et à la même distance d'Itaparica, jusqu'à ce qu'on puisse relever au Nord la pointe de *Jaburú*, qui est la plus orientale de cette ile.

Parvenu sur ce relèvement, et à sept milles de cette pointe, on sera à cinq milles dans le Sud 41° Ouest du cap Saint-Antoine et à environ une lieue dans l'Ouest de l'extrémité Sud de la basse du même nom; de là on gouvernera sur le cap jusqu'à demi-mille du rivage, puis on se dirigera sur l'église de *Bom-Fim* (dans la presqu'île de *Montferate*), jusqu'à ce qu'on ait atteint le fort *do Mar* ou de *San-Marcello*, près duquel est le mouillage ordinaire.

La basse Saint-Antoine, située à un peu plus de quatre milles au Sud $\frac{1}{2}$ Ouest du cap de ce nom, n'est pas difficile à éviter, et n'est pas non plus fort dangereuse.

C'est un banc de sable roux, mêlé de madrépores, sur lequel on ne connait pas de roches; la moindre profondeur que nous y ayons trouvée est de quatre brasses, et personne ne nous a dit qu'il y en eût moins : c'est, entre autres, le sentiment du pilote *Manoel Madeiros*, l'un des meilleurs caboteurs du pays, que j'avais pris à bord dans mon passage de Bahia à Pernambuco. Cependant, comme nos sondes, quelque nombreuses qu'elles soient, peuvent n'avoir pas exactement couvert tout l'espace compris entre l'accore Sud de la basse et la côte, et, en même temps, comme la mer brise quel-

quelois sur divers points de cet espace lorsque le vent est fort, nous croyons possible, quoique peu vraisemblable, qu'on y trouve quelques sondes un peu moindres : en conséquence, nous conseillons de ne pas s'exposer à les rencontrer, en passant en dedans des limites que nous avons marquées; il est toujours à propos d'en passer au large avec un grand bâtiment. En la circonscrivant dans les profondeurs de sept brasses, la basse Saint-Antoine sera bornée, au Sud, par le parallèle de 13° 5'; à l'Ouest, par le relèvement du Sud 12° Ouest, pris du fort du même nom, et, à l'Est, par le relèvement du Sud 29° Est, également pris du fort Saint-Antoine.

Son gisement par rapport au cap Saint-Antoine.

Ces données suffisent pour indiquer les précautions à prendre afin d'éviter cette basse en venant du large. Il ne faut que donner un tour de quatre à cinq milles au cap Saint-Antoine, jusqu'à ce qu'on puisse le relever au Nord $\frac{1}{4}$ Nord-Est $\frac{1}{2}$ Est, et ensuite gouverner sur l'église de *Bom-Fim*, comme on l'a dit plus haut. La profondeur, dans ce trajet, variera depuis douze brasses (à un mille dans l'Ouest de la basse Saint-Antoine) jusqu'à vingt brasses (à la même distance du fort de ce nom). Serrant ensuite le rivage, la profondeur diminuera progressivement jusqu'à huit ou neuf brasses, proche du fort *do Mar*. Si, en faisant cette route, on éprouvait des vents contraires, on pourrait faire quelques bordées de deux ou trois milles entre le relèvement qui joint le cap Saint-Antoine à l'église de *Bom-Fim* et les bancs de la côte Sud-Est d'Itaparica; mais on devra sonder continuellement dans ces bordées, et on n'ira pas par moins de sept brasses.

Le mouillage ordinaire des bâtiments de guerre est entre

'Ouest et le Sud-Ouest du fort San-Marcello ou do Mar, sur une distance de deux cents à mille toises de ce fort.

On fait dans ce mouillage les relèvements suivants :

La pointe *Manguinha* (d'Itaparica), au . . . . N. 53° O.
Le fort *Saint-Antoine*. S. 19 O.
La pointe de *Montferate*. . . . . N. 10 E.

Et l'on est par neuf brasses d'eau, fond de sable ; la grande quantité d'ancres perdues dans cette baie rend nécessaire de garnir et de visiter soigneusement les câbles.

Le mouillage des bâtiments de commerce est en dedans de la ligne qui joindrait le fort do Mar à la pointe de Montferate, et au Nord de ce fort. On doit éviter, en s'y rendant, la basse *Panella*, que nous n'avons pas reconnue nous-mêmes, mais que les pratiques du pays placent à cent cinquante toises dans l'Ouest $\frac{1}{4}$ Nord-Ouest du fort do Mar, et sur laquelle ils disent qu'on ne trouve pas plus de trois brasses et demie d'eau, de basse mer[1].

Le meilleur endroit, dans le mouillage des bâtiments de guerre, est par le travers de l'obélisque du jardin public ; on affourche sur la direction Nord-Nord-Est et Sud-Sud-Ouest. qui est celle du flot et du jusant.

Il est rare que les vents régnants pendant le jour ne permettent pas de venir mouiller directement devant la ville de *San-Salvador ;* le plus ordinairement de l'Est au Sud-Est, ils conduisent presque toujours les bâtiments à la bordée. Pendant la nuit, les brises viennent de divers points de l'ho-

[1] La position et le brassiage de la basse Panella ont été déterminés très-exactement pendant la relâche d'un bâtiment de l'État à Bahia, en 1824, et, depuis 1825, cette basse est portée sur nos cartes dans sa position exacte. La plus faible sonde qu'on y ait trouvée est trois brasses.

rizon, et principalement du côté de la terre; si elles sont assez fortes pour permettre de louvoyer, on aura à examiner si l'on est assez pilote de la baie pour y entrer de cette manière. On voit au surplus, par notre carte, que les difficultés sont peu importantes.

Détails sur la baie de Tous-les-Saints.

La baie de Tous-les-Saints, en la considérant dans toute son étendue, forme un golfe très-profond dans le continent : ce golfe, qui porte le nom de *Reconcavo*, a près de trente lieues de circuit; la mer y pénètre partout, et il reçoit les eaux de plusieurs rivières, dont quelques-unes sont considérables.

Les plus grandes flottes seraient en sûreté dans Bahia : dans plusieurs parties, les vaisseaux, mouillés sur d'excellents fonds, résisteraient à tous les vents, en même temps que la fertilité des côtes environnantes leur procurerait abondamment toutes les ressources qu'il est possible de désirer.

Détails sur la ville de San-Salvador.

Au côté oriental de l'entrée principale, la terre s'élève en amphithéâtre depuis le rivage. La ville de San-Salvador, qu'on désigne aussi souvent par le nom de *Bahia*,,, comme la baie même, y occupe un grand espace et renferme de beaux édifices. Elle est bâtie sur un terrain inégal, entrecoupé de jardins, et elle se divise en ville haute et en ville basse. Après Rio-Janeiro, la ville de Bahia est la plus grande et la plus importante de tout le Brésil : on y compte au moins cent mille âmes. Plusieurs forts, bâtis tant sur le haut qu'au bas de la côte, dominent le mouillage et protégent la ville;

Fort San-Marcello, nommé aussi Fort de Mar.

l'arsenal de la marine est défendu par le fort San-Marcello, ou fort *do Mar*, ouvrage circulaire construit sur un banc de sable, à deux cents toises du rivage.

La position de ce fort est comme il suit :

Sa position.

Latitude (mât de pavillon)............. 12° 58′ 23″ S.
Longitude .... 40 51 0 O.

La déclinaison de l'aiguille aimantée était, près de lui, de 1° 58′ Nord-Ouest, au mois de novembre 1819.

La différence de niveau entre la haute et la basse mer, observée au mouillage ci-dessus indiqué, a été trouvée de sept pieds dans les syzygies, et de trois pieds seulement dans les quadratures : la mer est pleine dans le même lieu à 4ʰ 15′, les jours de nouvelle et pleine lune [1].

Des marées
à Bahia.

Le système ordinaire des marées est parfaitement régulier à Bahia : au mouillage devant la ville, le flot égale le jusant, et leur direction alternative est le Sud-Sud-Est et le Nord-Nord-Ouest; la vitesse de l'un et de l'autre, dans les circonstances ordinaires, n'excède pas 1,5 de mille par heure; dans les grandes marées, elle va quelquefois jusqu'à 2,5 de mille.

La baie de San-Salvador offre, comme nous l'avons dit, un abri sûr : dans la rade ordinaire, la mer n'éprouve aucune agitation pendant la plus grande partie de l'année, les vents du Sud au Nord par l'Est, qui règnent le plus fréquemment, étant toujours affaiblis par les hauteurs sous lesquelles les bâtiments sont mouillés, et les brises de l'intérieur ayant rarement de la force.

Dans la mousson du Sud seulement, et principalement dans les mois de juillet, août et septembre, les vents, passant quelquefois au Sud-Ouest, pénètrent dans la baie et y amènent du large une grosse houle qui est très-incommode, surtout dans les reversements de marée. Mais ces circons-

---

[1] Dans l'Annuaire des marées de M. Chazallon, l'établissement des marées, à Bahia, est à 4ʰ 14′.

tances ne sont pas durables; elles arrivent ordinairement pendant les nouvelles et pleines lunes et ne subsistent guère au delà de trois ou quatre jours consécutifs.

Les bâtiments trouvent à Bahia les moyens de pourvoir à tous leurs besoins; ils peuvent s'y caréner, s'y remâter, y réparer toutes sortes d'avaries; mais la main-d'œuvre y est chère, comme dans les autres grands ports du Brésil.

Dans la belle saison, le mouillage à l'Ouest de la ville peut permettre d'y faire toute espèce de réparations; durant l'autre partie de l'année, il serait plus prudent de les aller faire à *Tapagipe*, petite baie située à l'Est de la presqu'île de Montferate, où l'eau est tranquille comme dans un bassin.

Les aiguades sont bonnes sur plusieurs points de la côte intérieure de Bahia: l'eau s'y fait aisément, soit près du fort *Gombo*, sous le jardin public, soit à quelque distance au Nord de l'arsenal de la marine; mais, lorsque le nombre des bâtiments établit une grande concurrence, il vaut mieux aller à Tapagipe chercher l'eau, si l'on en veut une grande quantité.

Le bois à brûler est assez abondant à Bahia, et en 1819 on pouvait déjà le remplacer à bord par le charbon de terre, que le commerce étranger commençait à introduire à assez bon compte dans le pays.

Les vivres et les rafraîchissements nécessaires pour la navigation s'y trouvent aussi facilement, à peu près au même prix qu'à Rio-Janeiro; ils consistent principalement en bestiaux, farine de manioc et de froment, eau-de-vie de sucre, volaille, cochons, poisson sec, fruits et légumes des tropiques.

Enfin l'air est très sain à Bahia; les hauts de la ville surtout sont de la plus parfaite salubrité, et, sous un très-grand nombre de rapports, cette baie est une des plus salutaires et des plus agréables qu'on puisse choisir.

La route pour sortir de Bahia est indiquée par ce qui a été dit pour entrer. Il faut côtoyer la terre d'un demi-mille à un mille de distance, jusque par le travers à l'Ouest du fanal du cap Saint-Antoine : on aura dans ce trajet, depuis le fort San-Marcello, de neuf à vingt brasses d'eau ; on en trouverait davantage, et jusqu'à vingt-huit et trente, si l'on se tenait un peu plus au large. Parvenu à un mille dans l'Ouest du cap Saint-Antoine, et gouvernant quatre milles et demi au Sud-Sud-Ouest, on prolongera, par une bonne profondeur, la basse du même nom, après quoi on pourra sans crainte mettre le cap à l'Est.

La basse Saint-Antoine, que nous avons décrite plus haut, n'est pas absolument adjacente au rivage ; il y a entre elle et lui un petit chenal de six à douze brasses de profondeur, où la vase prédomine et que la plupart des bâtiments pourraient fréquenter, s'il y avait à cela quelque avantage ; mais, les vents permettant presque toujours d'atteindre à la bordée le mouillage devant la ville, même quand on passe dans le Sud de la basse, il y a très-peu de cas où il serait utile d'en passer au Nord.

La basse Saint-Antoine s'arrondit entièrement à sa pointe Sud ; on trouve de treize à vingt-quatre brasses à peu de distance de ses accores, et à un ou deux milles d'elles, dans l'Est, la profondeur est régulière de vingt à quarante brasses.

Les fonds voisins de ce banc sont mélangés de sable, de madrépores et de gros graviers ; la vase ne paraît abondam-

Route pour sortir de Bahia.

Du canal entre la basse Saint-Antoine et le continent.

ment que dans le Nord-Est, en s'approchant de terre. A trois lieues de la côte, dans les directions comprises entre le Sud et l'Est-Sud-Est du cap Saint-Antoine, on n'a plus le fond à quarante-cinq brasses, et, un peu plus loin, dans cette même direction, on le perd tout à fait.

Apparence
des
terres de Bahia.

Toutes les terres qui composent le promontoire terminé au Sud par le cap Saint-Antoine sont d'une assez belle élévation, comparativement à celles de l'autre côté de la baie; leur aspect est agréable, à cause des arbres et de la verdure dont elles sont couvertes, et elles peuvent être reconnues. de beau temps, à la distance de dix lieues.

Du cap
Saint - Antoine
et
du phare
du même nom.

La pointe occidentale du cap Saint-Antoine est distinguée, pendant la nuit, par un phare élevé sur le fort le plus Sud; ce feu est faible et ne s'aperçoit guère à plus de quatre ou cinq lieues[1] : de jour, lorsqu'on le relève à l'Ouest, le fort Saint-Antoine paraît séparé de la terre par un petit intervalle.

A deux milles et demi dans l'Est quelques degrés Sud du phare, on voit une autre pointe sur laquelle est une vigie de signaux, qui transmet à Bahia la correspondance sémaphorique de la côte Nord : cette pointe est la plus méridionale du promontoire, et elle forme avec celle d'*Itapuanzinho*, qui est à un mille dans l'Est, une petite baie occupée par un *armaçaõ* et défendue par des rochers, comme la

---

[1] Le phare du cap Saint-Antoine est actuellement un feu tournant dont les éclats, produits par deux faces blanches et une rouge, se succèdent de 80 en 80 secondes, le mouvement de rotation complet s'opérant en 4 minutes. La tour est ronde et élevée de 116 pieds ($37^m,76$) au-dessus du niveau de la mer. Le feu peut être aperçu à 18 milles de distance, lorsque l'œil est élevé de 12 pieds au-dessus de l'eau. (*Extrait de la 6ᵉ édition de la Description générale des phares, de M. Coulier.*)

presque totalité de cette côte. Plusieurs habitations se re
marquent sur le rivage depuis le cap ; mais le débarquement
est difficile. La chaîne de récifs, dont nous avons dit plusieurs
fois que le littoral du Brésil est bordé, se retrouve ici, et
continue presque sans interruption de prolonger et de bor-
der la côte.

Le phare du cap Saint-Antoine est placé ainsi qu'il suit :

Latitude . . . . 13° 0′ 44″ S.

Longitude. . . . . 40 51 51 O.

Position du phare
du cap
Saint-Antoine.

CHAPITRE VII.

DESCRIPTION DE LA CÔTE COMPRISE ENTRE LE CAP SAINT-ANTOINE ET LA POINTE D'OLLINDA. — ATTERRAGE SUR L'EMBOUCHURE DU RIO SAN-FRANCISCO ET SUR LE CAP SAINT-AUGUSTIN.

Direction et aspect de la côte au Nord du cap Saint-Antoine.

Depuis la pointe d'*Itapuanzinho*, la côte gît au Nord 64° Est jusqu'à celle d'*Itapuan*, et de là au Nord 44° Est, presque sans inflexion, sur une étendue de plus de trente lieues; elle change d'aspect, comparativement aux environs du cap Saint-Antoine, et elle n'offre plus que des dunes de sable, parsemées çà et là de bouquets de broussailles et de cocotiers. Le rivage est terminé par cette ceinture de roches dont nous avons parlé; plusieurs de ces roches, au-dessus de la mer dans tous les états de la marée, se présentent comme des îlots : celle qui termine la pointe d'Itapuan, particulièrement, se détache de la côte d'une manière assez apparente.

Rocher d'Itapuan.

Tour de Garcia de Avila.

A trente-trois milles dans le Nord 45° Est de cette pointe, on se trouve à peu près vis-à-vis de la *Torre de Garcia de Avila*, espèce de fort bâti sur le haut de la côte, parmi les arbres, et sur lequel est un poste de signaux. Toute la côte peut être approchée à la distance d'un mille, par douze ou quinze brasses, fond de sable vaseux et de madrépores broyés. La profondeur s'accroît si promptement au large, qu'à dix milles on ne trouve déjà plus le fond avec une sonde de quarante brasses. On ne voit de coupures sur cette partie de côte, quand on se tient d'elle à deux ou trois lieues, que les embouchures des rivières ou ruisseaux de *Joannes* et de *Jaculype*, entièrement obstruées par des brisants.

Depuis la tour d'*Avila*, la côte suit assez sensiblement la même direction jusqu'à l'extrémité Nord des *Oiteros de San-Miguel*, suite de petites collines qui bordent le rivage, à six ou sept milles au Sud-Est de la barre d'*Itapicurú*. Rien de remarquable ne s'aperçoit sur cet espace, de près de vingt lieues, que le petit morro *Massarandupio*, à quelques milles au Nord-Nord-Ouest de la tour; la barre d'*Ararji*, sur le parallèle même de cette tour, et les entrées de *Massai*, de *Sibahama*, d'*Inhambupe* et de *Tariri*, ruisseaux qui n'ont aucune importance.

La barre d'*Itapicurú*, qui vient ensuite, n'est guère plus considérable. « On n'y trouve, disent les pratiques, que sept « ou huit pieds d'eau de mer haute, » et elle est embarrassée de brisants qui en rendent l'accès dangereux. Rien d'ailleurs ne l'indique en venant du large, si ce n'est que, relevée dans l'Ouest, elle correspond à des dunes un peu plus hautes que celles de droite et de gauche. On voit un hameau sur la pointe Sud de son entrée, et un autre à quelque distance en dedans. On ne peut approcher de cette barre qu'avec des bateaux pontés ou des *jangadas*, espèce de radeau insubmersible, en usage dans le pays, dont nous avons parlé, et il en est de même à l'égard d'une très-grande partie des embouchures de rivières qu'on trouve sur les côtes du Brésil.

De la barre d'Itapicurú jusqu'à l'embouchure du Rio San-Francisco, la côte rentre légèrement et prend environ neuf milles de courbure, sur une corde dont la direction est le Nord 40° Est; nous allons indiquer les points les plus remarquables de cette partie de côte, dont l'étendue totale est de trente-trois lieues.

A sept lieues au Nord 30° Est d'Itapicuru, on rencontre la barre du *Rio Real*, après avoir passé vis-à-vis les morros *Itapároa* et *Boa-Vista*, qu'on ne distingue que parce qu'ils s'élèvent un peu sur un terrain très-plat.

Vue du large, l'embouchure du Rio Real ne se remarque, comme la plupart des autres rivières qui arrivent à la côte du Brésil, que par des brisants plus forts que sur les parties du rivage voisin.

Le Rio Real a son entrée terminée dans le Sud par la pointe *Mango-Seco* qui est le prolongement de la plage de sable blanc appelée *Prancha* [Planche] de Rio Real par les caboteurs : « En dedans de la barre, cette rivière court d'a- « bord au Sud-Ouest, et elle reçoit ensuite un grand nombre « d'autres rivières. » (*Renseignements des pratiques.*) De la mer. à deux milles, on n'aperçoit que quelques cases aux environs de cette barre; et quoiqu'il y ait, dit-on, quinze pieds d'eau dessus, dans les grandes marées, la mer y est si grosse, que le passage y est toujours dangereux, et qu'on ne doit s'y en gager qu'avec des bateaux et des pilotes du pays.

Toute la partie de côte qui s'étend depuis cette embouchure jusqu'à celle du Rio San-Francisco est basse, sablonneuse, parsemée de broussailles et entrecoupée de petites collines boisées; l'accore en est saine jusqu'à toucher, pour ainsi dire, la lisière de roche du rivage; et, de deux à dix milles au large, la profondeur varie de dix à trente brasses, fond de vase, sable et madrépores broyés; cette dernière qualité de fond est généralement au large des premières.

La première rivière qu'on rencontre après le Rio Real, en

continuant d'aller vers le Nord, est le *Rio Sergipe*, qui en est à sept lieues, et qu'on nomme aussi *Vaza-Barris.* Quand on vient la chercher par l'Est ou par le Sud, on peut la reconnaître à trois petites collines, d'égale grandeur, couvertes de broussailles, situées à environ trois lieues dans le Sud-Ouest de son embouchure, et qu'on nomme *os Tres-Irmaõs* [les Trois-Frères]. « La ville de Sergipe, bâtie au pied de ces « collines, sur un des affluents de cette rivière a donné son « nom à celle-ci. » (*Renseignements des pratiques.*)

L'embouchure du Rio Sergipe est formée au Sud, comme celle du rio Real, par une pointe de sable : cette pointe est moins basse que celle de *Mango-Seco;* mais la blancheur du sable dont elle est composée tranche également sur la verdure de la plage voisine. Elle est environnée, comme la pointe Nord, de brisants violents, qui doivent rendre l'entrée d'autant plus difficile, « que le chenal n'a que dix ou douze « pieds d'eau dans les circonstances les plus favorables. » (*Renseignements des pratiques.*)

La pointe Sud de l'entrée du *Rio Vaza-Barris* est située comme il suit :

Position de l'entrée
du
Rio Vaza-Barris.

Latitude. . . . . 11° 10′ 30″ S.
Longitude. . . . . 39 29 30 O.

Après cette rivière viennent celles de *Cotindiba*, qui débouche à la pointe *Miseria*, et de *Japaratuba*, dans le Sud des *Serras* de *Pacatuba*, suite de collines terminées au bord de la mer par les *Areias* ou sables de *Santa-Isabel*. On remarque encore, à environ dix lieues dans l'Ouest de cette dernière embouchure, les *serras d'Itabayanna* [1], groupe de montagnes

---

[1] Ou *Tabayanna*

visible d'assez loin et accompagné des *morros de Telha* et des *serras de Coralinho*, au Nord-Est desquelles les terres redeviennent entièrement basses et uniformes.

Position
des serras
d'Itabayanna.

Le sommet le plus élevé des montagnes d'*Itabayanna* est par 10° 47′ 10″ de latitude Sud et par 39° 43′ 20″ de longitude Ouest.

Rio Cotindiba.

« La rivière de Cotindiba reçoit plusieurs autres petites
« rivières, à peu de distance de son embouchure; mais elle
« ne conserve que six à sept pieds d'eau sur sa barre; néan-
« moins elle est très-fréquentée par les caboteurs, à cause
« des produits considérables du pays environnant, principa-
« lement en sucre, coton, tabac, etc. » (*Renseignements des pratiques.*) Quand on relève cette barre à l'Ouest, on aperçoit le mont *Aracaju* à quelques lieues dans le Nord-Ouest, et, dans l'Ouest, le morro de Telha, déjà nommé. Le premier est remarquable par sa forme allongée dans le sens de la côte et par une coupure à son extrémité Nord; le second a la forme d'un chapeau de cardinal.

« Le ruisseau de *Japaratuba*, qui vient après, n'est pas
« navigable. » (*Renseignements des pratiques.*)

La côte suivante, entre ce ruisseau et l'embouchure du *Rio San-Francisco*, est dangereuse dans les vents forcés du Sud-Est, parce que, plus rapprochée de l'Est que les côtes qui précèdent, elle ne laisse aux bâtiments affalés et de médiocres qualités, aucune bordée favorable pour prendre le large. La plage y est plate, et le fond adjacent de sable dur, dans lequel les ancres ne tiennent pas solidement. Il convient donc de ne s'en pas trop approcher. A la distance de trois à douze milles de terre, la profondeur est de trente brasses, à l'exception d'un point, à six milles dans le Sud de l'entrée de la

Précautions
à prendre
pour atterrir
à l'embouchure
du Rio
San-Francisco.

rivière, où nous n'avons pas trouvé fond à quarante brasses.

Toute la côte comprise entre les serras de Pacatuba et les *Alagoas* est extrêmement basse, vue de la mer, et, sous ce rapport, l'atterrage sur le Rio San-Francisco exige des précautions. Les seules montagnes dont on puisse prendre connaissance en approchant sont celles d'Itabayanna et de Pacatuba; mais elles sont assez avancées dans l'intérieur des terres et assez éloignées de l'embouchure de la rivière pour ne pouvoir être aperçues que de beau temps, quand on gouverne sur le parallèle de cette embouchure.

Description
de la côte
proche le Rio
San-Francisco

L'entrée du Rio San-Francisco est bornée au Sud par la pointe *Manguinha*, pointe basse, unie et couverte de mangliers : elle projette dans l'Est-Sud-Est de très-forts brisants qui s'étendent au moins d'un mille et demi au large. La pointe Nord, encore plus basse, est de sable vif, sans végétation, et la côte suivante vers le Nord est de même nature : des brisants étendus accompagnent la pointe Nord comme l'autre; le passage est entre ces brisants, et l'on mouille vis-à-vis pour attendre un pilote du lieu, toujours nécessaire pour entrer dans cette rivière.

Description
de l'embouchure
de ce fleuve

Selon les pratiques, « l'embouchure du Rio San-Francisco « offre une profondeur de douze à treize pieds de mer haute ; « le pays environnant est fort peuplé et très-abondant en « sucre, coton, bois de construction, tabac, etc. La ville la « plus considérable du voisinage est celle de *Penedo.* »

Le Rio San-Francisco, dont il s'agit ici, prend sa source proche de *Villa-Rica*, à environ quatre-vingts lieues dans le Nord-Nord-Ouest de Rio-Janeiro, à peu près sur le parallèle d'Espirito-Santo : c'est un des plus grands fleuves du Brésil, et il est, dit-on, navigable sur plusieurs parties de son cours,

Details
sur le Rio
San-Francisco.

qui s'étend du Sud au Nord, à peu près parallèlement à la côte ; mais, traversant un pays plat aux approches de son embouchure, il perd sa profondeur et sa rapidité, et il n'est plus praticable que pour de petites embarcations. On ne doit pas confondre cette rivière avec celle du même nom, qui se jette dans la mer à quelque distance au Nord de l'île Sainte-Catherine.

À environ deux lieues, dans l'Ouest-Sud-Ouest de l'embouchure du Rio San-Francisco, on voit une petite ouverture sur le rivage, que les gens du pays nomment *barra Nova :* c'est un déchargeoir de la rivière, pendant le temps des débordements ; mais on n'y trouve de l'eau qu'alors, et elle n'est jamais navigable pour aucune embarcation.

Position de l'entrée
du Rio
San-Francisco

La pointe *Manguinha* est dans la position suivante :

Latitude. . . . . 10° 28′ 50″ S.

Longitude. 38 43 37 O.

Direction de la côte
qui s'étend
au Nord
de
cette embouchure.

À partir de cette pointe, la côte court au Nord 40° Est, jusque devant *Porto-Calvo*, petite crique située à trente-quatre lieues de distance. Le terrain intermédiaire, depuis le Rio San-Francisco jusqu'aux *Alagoas*, dont nous parlerons plus loin, est bas et sablonneux ; le rivage, bordé de la lisière de roche, ne fait que de très-légères inflexions, dans quelques-unes desquelles on remarque les barres de *Rio-Cururippe, Rio-Poxim, Rio-Jiquia, Rio-San-Miguel das Alagoas, Porto-Francez, Porto-Jaragua, Rio-Santo-Antoniomirim, Rio-Santo-Antonio* et *Rio-Cammaragibe,* toutes formées dans la bande de récifs du rivage et toutes accessibles seulement au cabotage.

Barre
du Cururippe.

Mais toutes ces petites embouchures peuvent être approchées par l'extérieur sans danger ; devant la barre du Cururippe seulement, on trouve, à environ trois milles de terre, un rocher qu'on nomme *Dom Rodrigo*, qui appartient probablement encore à la chaîne de récifs; sur tous les autres points de la côte, on peut s'approcher à deux milles, et l'on y trouvera généralement de onze à quatorze brasses d'eau.

C'est ce rocher de Dom Rodrigo et quelques autres dont il est accompagné, dans un très-petit rayon, et qu'on n'aperçoit que de basse mer, que les anciennes cartes nomment *bancs de San-Francisco :* elles exagéraient, comme on le voit, beaucoup leur étendue; nous n'avons pas trouvé que celle-ci allât au-delà de trois milles de largeur, et, en prolongeant la longueur totale jusqu'à la barre de Jiquia, nous serons probablement au delà de toutes les réalités. Nos sondes laissent bien peu de doutes à cet égard : toutefois, les pilotes conseillent de ne pas passer au-dessous des quatorze brasses en naviguant sur cette partie de la côte avec un grand bâtiment; et nous y souscrivons d'autant plus volontiers, qu'il n'y a nul intérêt quelconque à naviguer même par cette profondeur et à cette proximité de cette portion du rivage. On dit que les caboteurs peuvent passer à terre du rocher de Dom Rodrigo; ce n'est pas le seul point où ils pénètrent entre le récif et la côte.

Sur toute cette étendue de côtes, nous avons trouvé que les vents de la mousson du Nord éprouvent des variations journalières, dont la connaissance est utile pour remonter vers le Nord : pendant la nuit, la brise qui vient de terre se fait, il est vrai, assez rarement sentir au large des récifs ; mais, aux approches du jour, elle fraîchit en se mêlant aux vents du large, qu'elle attire, pour ainsi dire, du côté du Nord, jusque vers midi; passé cette heure, le vent se rapproche de l'Est de manière à faire un angle d'environ deux

Rocher
de Dom Rodrigo.

Observations
sur les vents
qui règnent
sur cette partie
de la côte.

rumbs entre celui du matin et celui du soir. Il suit de là qu'en réglant les bordées d'après ces variétés on peut se procurer des avantages assez sensibles.

Barre de Jiquia.

La barre de *Jiquia* n'est pas toujours navigable pour les caboteurs, et le plus souvent ils mouillent en dehors; mais il y monte assez d'eau, dans les grandes marées, pour en faire sortir des *smacs* [1], ou *sumacas*, de quatre-vingts tonneaux, que l'abondance et la proximité des bois engagent à construire sur les bords de cette rivière.

La côte, sur les cinq lieues de distance qui séparent cette embouchure de celle de San-Miguel *das Alagoas*, est haute d'environ quatre-vingts pieds, presque horizontale, et terminée à la mer par quelques falaises rougeâtres; l'intérieur du pays est assez boisé et d'un aspect agréable.

Barre de San-Miguel das Alagoas.

« La barre de San-Miguel *das Alagoas* [des Lacs] est « l'embouchure d'une petite rivière qui vient du Nord-Ouest « en traversant un lac, et sur les bords de laquelle la petite « ville de *Sainte-Anne* est bâtie. C'est sous cette ville que les « caboteurs vont prendre des chargements de sucre, de co- « ton et des bois de construction que produit le pays envi- « ronnant; ceux-ci descendent des hauteurs voisines par des « rampes [*tombadores*], sur lesquelles on les fait glisser jus- « qu'auprès de l'embarcadère. » (*Renseignements des pratiques.*) D'une petite distance au large. on voit plusieurs de ces chemins, en prolongeant cette partie de la côte du Brésil.

Porto-Francez.

« La barre de San-Miguel n'admet que de très-petits bâti- « ments : il en est de même de *Porto-Francez*, petit mouil- « lage situé à environ deux lieues plus au Nord, vis-à-vis le

[1] Espèce de bâtiments fort connus au Brésil; par leur mâture et leur gréement, ils ont beaucoup de rapport avec nos bricks-goëlettes.

« hameau de *Remedios*, et au bas de la pointe *Massaoeira*, qui
« forme le côté Sud d'une assez grande vallée occupée par
« la rivière des Alagoas et par les deux lacs qui donnent leur
« nom à cette rivière. Des bricks de dix pieds de tirant
« d'eau peuvent entrer à Porto-Francez, qui est le seul point
« de communication réellement navigable des lacs avec la
« mer. » (*Renseignements des pratiques.*) Les grands caboteurs
s'arrêtent dans ce mouillage extérieur pour recevoir, par les
jangadas, les marchandises qui descendent de l'intérieur.

A trois lieues dans le Nord-Est de Porto-Francez, est la
Ponta-Verde [Pointe-Verte] de *Macayo*, sous laquelle est le
port de ce nom, appelé aussi *Porto-Jaragua*.

Lorsqu'on vient par le Sud, on voit le village de Macayo
sur le penchant des hautes terres qui forment la côte en
cet endroit; l'église en est apparente et reconnaissable, « et
« les caboteurs peuvent s'approcher jusqu'au pied du village.
« L'entrée du port est tournée au Sud-Ouest, c'est-à-dire pa-
« rallèlement à la côte, en sorte que les bâtiments y sont à
« l'abri de la mer : mais le récif qui les en sépare ne les ga-
« rantit pas des vents du large; il n'y a contre ces vents, sur
« cette côte, aucun refuge pendant la mousson du Sud. Les
« gens du pays disent qu'on peut faire de bonne eau dans le
« mouillage de Jaragua [1]. »

Quand on arrive par le Nord, ce petit port est masqué
par la *Ponta-Verde,* couverte de cocotiers, qui s'avance un
peu au large et qui est accompagnée d'un brisant fort animé; mais, de quelque point qu'on vienne, ce village est tou
jours apparent, et l'on ne peut pas manquer de le reconnaître.

Macayo.

[1] Voyez, dans le supplément au Pilote du Brésil, l'article intitulé : *Remarques
de M. F. F. Roos, de la marine royale d'Angleterre, sur le port de Macayo.*

Sa latitude est de. . . . . 9° 39′ 52″ S.

Sa longitude est de. . . . . 38 4 25 O.

La déclinaison de l'aiguille aimantée était de 3° 10′ Nord-Ouest, à une lieue à l'Est du village, en novembre 1819.

À un mille de toute cette côte, on trouve onze brasses d'eau, fond de madrépores, et la profondeur va en croissant par degrés jusqu'à cinq ou six lieues au large, où elle est de vingt-cinq à trente brasses. De beau temps, on peut mouiller partout.

Au Nord de Macayo, et loin dans l'intérieur du pays, on voit les *serras de Marambaya*, montagnes élevées qui peuvent être aperçues de quinze lieues; elles tranchent bien sur les terres environnantes, qui sont droites et sans accidents de configuration. Tout ce pays est très-beau; le rivage, généralement de sable, est parfois entrecoupé de bouquets de cocotiers et de petites portions de falaises d'une couleur rougeâtre.

Le milieu des montagnes de Marambaya est dans la position suivante :

Latitude. . . . . 9° 25′ S.

Longitude. . . . . 38 20 O.

En continuant de prolonger la côte du Sud-Ouest au Nord-Est, depuis *Ponta-Verde*, on passe successivement devant les barres de *Santo-Antoniomirim*, de *Santo-Antonio* et de *Cammaragibe*, « qui n'admettent que les jangadas. » (*Renseignements des pratiques.*)

« Il en est à peu près de même de celles de *Porto-Calvo*, « de *Porto de Barra-Grande*, qui viennent ensuite et qui ne « sont que les dégorgeoirs de petits ruisseaux propres à fa- « ciliter les transports sur plusieurs points de leur cours, « mais sans aucune profondeur à leur embouchure. » (*Renseignements des pratiques.*)

Port
de Tamandaré.

Après ces criques sans importance, on rencontre le port de *Tamandaré*, qui en a un peu plus : c'est encore une coupure du récif qui forme ce mouillage, mais elle est plus grande que la plupart des autres coupures de cette espèce. L'espace et la profondeur sont assez considérables dans ce port pour qu'il puisse recevoir des bâtiments d'une certaine grandeur; les pratiques assurent même que des frégates pourraient y entrer au nombre de trois ou quatre; ils disent qu'on trouve à Tamandaré de quatre à six brasses d'eau, et que le fort construit sur la côte défend l'entrée et l'intérieur du mouillage : nous croyons qu'il ne faut pas essayer de s'y présenter sans avoir un pilote du lieu.

Ce petit port est le meilleur, ou plutôt le seul capable d'offrir quelque abri, depuis Bahia jusqu'à Pernambuco : mais, outre son peu d'étendue, il est exposé à tous les vents compris entre le Sud et le Nord-Est par l'Est, et les bâtiments n'y sont préservés de la mer que par le récif qui, dans plusieurs endroits, a très-peu de relief au-dessus de l'eau.

Position
du fort
de Tamandaré.

La forteresse de Tamandaré est placée ainsi qu'il suit :

Latitude. . . . . 8° 43′ 24″ S.
Longitude. . . . . 37 25 15 O.

À environ trois lieues dans le Nord $\frac{1}{4}$ Nord-Est de Porto-Tamandaré, on trouve les îlots *Santo-Aleixo*, situés à l'entrée de la petite rivière de *Serenhen*, et, un peu avant celle-ci, la barra de *Rio Fermoso*. « Aucune de ces deux ri- « vières n'est navigable, si ce n'est pour de faibles bâtiments. » (*Renseignements des pratiques.*)

Ilots
Santo-Aleixo.

Les îlots Santo-Aleixo ne sont, à proprement parler, que des rochers bas et presque entièrement dépouillés de verdure : vus l'un par l'autre, on les relève au Nord 60° Ouest;

on ne peut passer ni entre eux ni à terre d'eux, et ils sont très-près de la côte[1]. Au Nord-Ouest de ces îlots, et à quelques lieues dans l'intérieur, on remarque une montagne que sa forme a fait nommer *monte Sellada* [montagne de la Selle]; elle peut servir d'indication pour reconnaître cette partie de la côte.

De quelques milles à l'Est des îlots de Santo-Aleixo, on aperçoit distinctement le cap *Santo-Agostinho* (Saint-Augustin), qui est à seize milles dans le Nord 18° Est.

Sur la côte intermédiaire, on trouve la pointe de *Meracahipe*, au-dessus de laquelle est un ermitage, et successivement les petits hameaux de *Gallinhas*, de *Maracay* et d'*Ipojúca*.

Cap Saint-Augustin.

Le cap Saint-Augustin est une colline légèrement boisée, de hauteur médiocre, et qui s'avance en s'abaissant graduellement jusqu'à la mer : ce cap est remarquable par les falaises rougeâtres qui le terminent sur plusieurs points, par son aspect aride et par l'église qui est bâtie sur son sommet. Un peu dans le Nord, mais toujours sur la masse des terres du cap, et un peu plus bas que l'église, on voit une fortification, qui a sans doute pour objet de protéger quelques mouillages voisins : l'un de ces mouillages avait de l'importance lorsque, pendant les guerres dont cette partie du Brésil a été le théâtre, les Hollandais étant maîtres de Pernambuco, les Portugais se trouvaient forcés de chercher d'autres points de communication avec le pays. Aujourd'hui, les mouillages qui avoisinent le cap Saint-Augustin ne sont fréquentés que par les caboteurs.

Ce cap étant le point d'atterrage ordinaire des bâtiments

[1] Voyez, dans le supplément à la fin de cet ouvrage, l'article intitulé : *Ile Santo-Aleixo*.

destinés pour Pernambuco, dans la mousson du Sud, nous en donnerons ici la position :

Latitude (du sommet)................. 8° 20′ 41″ S.
Longitude........................... 37 16 56 O.

La déclinaison de l'aiguille aimantée était, proche de lui, de 4° 30′ Nord-Ouest, en décembre 1819.

A un ou deux milles autour de ce cap, la profondeur est de dix brasses, fond de sable gris et gravier; elle augmente progressivement vers le large, et, à six milles de distance, elle est de vingt-cinq brasses.

La distance du cap Saint-Antoine de Bahia à la pointe d'Itapuan est de dix milles et demi, et la direction moyenne de la côte, l'Est 15° Nord.

La distance de la pointe d'Itapuan à l'entrée du Rio Sibahuma, à peu près sur le parallèle du petit mont Massarandupio, est de quarante-sept milles, et la direction de la côte intermédiaire, le Nord 44° Est.

La distance de l'embouchure du Rio Sibahuma à Porto-Calvo est de deux cent quarante-huit milles, et la direction intermédiaire, le Nord 38° Est.

La distance de Porto-Calvo à la pointe Meracahipe est de quarante-quatre milles, et la direction moyenne de la côte intermédiaire, le Nord 27° Est.

La distance de la pointe Meracahipe à Pernambuco est de trente milles, et le gisement de la côte intermédiaire, le Nord 15° Est.

La distance totale entre le cap Saint-Antoine et Pernambuco est donc de trois cent soixante-seize milles, et la direction moyenne de l'un à l'autre point, environ le Nord-Est ¼ Nord

CHAPITRE VIII.

ATTERRAGES SUR PERNAMBUCO. — DESCRIPTION DE LA RADE ET DU PORT
DE CE NOM. — INSTRUCTION POUR Y ENTRER ET POUR EN SORTIR.

Atterrage
sur *Pernambuco*
dans la mousson
du Sud.

On vient de dire que le cap Saint-Augustin est le point sur lequel les bâtiments doivent atterrir, quand ils se destinent pour Pernambuco pendant la mousson du Sud.

Description
de la côte
entre le cap
Saint-Augustin
et
Pernambuco.

La côte, au Nord de ce cap, rentre un peu et forme une anse peu profonde, dans laquelle la ville de Pernambuco est située, et dont la pointe Nord se termine au Nord 17° Est, à la pointe d'Ollinda. Le milieu de cette côte est marqué par la chapelle de *Nossa-Senhora do Rosario*, bâtie sur une hauteur et accompagnée de deux tours faciles à distinguer en venant de la mer. Le rivage est bas et couvert d'arbres jusqu'auprès de Pernambuco ; et en côtoyant la plage, de deux à quatre milles de distance, on a de douze à dix-neuf brasses d'eau, fond de sable mêlé de madrépores brisés.

Route
pour se rendre
sur la rade
de Pernambuco.

Après avoir reconnu le cap Saint-Augustin, on devra se conserver à deux ou trois milles de la côte, jusqu'à ce qu'on relève le fort *Picaõ*, entre le Nord-Ouest et l'Ouest-Nord-Ouest corrigé : alors, gouvernant sur ce petit fort, qui est bâti sur le récif même dont le port est formé, on pourra s'approcher, selon le tirant d'eau du bâtiment, jusqu'à amener au Nord $\frac{1}{2}$ Est le *cocotier d'Ollinda* (placé entre les deux plus hauts édifices de cette ville). Dans ce relèvement, on sera à sept ou huit cents toises du quai de Récife, et l'on pourra mouiller par sept à huit brasses, fond de sable par semé de pâtés de corail; mauvais fond, il est vrai, mais qu'il est presque impossible d'éviter entièrement sur la rade de Pernambuco. Non-seulement les grands bâtiments ne doivent pas s'approcher davantage de terre pour jeter l'ancre, mais il serait même convenable, pour peu qu'il fît mauvais temps, qu'ils ne mouillassent point dans l'Ouest du méridien du cocotier d'Ollinda, malgré l'indication un peu différente qu'on donne ordinairement pour le mouillage devant Pernambuco.

Lorsqu'on vient dans ce port pendant la mousson du Nord, il convient de reconnaître la côte un peu au Nord de la pointe d'Ollinda, qui est située par 8° 1′ 0″ de latitude Sud et par 37° 10′ 30″ de longitude occidentale.

Depuis la pointe d'Ollinda jusque devant le port *Picaõ*, la côte est accompagnée d'un haut-fond qui s'étend au large d'environ deux milles. Il faut donc se tenir à trois milles du rivage et par huit ou neuf brasses, jusqu'à ce qu'on relève le fort Picaõ à quelques degrés au Nord de l'Ouest. On évitera ainsi le *banc de l'Anglais*, écueil composé de plateaux de sable et de roche, qui forme la partie méridionale des bancs d'Ollinda : ce banc ne s'étend ni à l'Est du méridien de cette ville, ni au Sud du parallèle du fort Picaõ, et il brise de mauvais temps, quoique la moindre profondeur qu'on y trouve soit de deux brasses. Les petits bâtiments le contournent par l'Ouest et le Nord, en serrant la côte à un demi-mille de distance, depuis Pernambuco jusqu'à la pointe d'Ollinda; mais il ne faut pas que ces bâtiments aient besoin d'une profondeur supérieure à celle de trois à cinq brasses, et ils doivent toujours avoir un pilote du lieu.

Atterrage sur Pernambuco pendant la mousson du Nord.

Banc d'Ollinda et de Pernambuco.

Banc de l'Anglais.

La rade de Pernambuco est dangereuse pour les bâtiments qu'un trop fort tirant d'eau empêcherait d'entrer dans le port en cas de mauvais temps. La houle y est souvent très-forte : si l'on mouillait seulement d'un rumb à l'Ouest du méridien de la pointe d'Ollinda, on serait à moins d'un demi-mille du quai de Récife ; et, pour peu que l'on chassât sur les ancres, ou qu'on dérivât en appareillant d'un vent forcé du Sud-Sud-Est à l'Est-Nord-Est, on courrait des risques très-graves. Cette chance est à craindre principalement dans la mauvaise saison, c'est-à-dire de mars à septembre, où les vents de cette partie sont quelquefois violents.

La mousson du Nord n'est pas beaucoup plus favorable que l'autre à la sûreté des bâtiments à l'ancre sur la rade de Pernambuco. Les vents d'Est y sont encore plus fréquents que ceux du Nord, surtout aux approches des nouvelles et pleines lunes ; et quoique, dans cette saison, le temps soit ordinairement beau et que les brises soient moins fortes que dans la saison opposée, il est cependant encore convenable de prendre des précautions contre les accidents et la première de ces précautions est de ne pas mouiller trop près de terre.

Nous avons dit que le fond de la rade de Pernambuco est de mauvaise qualité : en effet, ce mouillage, avec des amarres susceptibles d'être coupées, n'offre aucune sécurité, et les bâtiments qui le fréquentent ne doivent employer que des câbles de fer. Les meilleures fourrures ne garantiraient qu'imparfaitement les autres de la grande quantité de coraux, de madrépores et d'ancres perdues dont le fond est semé.

On affourche ordinairement Est-Nord-Est et Ouest-Sud

Ouest sur la rade de Pernambuco, afin d'avoir une longue touée directement au large, pour être plus solidement établi et pour appareiller plus facilement. Il est prudent de tenir toujours les voiles sur les fils de caret, et toutes choses disposées pour appareiller promptement, si l'état du bâtiment le permet. Dans le cas contraire, on devra, chaque soir, laisser tomber une ancre de précaution qu'on relèvera le matin.

Si l'on était obligé de séjourner quelque temps sur la rade de Pernambuco pendant la mousson du Sud, il conviendrait peut-être d'avoir les deux ancres de bossoir du côté du large, avec une ancre à jet dans l'Ouest-Nord-Ouest, sur la poupe, afin d'empêcher le bâtiment d'éviter pendant le calme qui succède quelquefois aux grains. Cette dernière ancre n'aura le plus souvent à résister qu'à des brises de terre, qui sont rares dans cette saison et qui d'ailleurs ne sont fortes sur la rade dans aucun temps de l'année.

Le port de Pernambuco, formé sur la côte par le récif qui borde le rivage, est assez large et assez profond pour recevoir un certain nombre de bâtiments de dix et même de douze pieds de tirant d'eau.

Ce port est divisé en deux parties. La première, ou le port extérieur, que les Brésiliens nomment *Poço* [le Puits], est un simple mouillage situé à la tête du récif au Nord du port. Son entrée est formée par quelques rochers ou plateaux de madrépores détachés sous l'eau, et qui sont probablement la continuation du récif principal. Cette entrée se nomme la Grande-Barre; on y trouve de dix-sept à trente pieds d'eau de basse mer, ainsi qu'en dedans, à l'endroit où les bâtiments s'établissent sur quatre amarres, le cap au large. Les rives intérieures du *Poço* sont de sable, et la profondeur décroît à mesure qu'on approche de terre. Ce mouillage, qui ne reçoit d'abri contre les vents du large que des rochers submergés qui sont à l'entrée, n'est pas tenable dans la mousson du Sud. Il est protégé militairement par les forts *Brun* et *Buráco*, bâtis sur la plage à six cents toises l'un de l'autre.

La seconde partie du port de Pernambuco, ou le port de *Recife* proprement dit, est comprise entre le quai de rocher et la ville, et se nomme le *Mosqueiraõ*. Ce port conserve de deux à trois brasses d'eau, et il est abrité de la mer par le relief du rocher, qui, danse et endroit est de huit à dix pieds à mi-marée. Mais, pour y parvenir, il faut franchir une barre de sable, sur laquelle, de mer basse, la profondeur n'est que de sept pieds. Cette barre, qui traverse le port, est défendue par les forts *Brun* et *Picaõ*, bâtis, l'un sur la plage, comme nous venons de le dire, l'autre sur l'extrémité du récif, vis-à-vis, comme nous l'avons dit plus haut. La distance de l'un de ces deux forts à l'autre, c'est-à-dire la largeur du port à son entrée, est tout au plus de trois cent cinquante toises.

Les marques pour pratiquer les deux passes qui conduisent dans le port de Pernambuco sont, pour le *Poço*, de mettre une petite pyramide bâtie exprès sur le rivage et surmontée d'une croix (appelée la *Cruz de Patram*) par l'église de *Santo-Amaro*, qui est entourée de cocotiers très-apparents, et située sur le continent, un peu dans l'intérieur du pays. La direction de cet alignement est, à très-peu près, l'Ouest du monde. Mais, avant de gouverner dessus, il faut, si l'on vient du large, avoir grand soin de se placer en dedans du banc de *l'Anglais*, en prenant les précautions indiquées plus haut (page 127). Du mouillage de *Poço*, on relève à peu près dans l'Est, et à moins d'un mille de distance, la crête du banc de l'Anglais, lorsqu'il brise; on découvre tout l'intérieur du port; on relève au Sud le fort *Picaõ*, et, en gouvernant au Sud $\frac{1}{2}$ Ouest, on gagnerait le port du *Mosqueiraõ*.

Marques pour entrer dans le Mosqueiraõ.

Les petits bâtiments prennent ordinairement, pour entrer, l'autre passe, qui est située presque immédiatement à la pointe Nord du quai du rocher où s'élève le fort *Picaõ*. L'amer à relever, pour se diriger dans cette passe, est la jonction des deux tourelles ou guérites méridionales du fort *Brun* : on trouve, en suivant cette direction, de dix-huit à quinze pieds d'eau. Quand on découvre le côté occidental du récif, et qu'on relève le fort *Picaõ* au Sud, on doit gouverner de manière à ranger le récif par l'Ouest, pour pénétrer dans le port. Il ne faut pas craindre de serrer le musoir du récif qui forme la pointe Sud de l'entrée. En l'approchant à petite distance, on s'avance suffisamment dans l'intérieur du port, à bout de bordée et avec le seul air du bâtiment, si l'on est bâbord amures.

Les pilotes vont prendre les bâtiments qui les appellent, à leur arrivée sur la rade, qu'on nomme aussi l'*Almeiraõ*. Nous avons déjà fait remarquer qu'il convient de ne fréquenter le port de Pernambuco qu'avec des bâtiments d'un tirant d'eau inférieur à douze pieds.

Détails sur le port de Pernambuco.

Le port de Pernambuco répond à l'embouchure de la rivière *Capibaribe*, dont il reçoit les eaux. On y est préservé de la violence de la mer par le quai de roche, dont les parties trop basses ont été élevées au niveau des autres, de manière à former un quai continu. Cet obstacle ne garantirait pas suffisamment des vents du large, s'ils étaient très-forts, mais ils le sont rarement assez pour causer des avaries à des bâtiments bien amarrés, dans un bassin d'aussi peu d'étendue. Quant à la protection contre un ennemi qui viendrait du dehors, elle est imparfaite, puisque, comme on l'a vu précédemment, les bâtiments de guerre peuvent mouiller à demi-mille du récif; en prenant des précautions, il leur serait même possible d'approcher davantage dans un but d'hostilité.

Détails sur la ville de Pernambuco.

La ville de Pernambuco est divisée en trois parties, situées dans la direction Est et Ouest, et séparées les unes des autres par des bras de la *Capibaribe*, sur lesquels on a jeté des ponts. Pernambuco, capitale de la province de ce nom, est très-commerçant, principalement en coton, qui est le plus estimé du Brésil, tant pour sa qualité qu'à cause de la préparation soignée qu'on lui donne avant de le livrer au commerce.

Ressources que présente ce port.

Les navigateurs trouvent à Pernambuco tous les genres de secours: ils peuvent y caréner, y remâter leurs bâtiments et y réparer toutes sortes d'avaries; ils y trouvent aussi tout ce qu'exigent la nourriture et le ravitaillement des équipages, mais à des prix élevés relativement à ceux de France.

Aiguades.

L'eau y est saine, et on se la procure aisément, soit dans la rivière, en la remontant un peu, soit à Ollinda, d'où des bateaux pontés, faits exprès, la portent à bord des bâtiments dans le port ou dans la rade. Le bois à brûler est relativement la plus chère des provisions à Pernambuco.

Des vents régnants à Pernambuco.

Les vents régnants sur cette rade sont ceux du tropique, c'est-à-dire qu'ils soufflent généralement du Sud-Sud-Est au Nord Nord-Est, avec cette nuance que, de mars à septembre, ils s'approchent plus du Sud, et même parfois du Sud-Ouest, que dans l'autre partie de l'année. Dans cette dernière saison, ils régnent presque sans interruption de l'Est-Nord-Est au Nord-Nord-Est, en suivant les variations indiquées à la page 119.

La brise de terre, régulière dans le port, est très-faible en rade; rarement même elle franchit le récif, où les brisants l'amortissent toujours; cependant elle affaiblit les premiers vents qui viennent du large, et ceux-ci ne sont dans toute leur force, tant au dehors que dans le port, que depuis dix heures du matin jusqu'à cinq heures du soir, c'est-à-dire pendant l'absence de la brise de terre.

La température est ordinairement élevée à Pernambuco, surtout pendant la nuit et jusqu'à neuf ou dix heures du matin; alors, après quelques moments de calme, qui sont très-pénibles, la brise de mer s'élève peu à peu, arrive sur la côte et rafraîchit l'air jusqu'au moment du coucher du soleil. Malgré sa chaleur, le climat de Pernambuco passe pour être sain.

Les marées sont irrégulières dans ce port, probablement à cause de la rivière qui vient y aboutir, et qui, étant exposée à des crues, n'a pas toujours le même volume d'eau. Le jusant est encore sensible quelque temps après que le niveau de la mer a déjà monté; néanmoins, les instants de mer étale sont assujettis à des périodes régulières, qui concordent avec les mouvements de la lune.

La différence de niveau des hautes et basses marées est de six pieds dans les circonstances ordinaires; elle atteint huit pieds dans les marées des syzygies, et alors la force du courant, dans le port, est de deux milles par heure.

Dans ces dernières circonstances, la mer est pleine à quatre heures et demie après midi [1] : nous n'avons pas eu occasion d'y déterminer nous-mêmes ce fait, et nous ne le présentons que sur des renseignements communiqués; mais nous croyons qu'ils approchent beaucoup de l'exactitude.

En rade, les marées sont tout à fait irrégulières, et les courants sont principalement déterminés par les vents régnants.

Le fort *Picaõ*, qui, comme on l'a vu, sert de balise pour indiquer en même temps qu'il défend l'entrée de Pernambuco, est un ouvrage en forme de tour; il y a sur l'extrémité du récif un phare qu'on peut apercevoir de nuit, à la distance d'environ trois lieues [2].

Position du fort *Picaõ* :

Latitude........................... 8° 3'27"S.

Longitude........................... 37 12 4 O.

La déclinaison de l'aiguille aimantée a été observée, en décembre 1819, à cinq cents toises à l'Est de ce fort, de 4° 45' Nord-Ouest.

La distance du cap *Saint-Augustin* à la pointe d'*Ollinda* est de vingt et un milles; leur gisement réciproque, le Nord 17° Est.

---

[1] M. Chazallon, dans son Annuaire des marées, donne 4ʰ 44' du soir pour l'heure de l'établissement du port de Pernambuco.

[2] Le phare actuel de Pernambuco est un *feu tournant* présentant successivement deux éclats blancs et un rouge, qui font une révolution complète en trois minutes. Sa portée, en temps clair, est d'environ 18 milles.

La tour de ce phare, qui n'existait pas encore en 1819, est octogone et peinte en blanc; elle est située sur l'extrémité du récif qui ferme le port du côté de l'Est, à 55 toises dans le Nord-Nord-Est du fort Picaõ. (*Extrait de la 6ᵉ édition de la Description générale des Phares , de M. Coulier.*)

CHAPITRE IX.

DESCRIPTION DE LA CÔTE COMPRISE ENTRE LA POINTE D'OLLINDA ET LE CAP SAINT-ROCH. — DESCRIPTION DE CE CAP ET DES BANCS DU MÊME NOM.

La côte, à partir de la pointe d'*Ollinda*, en allant au Nord, est sensiblement plus élevée que celle qui la précède immédiatement dans le Sud : cette différence est de nature à faciliter la reconnaissance du point de la terre que l'on attaque ; et si c'est la pointe d'Ollinda, on peut l'apercevoir et la reconnaître à cinq ou six lieues de distance.

La direction de la côte suivante, sur une étendue d'environ trente-trois milles, c'est-à-dire jusqu'à la pointe de *Guia*, ou *Coqueiros*, est le Nord 6° Est : la pointe d'Ollinda n'est donc pas, comme toutes les cartes antérieures aux nôtres l'avaient établi, la partie la plus orientale de l'Amérique méridionale ; le point le plus Est de cette côte est la pointe de *Guia*, située sur le parallèle de 7° 26′ 25″ Sud et sur le méridien de 37° 7′ 29″ Ouest.

A sept milles au Nord de la pointe d'Ollinda, on voit, sur la plage, la petite batterie nommée Paõ-Amarello, dont la destination, selon le pratique, est de défendre une coupure du récif par laquelle les bâtiments de six à sept pieds de tirant d'eau peuvent aller, de mer haute, jusqu'à Pernambuco, en passant en dedans du récif et des bancs d'Ollinda.

A sept ou huit milles plus au Nord, est une autre ouver

ture assez prononcée dans le rivage, où des bâtiments de sept pieds de tirant d'eau peuvent mouiller : c'est l'entrée du *Rio Ay*, ou *Rio Iguarassu;* elle est protégée par un petit fort. Toute cette partie de côte est composée de collines boisées, cultivées et séparées de la mer par une plage de sable blanc, à deux ou trois milles de laquelle on trouve de onze à quinze brasses d'eau, fond de sable et gravier. Dix milles au Nord du Rio Ay, on rencontre, à l'embouchure du *Rio Goyana*, les deux petits îlots de *Tamaraca* ou *Itamaraca*.

Ces îlots, qui sont très-rapprochés l'un de l'autre, « gisent « entre eux Est-Sud-Est et Ouest-Nord-Ouest, et les petits « bâtiments peuvent les contourner par le Nord et par le « Sud pour entrer dans la rivière de Goyana. » (*Renseignements des pratiques.*) Ils ont ajouté « qu'une seconde embou- « chure de cette rivière est à sept milles au Nord de celle- « là; » mais ils ne nous ont désigné aucune autre île du nom d'*Itamaraca*, quoique nous dussions nous attendre à en trouver une, d'après les renseignements existants.

Beaucoup de motifs, en effet, prouvent péremptoirement qu'il existe une île de ce nom sur cette partie de la côte; des descriptions détaillées l'attestent [1], et il paraît impossible

[1] Voici, entre autres, celle qui se trouve dans l'ouvrage intitulé *Voyage dans la partie septentrionale du Brésil,* par Koster : cet auteur anglais a habité l'île Itamaraca, et les détails qu'il en donne ont tous les caractères de la vérité.

« L'île Itamaraca, dit-il, est très-peuplée, bien boisée, et elle peut avoir « trois lieues de long et deux lieues de large ; elle renfermait autrefois une « ville très-considérable, qui n'offre plus aujourd'hui que des ruines : c'est « celle de *Nossa-Senhora da Conceiçaõ*, de la splendeur de laquelle la ville de « Goyana, bâtie dans le voisinage, sur le continent, a hérité. Il y a encore « dans cette île quelques villages, dont le plus grand est celui *do Pilar,* sur « la côte orientale. Des salines abondantes augmentent la valeur d'Itamaraca, de les révoquer en doute : mais comme cette île, si elle existe réellement, n'interrompt point le rivage, qu'elle ne s'en distingue pas à la distance de quatre milles, qu'elle ne projette aucun danger au large, et que, suivant les descriptions mêmes qu'on en fait, elle n'offre que des mouillages peu importants pour la grande navigation, nous ne chercherons pas à déterminer sa position, et nous ne portons ses limites Nord et Sud que comme douteuses sur notre carte, laissant à des reconnaissances plus détaillées que les nôtres

« où, d'ailleurs, on trouve des sucreries en bon rapport et des plantations de « coton. Pedro Lopez de Souza y débarqua en 1531, et y fonda un des plus « anciens établissements des Portugais au Brésil : prise et reprise ensuite plu- « sieurs fois par les Hollandais et les Portugais, elle demeura à ceux-ci en « 1664. On eut, en 1637, l'idée d'y établir le siége du gouvernement de la « province, à l'exclusion de la ville de *Recife* (Pernambuco), sur laquelle elle « a réellement plusieurs avantages. Le port n'aurait peut-être pas reçu naturel- « lement d'aussi grands navires que le *Poço,* mais il eût été plus sûr que le « *Mosqueiraõ* même, et l'on aurait pu facilement accroître sa profondeur ; en « outre, rien ne préserverait Pernambuco d'une attaque par mer, tandis « qu'une ville bâtie sur le continent, en face d'Itamaraca, serait à l'abri de « toute insulte de la part des vaisseaux ennemis jusqu'à ce qu'ils eussent « vaincu les obstacles nombreux qu'il eût été facile de leur opposer à leur « entrée dans la rivière. Enfin, cette île et les bords environnants de la terre « ferme sont abondamment pourvus de bois et d'eau douce, qui manquent à « Pernambuco et qu'on ne se procure qu'à quelque distance de cette ville. » Koster ajoute que « l'île d'Itamaraca est située à environ huit lieues au Nord « de la ville de Récife. » (Vol. II, pag. 87 et suivantes.)

Une telle description ne peut avoir été faite que sur les lieux mêmes , et elle ne permet pas de douter que l'île Itamaraca ne soit grande et qu'elle ne puisse pas être confondue avec les deux îlots du même nom que le pilote a montrés ; cette méprise, sans doute, est étrange de la part d'un homme du pays, qui nous a paru connaître parfaitement tous les autres points de la côte depuis Pernambuco, où je l'avais embarqué avec moi, jusqu'à l'île de Maranham, où je l'ai mis à terre ; mais il est impossible d'expliquer autre- ment que par son ignorance ou sa mauvaise foi une aussi singulière méprise.

n'ont dû l'être, d'après le plan qu'elles embrassaient, la solution de ce point, d'un intérêt purement local [1].

Entre la pointe de *Pedras* et celle de *Guia,* que l'on nomme aussi *pointe Coqueiros,* à environ moitié distance de l'une à l'autre, on trouve un mouillage et l'entrée d'une rivière, que le pilote nous a dit être « *Porto de Goyana,* seconde « embouchure du Rio Goyana. »

Cette assertion ferait supposer que la rivière de ce nom se sépare en deux branches à quelque distance dans l'intérieur, et que le terrain intermédiaire serait l'île *Itamaraca ;* au moyen de quoi les deux îlots ci-dessus indiqués ne porteraient le même nom que par confusion et à cause de leur proximité avec l'île principale : mais, comme nous l'avons dit, la solution de cette question de détail ne nous paraît pas mériter d'être approfondie ici, et nous la laissons de côté, nous bornant à remarquer qu'aucune autre embouchure de rivière ne se trouvant sur cette partie de la côte depuis Porto de Goyana jusqu'à l'embouchure du *Rio Parahyba do Norte,* qui en est à douze lieues, il est certain que l'île Itamaraca doit être au Sud de ce point, et qu'ainsi l'incertitude sur la véritable position de cette île ne peut pas être de plus de trois lieues.

A partir de la pointe de Guia, en allant dans le Nord, la côte commence à tourner vers l'Ouest ; elle court au Nord 4° Ouest jusqu'au Cap-Blanc [*Cabo-Branco*], situé à six lieues de cette pointe ; puis au Nord 6° Ouest jusqu'au parallèle du fort *Cabedello,* qui est à douze milles plus loin, et d'où elle se dirige ensuite au Nord 14° Ouest sur une étendue de près de quarante milles, en faisant quelques inflexions.

---

[1] Voyez, dans le supplément au Pilote du Brésil, l'article intitulé : *Ile Itamaraca. — Dangers à l'entrée du Rio Ay.*

Le *Cap-Blanc* est une falaise de sable blanc, taillée à pic, bien tranchée quand on la relève au Nord ou au Sud, mais confondue avec la côte quand on la voit du large. A deux ou trois milles de distance de terre, on trouve de sept à neuf brasses d'eau, fond de sable, vase et madrépores. La côte n'offre aucun mouillage abrité ni déterminé, si ce n'est à trois milles dans le Sud du cap, sur un point que le pilote nomme *Porto-Francez.* « Mauvais ancrage, dans une coupure « du récif, sous la chapelle de *Nossa-Senhora da Penha,* qui « peut servir d'objet de reconnaissance : mais ce mouillage « ne correspond à aucune rivière; il ne reçoit que des cabo- « teurs, et pendant le beau temps seulement. » (*Renseigne- ments des pratiques.*)

Le Cap-Blanc est situé par 7° 8′ 22″ de latitude Sud et par 37° 8′ 20″ de longitude occidentale.

Depuis le cap Blanc, la côte, en allant vers le Nord, forme deux plans de plus en plus marqués : celui qui touche à la mer est bas, sablonneux et boisé sur sa partie supé- rieure; l'autre présente une suite de petites collines boisées et d'assez belle apparence. Une rivière coule entre ces deux plans, et se dirige du Sud-Sud-Ouest au Nord-Nord-Est, jus- qu'à son embouchure, qui est située par 6° 56′ de latitude Sud.

Cette rivière est la *Parahyba do Norte.* « Depuis Porto- « Francez jusqu'à l'entrée de cette rivière, les petits cabo- « teurs peuvent passer entre le récif et le rivage, dans un « chenal où ils trouvent de dix à douze pieds d'eau. » (*Ren- seignements des pratiques.*)

La pointe Sud de l'embouchure du *Rio Parahyba do Norte* est basse, toute de sable et boisée; c'est l'extrémité du pre mier plan de la côte dont nous venons de parler.

La pointe Nord est formée, sur le second plan, par une côte élevée, sur le haut de laquelle on voit le couvent remarquable des religieuses de *Santa-Theresa*. Des brisants très-prononcés accompagnent cette embouchure, à trois milles en face de laquelle on trouve onze brasses d'eau [1].

Détails sur l'intérieur de cette rivière.

« La ville de *Parahyba* est à quatre lieues de la mer; mais « les sinuosités de la rivière forcent de faire six lieues depuis « l'embouchure pour y arriver. Les grands bâtiments, de « cent cinquante à deux cents tonneaux, ne peuvent remon- « ter que jusqu'au fort *Cabedello*, situé à un ou deux milles « en dedans de la pointe Sud. Les petits navires vont jusqu'à « la ville pour se charger de coton, de sucre et de ce bois de « teinture [2] si estimé dans le commerce sous le nom de *bois* « *du Brésil* [3]. » *(Renseignements des pratiques.)*

Fort *Cabedello*.

Le fort *Cabedello* s'aperçoit du large quand on traverse l'embouchure de la rivière, et il peut servir de point de reconnaissance sur cette côte uniforme, où de semblables constructions sont très-peu nombreuses.

Embouchure du Rio Parahyba do Norte.

Des deux pointes qui forment l'entrée du Rio-Parahyba, celle du Sud s'appellent *Ponta-Balea* [pointe de la Baleine], quoique les pêcheries de baleines ne s'étendent guère au Nord de Bahia; celle du Nord porte le nom de *Ponta-Lucena:* toutes deux sont accompagnées de beaucoup de brisants.

---

[1] L'établissement des marées, à l'entrée du Rio Parahyba do Norte, est à 4ʰ 24′ du soir, d'après l'Annuaire des marées de M. Chazallon.

[2] *Ibirapitanga*, mot brésilien. Les Portugais le nommèrent *braza* [braise], d'où vient le nom de *Brazil* [Brésil], donné au pays.

[3] Voir, dans le supplément, l'article intitulé : *Remarques sur le Rio Parahyba do Norte, par M. F. F. Roos, de la marine royale d'Angleterre*

En continuant de prolonger la côte, on trouve, à quatre lieues au Nord 26° Ouest de cette dernière, l'embouchure du *Rio Mamanguape*, torrent qui n'est navigable que pour les caboteurs : sa pointe Sud, extrémité de la plage, est de sable, boisée, très-basse, et elle projette dans le Nord ¼ Nord-Est un brisant très-étendu, au Nord duquel il faut passer pour entrer et pour sortir. Un village s'aperçoit du large sur la pointe Nord de cette embouchure.

Après *Mamanguape*, la côte, sur une étendue d'environ quatre milles et demi, se termine à la mer en falaises rougeâtres à pic et presque continues, à la suite desquelles, et vis-à-vis une petite inflexion du rivage, une coupure du récif forme un mauvais mouillage que les gens du pays nomment *bahia da Traiçaõ* [baie de la Trahison].

La plupart des descriptions de cette petite anse lui attribuent des avantages dont elle ne possède aucun. Elle n'offre nul abri contre les vents du Nord au Sud par l'Est, et l'examen que nous en avons fait de très-près confirme entièrement cette opinion du pilote sur l'insignifiance complète de la baie de la Trahison. « Toutefois, un petit ruisseau « vient y aboutir. » (*Renseignements des pratiques.*)

Depuis cette baie, la côte change entièrement de nature et d'aspect. En avançant au Nord, elle n'offre plus qu'une suite de dunes de sable blanc, couvertes par intervalles de broussailles, où l'on remarque encore quelques bouquets de cocotiers, mais où l'on ne voit plus de grands arbres. Les jangadas même disparaissent presque entièrement de la mer qui baigne cette partie de côte; on n'aperçoit plus d'habitations sur la plage, et tout annonce la stérilité du pays et la rareté de sa population. C'est près de cette latitude que commence le *Sertaõ* [1], terrain immense, presque infertile, qui forme la partie Nord du Brésil.

Bahia-Fermosa. A sept lieues dans le Nord 6° Ouest de ce point, la côte, après avoir fait quelques sinuosités, rentre brusquement à l'Ouest et forme une petite baie qui, vue de la mer, semble pouvoir offrir un abri contre les vents de l'Est-Sud-Est au Nord-Ouest par le Sud, et que, pour cette raison sans doute, on a nommée *Bahia-Fermosa* [Belle-Baie]; mais elle ne justifie pas ce nom. « Le fond y est rempli de pâtés de corail. » (*Renseignements des pratiques.*)

Description de la côte. La côte gît ensuite au Nord 18° Ouest jusqu'au cap *Saint-Roch*, c'est-à-dire sur une étendue de cinquante-cinq milles. Les principales inflexions qu'elle forme avant ce cap sont désignées par les noms suivants : *Rio Cunhahú*, anse de *Pirangi*, *Ponta-Gurco*, *Rio da Conceiçaõ*, *Barra de Infierno*, *Ponta-Negra*, *Barra de Rio Grande*, *Rio de Ciarámirim* et *Bahia de Massaranguapa*.

Ponta-Negra. *Ponta-Negra* [Pointe-Noire] doit probablement ce nom à quelques bouquets de broussailles d'une verdure foncée qu'on remarque sur le sable blanc dont la côte est formée. A deux ou trois milles dans le Nord, on voit quelques falaises rouges que le pilote appelle *Barreiras de Infierno* [Barrières d'Enfer]. Le petit ruisseau de la *Conceiçaõ*, ou *Tareyry*, débouche au pied de ces falaises dans une coupure du récif devant laquelle les brisants s'étendent d'environ un mille au large; une douzaine de cases de pêcheurs s'aperçoivent à l'embouchure de ce ruisseau.

A environ dix-huit milles au Nord 19° Ouest de la pointe

---

[1] *Sertaõ*, intérieur, fond, centre d'un pays. Peut-être les Portugais ont-ils voulu dire *deserto*, désert, car il s'agit d'un pays très-peu habité.

Negra, on trouve l'embouchure du *Rio Grande do Norte*, que les Brésiliens nomment aussi *Rio Potangi*.

Cette embouchure n'a rien de remarquable et qui puisse s'apercevoir de loin. Il ne faut pas être à plus de deux ou trois milles de distance pour voir le fort *dos Reyes-Magos* [des Rois-Mages], qui est situé sur une partie basse de la côte, à la pointe méridionale de l'entrée.

Le *Rio Grande do Norte* « est un torrent rapide et consi- « dérable pendant la saison des pluies; mais dans la saison « sèche il est fort réduit, et dans tous les temps son cours « est embarrassé par des sables et des rochers qui s'opposent « au passage des bâtiments. Son embouchure même n'est « accessible qu'à de petites embarcations; quand la marée « est haute, le fort des Rois-Mages est entouré d'eau. » (*Renseignements des pratiques.*)

C'est le cours de cette rivière qui est considéré comme la limite méridionale du *Sertaõ*. Son entrée, à peu de distance de laquelle est la ville de *Natal*, capitale de la province de Rio-Grande, est située par 5° 45′ de latitude Sud et par 37° 34′ 46″ de longitude occidentale.

Le *Rio de Ciarámirim*, dont on trouve l'entrée à quelques milles au Nord, « n'est qu'un petit torrent qui fait dans le « *Sertaõ* un grand nombre de détours pendant la saison des « pluies, et qui assèche le reste de l'année. Le pilote prétend « que cette rivière communique avec le Rio Grande, et « qu'elle n'est navigable sur aucune partie de son cours. » A douze milles dans le Nord 7° Ouest de la barre du *Rio de Ciarámirim*, est le cap *Saint-Roch*.

Le cap *Saint-Roch* n'a rien de remarquable, et l'on ne peut, pour ainsi dire, en faire une description. C'est une

Embouchure du Rio Grande do Norte.

Détails sur cette rivière.

Position de son embouchure.

R. de Ciarámirim.

Le cap Saint-Roch.

dune semblable à la côte qui la précède dans le Sud, et à celle qui la suit dans le Nord; le sable en est également blanc et parsemé de quelques petits bouquets de broussailles. On y distingue accidentellement une petite partie de falaises rougeâtres, mais seulement lorsque le soleil la frappe sous une certaine direction, en sorte que cet aspect dépend de l'heure qu'il est, et du temps qu'il fait. On voit aussi, un peu dans le Sud, quelques grands arbres sur la côte : leur disparition totale sur la partie de côte précédente peut les faire remarquer dans cet endroit.

Le cap *Saint-Roch* n'est pas un point saillant de la côte d'Amérique, comme la plupart des cartes le marquaient : à partir de lui, la direction des terres n'éprouve pas un changement prononcé; ce changement n'est encore que de dix degrés, relativement au gisement qui précède, et ce n'est qu'à vingt-cinq milles plus loin, à la pointe *Calcanhar* ou *Toiro*, que la côte se rapproche tout à fait de l'Ouest par le Nord.

Néanmoins, pour fixer les idées sur la position d'un point qui a eu jusqu'à présent une sorte d'importance géographique sur les cartes, nous donnerons ici la position du point de la côte que le pratique nous a désigné pour être le cap *Saint-Roch*.

<table>
<tr><td>Position
du cap Saint-Roch.</td><td>Latitude.......................... 5° 28′ 17″ S.
Longitude......................... 37 37 25 O.</td></tr>
</table>

(C'est le milieu du sommet de l'escarpement.)

A une lieue dans l'Est de ce point, la déclinaison de l'aiguille aimantée a été trouvée de 4° 55′ Nord-Ouest, au mois de décembre 1819.

 La terre s'abaisse par degrés dans le Nord du cap Saint-

Roch, et elle forme, à la distance de huit milles, la pointe basse nommée *Petetinga*.

Ce petit cap n'est pas plus remarquable que le précédent, et il n'y a que la différence des latitudes qui puisse le faire reconnaître. La côte, entre les deux, continue d'être formée de dunes de sable blanc, entrecoupées de broussailles d'un vert noir; seulement, on voit de distance à autre, sur le haut de quelques dunes, quelques grands arbres qui forment des masses rondes dont on ne définit pas sur-le-champ la nature, si l'on n'est pas très-près du rivage.

Pimentel, cosmographe portugais déjà cité, dit « qu'on « peut faire de l'eau proche de la pointe Petetinga. » Nous ne l'avons pas vérifié.

Si la position des caps Saint-Roch et Petetinga est peu importante parmi les points saillants et remarquables de la côte d'Amérique, il n'en est pas de même relativement aux intérêts de la navigation. C'est à peu de distance dans l'Ouest du méridien de ce dernier cap que commencent les bancs désignés sous le nom de *bancs du cap Saint-Roch*, et, pour cette raison, nous donnerons ici sa position.

Pointe *Petetinga* (le bas de la pointe) :

Position
de la pointe
Petetinga.

Latitude. . . . . 5° 21′ 35″ S.
Longitude. . . . . 37 39 45 O.

Les *bancs du cap Saint-Roch* commencent à se faire con-naître par la sonde sur ce méridien, et ils accompagnent la côte jusqu'à celui de la pointe *do Tubaraõ*, ce qui embrasse une étendue d'un peu moins de vingt lieues. Leur largeur moyenne, du Nord au Sud, n'est guère que de deux lieues. « Ils laissent entre eux et le rivage un chenal libre, de cinq

Description
des bancs
du
cap Saint-Roch.

« à six milles de largeur, où les caboteurs tirant sept ou huit
« pieds d'eau peuvent naviguer, et sur plusieurs points du-
« quel on trouve de trois à cinq brasses d'eau. » (*Renseigne-*
ments des pratiques.)

La plus grande distance de l'accore du Nord des bancs du
cap Saint-Roch à la côte est donc d'environ douze milles.
Malgré le peu d'élévation de cette côte, il est presque toujours possible de l'apercevoir quand le temps est clair, avant
d'être sur un brassiage réellement périlleux.

La totalité du développement de ces bancs n'est pas également à craindre. Trois groupes principaux de brisants s'y
font remarquer presque en tout temps, et les gens du pays
connaissent des passages dans les intervalles qui séparent ces
groupes; mais les étrangers n'en sauraient tirer aucun avantage, et de semblables canaux, aboutissant à une côte déserte, sont absolument sans utilité pour la grande navigation.

Le groupe le plus oriental des brisants est un peu dans
l'Ouest et à environ douze milles de la pointe *Calcanhar:*
il brise rarement. Le second, en allant à l'Ouest, est à huit
milles dans le Nord 20° Ouest de la pointe *dos Tres-Irmaõs*
[des Trois-Frères], et se nomme *la Lavandera* [la Blanchis-
seuse]. Enfin, le troisième ou le plus oriental est le groupe
des *Urcas*, situé à environ douze milles dans le Nord 43° Est
de la pointe *do Tubaraõ*, vis-à-vis la petite anse de *Santo-
Alberto*, et sur le méridien de la dune d'*Aguamarea.* Ces
deux derniers brisants sont très - animés en tout temps,
mais principalement lorsque les vents soufflent du large.
Le brisant des *Urcas*, qui termine les bancs du cap Saint-
Roch du côté de l'Ouest, peut être approché par l'Ouest.

Le parallèle le plus Nord de tous les bancs
   du cap Saint-Roch est celui de. . . . . .   4° 51′ S.
La longitude du point le plus Est. . . . . . 37 47 O.
Celle du point le plus Ouest. . . . . 38 39 O.

Aucun danger ne nous a paru exister au large, à une distance de douze lieues de ces bancs. Nos bordées, en se prolongeant jusque là, ont toujours passé sur des profondeurs qui augmentaient en proportion de notre éloignement de la terre, et le pilote, que j'avais à bord, nous a assuré n'avoir jamais entendu parler d'aucune *vigie* ou haut-fond placé au large des limites que nous avons reconnues avec lui aux bancs que nous venons de décrire.

Il paraît donc au moins probable que la vigie portée sur quelques cartes dans l'Est 20° Nord du grand coude de la partie de la côte d'Amérique qui nous occupe, n'est, comme nous l'avons dit (page 10), que le groupe des *Rocas*, qui, étant placé à vingt-cinq lieues dans l'Ouest quelques degrés Sud de l'île *Fernando de Noronha*, tandis qu'il est à près de quarante lieues des bancs du cap Saint-Roch, paraît dépendre bien plus de cette île que du continent.

On ne peut signaler d'autre indication du voisinage de ces bancs que la latitude et la sonde; encore celle-ci ne doit-elle être consultée que sous le seul rapport de la profondeur. Aucune loi n'a encore été découverte dans les qualités du fond, dont on puisse tirer des inductions satisfaisantes sur la distance où l'on est des dangers. Dans toutes les directions de leurs approches, le plomb de sonde rapporte généralement des madrépores blancs et broyés, mêlés de sable et parfois de petits graviers, comme sur une grande partie de la côte Sud. Cependant nous croyons avoir observé que le sable est d'autant plus rare et les graviers d'autant plus communs, que les sondes sont plus petites et plus voisines des bancs. Ceux-ci sont en outre entourés, à petite distance de leurs accores, et couverts d'une mer que le peu de profondeur rend verdâtre, et qui, pendant le jour, tranche bien avec la couleur des eaux du large. Il ne faut jamais pénétrer dans cette mer verte, dont les limites sont si accores qu'en les franchissant on passe en un moment de dix-huit brasses à huit brasses et au-dessous.

Le mouvement des marées, aux environs des bancs du cap Saint-Roch, est de six pieds dans les circonstances ordinaires, et de près de dix pieds dans les syzygies. Les courants y portent généralement à l'Ouest-Nord-Ouest et au Nord-Ouest avec une vitesse double de celle qu'ils ont sur la côte du Sud : circonstance qui s'explique par la direction presque constante des vents régnants, et par celle que prennent les terres au Nord du cap Saint-Roch.

Nous avons dit, au commencement de ce chapitre, que le gisement de la côte entre la pointe d'Ollinda et celle de Guia était le Nord 6° Est, et la distance intermédiaire de trente-trois milles.

De la pointe de Guia au point du rivage correspondant au parallèle du fort Cabedello, la côte court au Nord 5° Ouest, et la distance est de vingt-neuf milles.

Du fort Cabedello au coude du rivage qui précède immédiatement Bahia-Fermosa, le gisement de la côte est le Nord 14° Ouest, et la distance de trente-huit milles.

De ce coude au cap Saint-Roch, la direction est le Nord 19° Ouest, et la distance de cinquante-six milles.

Du cap Saint-Roch jusqu'au parallèle de 4° 40′ Sud, qu'il

convient d'atteindre avant de se rapprocher de l'Ouest, quand on veut prolonger la côte du Brésil dans cette partie et les bancs du cap Saint-Roch, il y a quarante-huit milles qu'il faut faire directement au Nord.

On sera alors sur le parallèle de 4° 40′ Sud et sur le méridien de 37° 37′ 25″ Ouest, qui est celui du cap Saint-Roch. Du point de section de ce parallèle et de ce méridien, pour se rendre à l'extrémité occidentale des bancs du cap Saint-Roch la direction sera l'Ouest et la distance à parcourir d'environ soixante-quatre milles.

La direction moyenne à suivre pour se rendre de la pointe d'Ollinda à l'extrémité occidentale des bancs du cap Saint-Roch, est donc d'abord le Nord $\frac{1}{4}$ Nord-Est environ cinquante milles, puis environ cent cinquante milles au Nord $\frac{1}{4}$ Nord-Ouest, et enfin soixante-douze milles à l'Ouest.

CHAPITRE X.

DESCRIPTION DE LA CÔTE COMPRISE ENTRE LES BANCS DU CAP SAINT-ROCH ET L'ÎLE DE MARANHAÕ. — DESCRIPTION DES MOUILLAGES DE CIARÁ ET DE JERICOÁCOARÁ.

Description de la côte immédiatement à l'Ouest des bancs du cap Saint-Roch.

A partir de l'accore occidentale des bancs du cap Saint-Roch, et en allant vers l'Ouest, il est très-peu de points de la côte qui soient susceptibles, par leur forme ou leur élévation, d'être reconnus à deux ou trois lieues, distance à laquelle la prudence conseille en général de se tenir avec un grand bâtiment. Cette côte, formée de dunes de sable blanc très-basses et presque toutes semblables de couleur et de configuration, n'offre aucune partie remarquable. Sa direction est le Nord 68° Ouest jusqu'à la pointe de *Reteiro-Grande*, et le Nord 57° Ouest depuis cette pointe jusqu'à celle *Mocoripe*, extrémité orientale de la baie de *Ciará*.

Du Morro de Tubaraõ à la pointe *Reteiro-Pequenho*, la distance, d'environ dix-sept lieues, est partagée en deux grandes baies à peu près de même ouverture par la pointe *do Mel*. La première reçoit les petites rivières de *Manoel-Gonsalez*, d'*Amargoso dos Cavallos;* la rivière de *Mossocro* se jette dans la seconde. « Aucune de ces rivières n'arrive à la mer « avec quelque force, excepté à l'époque des pluies, et, dans « aucun temps de l'année, elles ne sont navigables pour de « grands bâtiments. » (*Renseignements des pratiques.*)

De la pointe do Mel.

La pointe *do Mel* [du Miel] est l'extrémité d'une dune plus élevée que les terres qui l'environnent. Elle se termine en falaise dans le Nord et son sommet verdâtre paraît boisé; mais nous n'affirmons pas qu'il le soit. Quand on la relève au Sud, elle se présente dans sa plus grande largeur; elle finit en pointe à l'Est et à l'Ouest. Sa pointe Nord est alors effacée dans la masse des terres, et celle de l'Est est un peu plus aiguë que la pointe opposée. L'extrémité Nord de la pointe *do Mel* est par 4° 55′ 17″ de latitude Sud et par 39° 19′ 30″ de longitude Ouest. Les sondes, diminuant un peu dans son voisinage, on ne doit pas s'en approcher de plus de trois lieues avec un grand bâtiment; à quatre milles on ne trouve déjà que vingt pieds d'eau.

Les caboteurs vont chercher des chargements de sel à l'entrée de la petite rivière de *Mossoero,* qui est à six ou sept milles dans l'Ouest-Sud-Ouest de la pointe *do Mel.* Tout le rivage contigu est si bas, qu'à trois lieues de distance on n'en aperçoit que quelques parties, alternativement composées de sable blanc et de petites falaises parsemées de bouquets de broussailles.

La pointe *Reteiro-Pequenho,* qui termine, du côté de l'Ouest, la baie dans laquelle se perd la rivière Mossoero, est formée par une colline de sable rouge qui se termine à la mer, et que sa couleur fait assez bien remarquer. Elle est située à environ vingt milles dans le Sud 46° Est de la pointe *Reteiro-Grande,* par 4° 49′ 20″ de latitude Sud et 39° 58′ 5″ de longitude Ouest. A vingt-deux milles dans le Nord 52° Ouest de *Reteiro-Grande,* on trouve la pointe d'A-racaty, située un peu dans l'Est du méridien du petit mondrain du même nom [1].

Pointe
Reteiro-Pequenho.

[1] Le 15 décembre 1830, le brick *l'Angerstein* a rencontré, à sept ou huit milles de distance au large de la route suivie par la corvette *la Bayadère,* des

A partir de *Reteiro-Grande*, les dunes dont la côte est formée s'élèvent un peu plus au bord de la mer que dans la
portion de côte précédente; mais leur aridité paraît aussi
davantage, et les bouquets de broussailles y sont plus rares.
C'est entre deux groupes de collines, qui viennent aboutir à
la mer, que se trouve l'embouchure du *Rio Jaguarybe*, appelé
aussi rivière d'*Aracaty*, parce qu'elle baigne le pied de la petite montagne de ce nom. Une maison carrée, qui a l'apparence d'un corps de garde, est bâtie sur le haut de la dune
de l'Ouest de cette embouchure, et peut contribuer à la faire
reconnaître quand on vient du large. D'après les renseignements des gens du pays, « la ville d'*Aracaty* est à quatre lieues
« de la mer; c'est la plus considérable des villes de cette par-
« tie du Brésil, jusqu'à *Maranhaõ*. La rivière est navigable
« jusqu'à une lieue au-dessous de la ville; mais l'embou-
« chure est peu profonde et ne peut admettre que de petits
« bâtiments. Le commerce principal qui s'y fait consiste en
« cuirs provenant des nombreux troupeaux que nourrit le
« pays environnant. »

La barre de *Jaguarybe* est par 4° 23′ 30″ de latitude Sud
et par 40° 9′ de longitude Ouest. La profondeur est de sept
à neuf brasses à trois ou quatre milles de terre; nous n'avons
aperçu, à cette distance, aucun danger que celui de ne
trouver sur la côte aucun mouillage, aucun refuge, où, en

roches qui ont été placées sur les cartes de la côte du Brésil, d'après les indications données par le capitaine du brick; mais ces indications ayant laissé
quelques doutes sur la véritable position de ces roches, relativement au rivage
compris entre la pointe do Mel et la pointe Reteiro-Grande, on l'a signalée
comme incertaine sur les cartes. (Voir, pour les détails de cette découverte,
l'article intitulé : *Roches Angerstein*, dans le supplément au Pilote du Brésil.
à la fin de ce volume.)

cas d'accident, un bâtiment d'une certaine grandeur pût aller se placer. Les plus petits mêmes n'y trouveraient point d'abri contre le mauvais temps, et nous n'avons pas vu de jangadas à la mer depuis les bancs du cap Saint-Roch jusqu'à l'île de Maranhaõ.

Nous n'avons pas observé, sur cette partie de la côte, plus de 0,6 de mille de courant à l'heure; il portait constamment au Nord-Ouest, c'est-à-dire à peu près dans le sens de la côte. Il était donc bien inférieur à ce qu'en ont indiqué plusieurs renseignements connus.

Mais nous sommes loin d'en conclure que ces renseignements soient inexacts; ils portent, la plupart, sur des données recueillies dans la saison opposée à celle où nous étions lors de nos reconnaissances, et il n'est pas invraisemblable que, pendant la mousson du Sud à la côte du Brésil, les vents ne puissent pousser les eaux vers le Nord-Ouest avec toute la force qu'on leur a supposée. M. le lieutenant de vaisseau Hewett, de la marine anglaise, entre autres, dit avoir observé quarante-sept milles de courants à l'Ouest-Nord-Ouest, en vingt-quatre heures, sur la côte Nord du Brésil, dans le mois d'avril, et les pratiques du lieu confirment que, depuis janvier jusqu'en juin, les courants portent avec rapidité à l'Ouest-Nord-Ouest sur cette partie; mais ils ajoutent que cela n'arrive qu'à la suite d'un vent durable et forcé.

Peu après avoir dépassé l'embouchure du *Rio Aracaty*, on arrive, en prolongeant la côte dans le Nord-Ouest, à la vue des *Serras de Ciará*, groupe de montagnes qui, vues de la mer, paraissent se diriger du Sud-Sud-Est au Nord-Nord-Ouest et qui dominent la ville de *Ciará*, située sur le rivage.

Des courants sur la côte Nord du Brésil.

Les deux morros *Cascavela* et *Canavieras*, qui précèdent ces montagnes dans l'Est, commencent à rompre l'uniformité du grand plateau de sable qu'on a sous les yeux depuis le cap Saint-Roch.

Les montagnes de *Ciará* peuvent être aperçues, de beau temps, à quinze lieues de distance; mais elles sont déjà à quelque distance de la mer. Le piton de *Massaranguape*, l'un des plus apparents, est à peu près sur le méridien de 41° Ouest et sur le parallèle de 3° 58′ 9″ Sud. Il est à seize milles dans le Sud-Sud-Ouest de la ville de Ciará, et sa vue peut faciliter l'atterrage sur cette ville. Lorsqu'on vient de l'Est, si l'on gouverne sur ce piton, on suivra une bonne direction pour se rendre à Ciará.

Nous avons dit plus haut que la pointe *Mocoripe* forme le côté oriental de la baie de *Ciará*. Vue de l'Est, cette pointe se présente comme l'extrémité d'une dune assez élevée. Elle est garnie de quelques arbrisseaux, et l'on y distingue une maison et un mât de signaux. Un corps de garde est placé un peu dans le Nord-Nord-Est sur la plage, et la côte qui suit immédiatement se courbe dans l'Ouest et forme la baie de Ciará [1].

Ciará, capitale de la province de ce nom, est entourée des sables du *Sertão*. On peut dire qu'elle n'a ni port, ni rade: car, exposé à tous les vents, depuis le Nord-Ouest jusqu'à l'Est, qui sont les plus fréquents dans ce parage, son mouillage ne peut pas offrir une sécurité durable; mais le fond y est d'une excellente tenue, depuis trois milles de terre jusqu'au récif qui forme le port, comme à Pernambuco

---

[1] Suivant l'Annuaire de M. Chazallon, la mer est haute les jours de nouvelle et de pleine lune, sur la plage de Ciara, à 4ʰ 40′ du soir.

et presque tous les mouillages de la côte. A l'aide de cette tenue, il y a peu de dangers à courir dans cette petite baie, lorsque le temps est modéré. « Les caboteurs entrent dans « la crique de *Ciará* par deux passes formées dans le quai « de roche à deux cents toises l'une de l'autre; la profondeur « de ces passes est d'environ treize pieds, de haute mer. » (*Renseignements des pratiques.*)

« La population de *Ciará* est de douze cents âmes. La ville « fait un commerce de coton, de cuirs, et de cette viande « sèche dont on fait une si grande consommation au Brésil, « et qui porte encore le nom de *Carne de Ciará*, quoiqu'on « en tire aujourd'hui une grande quantité des provinces mé- « ridionales du Brésil. La distance de *Ciará* à *Aracaty* est de « trente lieues par terre; mais il n'y en a que vingt par mer. » (*Renseignements des pratiques.*)

On mouille devant Ciará, d'un à trois milles de terre, par six à dix brasses d'eau, fond de tuf, couvert de sable vaseux, où l'ancre tient fortement. Il nous a paru que le ressac sur la côte est très-violent. La latitude de ce mouillage est de 3° 41′ 30″ Sud, et la longitude, de 40° 53′ Ouest. Au mois de décembre 1819, la déclinaison de l'aiguille aimantée y a été observée de 3° 3′ Nord-Ouest.

De la pointe *Mocoripe*, la côte court au Nord 56° Ouest, jusque sur le méridien du mont *Melancia*, dune isolée qui est proche du rivage. En parcourant la distance intermé- diaire, qui est d'environ soixante milles, on passe successi- vement devant les embouchures du *Rio de Ciará-Velha*, *Rio Cioppé*, *Rio Curú*, le *Morro de Curú* et les *Serras do Man- dahú*, que le pratique appelle aussi *Serras-Grandes*. Toute cette côte est déserte, stérile du côté de la mer, et n'offre aucune trace de culture ni d'habitations; c'est une suite de dunes basses, de sable vif, que rien ne diversifie. Le rivage en est sain, et, à deux ou trois milles au large, on trouve de six à treize brasses, sable gris fin.

Description
de la côte
jusqu'à
l'embouchure
la plus Est
du
Rio Paranahyba.

La côte suivante tourne de plus en plus à l'Ouest. A partir du mont *Melancia,* elle court au Nord 64° Ouest jusque devant le village d'*Almufedas;* au Nord 69° Ouest, d'Almufedas à la pointe de Tapaji, et à l'Ouest, depuis cette pointe jusqu'à l'embouchure orientale du *Rio Paranahyba.* Ce développement de côte forme une étendue d'environ soixante-cinq lieues, en le terminant au *Rio Hyguarassu,* entrée la plus Est de la *Paranahyba.*

Son aspect est le même que celui de la côte précédente. C'est toujours un plateau de sable très-bas et dépouillé de verdure, sauf quelques cocotiers qu'on aperçoit çà et là par-dessus la dune qui forme le rivage.

Almufedas.

Sa position.

Le village d'*Almufedas,* bâti au revers intérieur de cette dune, « est situé sur le bord de la rivière d'*Aracatymirim,* na-« vigable pour les caboteurs. » Du large, on aperçoit son clocher parmi un groupe de cocotiers; il est par 2° 56′ Sud, et 42° 8′ de longitude Ouest.

Ce village peut servir de marque pour indiquer l'accore orientale d'un banc qui prolonge la côte presque jusqu'au petit hameau de *Jericoácoará,* situé à environ quatorze lieues dans l'Ouest quelques degrés Nord.

Banc de Caracú.

Ce banc, qu'on nomme dans le pays *Paracel* ou *Parcel de Ca-racú,* du nom du hameau le plus considérable de la côte qu'il prolonge, s'étend à environ trois lieues et demie du rivage, si on le circonscrit dans les profondeurs de six brasses. « Depuis « cette distance jusqu'à demi-mille de la côte, la sonde dimi-

« nue progressivement depuis sept jusqu'à une demi-brasse.
« Ce banc ne brise jamais (ce qui provient, sans doute, de
« l'uniformité de sa pente) : les caboteurs n'y ont rien à
« craindre, et ils peuvent entrer, selon leur tirant d'eau, dans
« les embouchures des petites rivières de *Tapaji* et de *Caracú.* »
(*Renseignements des pratiques.*) Les grands bâtiments doivent
se tenir à douze milles de terre, c'est-à-dire à toute vue de
cette partie de la côte, dont le peu d'élévation ne permettra
alors de voir que la cime des cocotiers, par le plus beau temps.

Quand on est à environ huit milles sur le méridien de
Caracú, qui est de 42° 30′ 30″, et qu'on veut continuer de
faire route dans l'Ouest, on pourrait commencer à se rapprocher un peu de la terre, de manière à distinguer quelques
cases qui forment le hameau des *Castelhanos ;* mais cela est
sans aucune utilité pour un bâtiment de quelque dimension;
et, si ce bâtiment tire plus de quinze pieds d'eau, il ne doit
pas approcher cette partie du rivage à moins de dix milles,
jusqu'à ce qu'il soit à l'Ouest de la dune de *Jericoácoará*, afin
de se maintenir par six ou sept brasses au moins de profondeur.

Lorsqu'il sera dans l'Ouest de Jericoácoará, le tirant d'eau
et la sonde détermineront la distance à laquelle il pourra
s'approcher de la crique. Le pilote nous a assuré que, dans
cette direction, le fond est assez uni pour qu'on n'ait pas à
craindre d'y faire des rencontres dangereuses, et qu'on
trouve encore quatre brasses d'eau à demi-mille de la crique
de Jericoácoará.

Cette crique est formée par le quai de roches dont la côte
est bordée, comme on l'a souvent rappelé. L'entrée du port,
qui n'est qu'une fissure étroite de ce rocher. n'est praticable.

De la crique
de
Jericoácoará.

même pour les canots, que de mer haute, tant à cause du peu de profondeur que parce que les lames y sont souvent très-élevées : quand on les a franchies, on se trouve dans un petit bassin tranquille, entre le rivage et le récif.

Le hameau de Jericoácoará ne contient qu'un petit nombre de cases occupées par des *Sertanejos* [1] : ces habitations consistent en quelques perches fichées en terre par une de leurs extrémités, réunies par l'autre et recouvertes de peaux de vaches du côté d'où le vent souffle; elles semblent destinées à n'être habitées qu'aux époques des communications avec la mer, lorsque les caboteurs viennent chercher dans cet endroit les cuirs qui proviennent des nombreux troupeaux nourris dans les environs.

Ressources que peut offrir ce petit port.

En passant quelques jours devant Jericoácoará, un ou plusieurs bâtiments pourraient s'y procurer des volailles et des bestiaux en assez grand nombre, et à bas prix. En donnant aux bergers le temps de saisir les bestiaux et de les amener au rivage, on se créerait sur ce point des ressources que, dans certains cas, les navigateurs sont heureux de trouver. Aucun végétal propre à la nourriture des hommes n'a été remarqué près de ce hameau, et la pêche y a été très-peu abondante. Les habitants ne l'exercent que du rivage même, en fouinant le poisson que la marée montante introduit parmi les rochers et qu'elle y abandonne en se retirant. Il est probable que de meilleurs procédés procureraient de meilleurs résultats.

En creusant des puits sur la plage, on se procure de l'eau potable. La mer nous a paru monter et descendre de dix à

[1] Habitants du *Sertaõ*

douze pieds à Jericoácoará, et nous l'avons trouvée haute à onze heures et demie le jour de la pleine lune.

La dune qui forme le côte oriental de la baie de Jericoácoará est dans la position suivante.

Sommet de la plus haute dune sur la pointe :

Latitude..................................... 2° 47' 28" S.
Longitude................................... 42 47 40 O.

Déclinaison de l'aiguille aimantée, observée à deux lieues dans le Nord, au mois de janvier 1820, 2° 23' Nord-Ouest.

La côte qui suit Jericoácoará du côté de l'Ouest est de sable blanc, basse, parsemée dans l'intérieur de petites broussailles, et bordée de récifs au large. Quelques petites barres de rivières, telles que celles de *Camucim*, de *Tapuyu*, de *Temonha*, de *Camorupim*, etc., s'y font remarquer quand on la prolonge de très-près. « Mais la première de ces entrées « est la seule navigable pour les caboteurs de quelque gran- « deur; les autres ne peuvent admettre que des bateaux. » (*Renseignements des pratiques*.) D'un à quatre milles de dis- tance de cette côte, on trouve de quatre à huit brasses d'eau, fond de vase, de sable et de madrépores.

Après avoir dépassé toutes ces petites rivières, on arrive devant celle d'*Iguarassú* ou *Hyguarassú*, à peu de distance de laquelle la côte fait un coude et revient au Nord 37° Ouest sur une étendue de quatre lieues et demie.

Le *Rio Hyguarassú* nous a été désigné par le pratique comme la plus orientale des bouches du *Rio Paranahyba*, rivière assez considérable qui vient du Sertaõ.

Le Rio-Paranahyba se jette à la mer par les six embou- chures d'*Hyguarassú*, de *Barra-Velha*, de *Barra do Meio*, de *Rio Cajú*, de *Rio Cannarias* et de *Rio Tutoya*. Le terrain qui sépare les différentes branches de cette rivière est bas, presque entièrement inondé dans le temps des pluies, et il s'arrondit au rivage en suivant la direction de l'Ouest $\frac{1}{4}$ Nord-Ouest. Il est prudent de n'approcher la côte située entre les embouchures du Rio Paranahyba que de quatre ou cinq milles de distance, et de ne pas atteindre une profondeur au-dessous de huit brasses.

« Les bras de Barra-Velha et de Tutoya sont les plus consi-« dérables et les seuls navigables pour les bâtiments de « quelque grandeur. Le cours praticable du premier est de « quatre lieues jusqu'à la ville de Paranahyba; celui du « second est de quatorze lieues; les trois autres prennent « naissance dans celui-ci. » (*Renseignements des pratiques.*)

Pedra de Sal.

La roche de *Pedra de Sal*, portée sur plusieurs cartes fort au large entre les embouchures de Barra-Velha et de Barra do Meio, n'est pas un danger réellement à craindre; c'est un débris du récif de la côte, et il ne s'étend pas à plus d'un mille du rivage. A environ douze lieues dans le Sud-Est de la barre d'Hyguarassú, on voit, de beau temps, les *Serras de Coco,* ou *Serras d'Hybiáppaba* : ce sont les dernières montagnes qu'on aperçoive jusqu'à l'arrivée à Maranhaõ, quand on se rend dans cette île par l'Est.

La mer est très-limoneuse et les fonds sont de sable vaseux devant les embouchures de la Paranahyba; on peut mouiller partout, devant ces embouchures, par huit ou dix brasses d'eau, à quatre ou cinq milles de terre.

Description
de la côte à l'Ouest
des embouchures
du
Rio Paranahyba.

A l'Ouest, la côte s'abaisse de plus en plus. Elle se compose de plateaux de sable unis et boisés dans l'intérieur seulement. Le rivage est formé de dunes de sable d'une blancheur éclatante, sans aucune verdure, et qui, ayant de la ressemblance avec des toiles ou draps étendus, ont reçu le nom de *Lençoes-Pequenas* [Petits-Draps]. Ces petites dunes occupent un espace d'environ quatre lieues entre la barre de Tutoya et celle des Perguiças, près de laquelle on trouve les brisants du même nom.

Ces brisants s'écartent peu du rivage et sont beaucoup moins importants qu'on ne le supposait d'après la plupart des cartes anciennes. En se tenant de huit à dix milles de cette partie de la côte, on sera à une distance suffisante de l'accore extérieure de ces dangers, et l'on n'aura pas moins de sept à quatorze brasses d'eau.

«La rivière de Perguiças est assez profonde pour qu'on «puisse construire de grands bricks à quelque distance en «dedans de son embouchure; mais la navigation intérieure «est difficile.» (*Renseignements des pratiques.*)

La côte dans l'Ouest de l'embouchure de cette rivière court au Nord 65° Ouest sur une étendue d'environ dix-huit lieues. Semblable à celle qui la précède dans l'Est, elle prend aussi, sur une certaine partie de son développement, le nom de *Lençoes*. Les dunes qui la composent sont de sable d'un blanc vif, et assez élevées; leur étendue, d'à peu près douze lieues, leur a fait donner le nom de *Lençoes-Grandes* [Grands-Draps], par opposition à celles qui sont plus à l'Est. Rien ne ressemble davantage à des toiles blanches étendues à terre; cet aspect est assez remarquable pour qu'il puisse servir à indiquer cette partie de la côte, et nous conseillons aux bâtiments qui vont à Maranham par l'Est, d'en prendre connaissance pour rectifier leur longitude avant de se porter plus à l'Ouest[1].

____

[1] Vers l'extrémité orientale des Lençoes-Grandes, à dix-sept milles dans l'Ouest-Nord-Ouest de l'entrée du Rio Perguiças, et un peu en arrière des

Lençoes-Pequenas.

Brisants
de Perguiças.

Lençoes-Grandes.

Leur position.

L'extrémité la plus occidentale des Lençoes-Grandes est située par 2° 21′ de latitude Sud, et par 45° 32′ de longitude Ouest.

L'extrémité orientale des mêmes dunes est située par 2° 34′ 12″ de latitude Sud, et par 45° 5′ 16″ de longitude Ouest.

Description de la côte à l'Ouest des Lençoes.

Immédiatement à l'Ouest des Lençoes-Grandes, la côte change entièrement d'aspect. D'aride et dépouillée de verdure qu'elle était, elle se couvre tout à fait de broussailles et d'arbustes si serrés qu'ils ne laissent pas apercevoir le sol quand on s'en tient à quatre milles. La verdure, l'espèce d'arbres qui paraît y prédominer, et le peu d'élévation de cette partie de la côte, lui ont fait donner le nom de *praya das Mangues-Verdes* [plage des Mangliers-Verts]. Cette subite

Plage des Mangliers-Verts.

transition de couleur sur ce point, contribue à faire, de la séparation des Lençoes-Grandes et de la plage des Mangliers-Verts, un très-bon objet de reconnaissance.

Au mois de janvier 1820, la déclinaison de l'aiguille était *zéro* à trois milles au Nord et sur le méridien du milieu des Mangliers-Verts. De cette distance à celle de dix lieues au large de la côte, la profondeur passe graduellement de sept à trente-sept brasses, fond généralement de sable, de gravier et de sable fin blanc. On peut regarder ce point comme

dunes basses qui bordent le rivage, on aperçoit plusieurs petites collines, un peu plus élevées et plus apparentes que ces dunes; le pratique a désigné ces collines sous le nom de *morros de Santo-Ignacio.*

C'est par leur travers, et à sept ou huit milles environ au large du rivage, que le navire *l'Émile*, de Nantes, a rencontré, le 23 avril 1836, un haut-fond où il n'y avait que deux brasses et demie d'eau, et sur lequel il a touché.

Voir dans le supplément, à la fin de ce volume, l'article intitulé : *Banc au large des Lençoes-Grandes.*

la limite des profondeurs régulières qu'on trouve presque sur toute la côte depuis les bancs du cap Saint-Roch.

La côte des Mangliers-Verts termine, en s'arrondissant, la masse des terres du continent qu'on a prolongées jusque-là; elle forme la pointe orientale de la grande baie occupée par l'île de Maranham.

A partir de quelques milles à l'Ouest du méridien de 45° 40′ Ouest, la côte tourne assez brusquement à l'Ouest, et l'on aperçoit, dans l'Ouest $\frac{1}{4}$ Nord-Ouest, l'île *Sainte-Anne*, qui forme, avec le continent et l'île de Maranham, la baie et la passe de *San-Jozé*. L'île Sainte-Anne, un peu plus élevée que les terres qui la précèdent dans l'Est et également couverte de mangliers et d'autres arbres, n'offre aucun point remarquable quand on commence à l'apercevoir [1];

L'île
Sainte-Anne.

[1] Un phare à *feu tournant*, dont les éclipses se succédaient de demi-minute en demi-minute, avait été établi sur la partie la plus élevée de l'île Sainte-Anne. Il a été allumé depuis le 1ᵉʳ juin 1831 jusqu'en 1839, que le mauvais état de la tour a obligé de le supprimer et de le remplacer par un feu provisoire.

La tour ayant été réparée, le phare a été remis en activité au mois de novembre 1844. Le feu actuel est *tournant*: ses éclipses ont lieu de quarante en quarante secondes et durent dix secondes, laissant ainsi entre elles un intervalle de trente secondes, pendant lequel la lumière brille d'un vif éclat; mais ce n'est qu'à une grande distance du phare que la lumière disparaît complétement pendant dix secondes : la durée des éclipses est d'autant plus petite que l'on est plus rapproché du phare, et, lorsqu'on n'en est plus qu'à une petite distance, on ne perd pas sa lumière de vue; elle est seulement très-affaiblie et semble être fixe.

L'appareil d'éclairage est à 84 pieds (27ᵐ,43) au-dessus du niveau de la mer, et la portée du feu, en temps clair, est d'environ quinze milles. (*Renseignements communiqués par M. Coulier.*)

Le phare destiné à signaler le morro Itacolomi, situé sur la pointe occidentale de la baie de San-Marcos, dont l'île Sainte-Anne forme, en quelque sorte, la pointe orientale, est, comme celui de cette île, un phare à éclipses, qui mais l'espace vide qui existe entre elle et le continent, la position plus au large des brisants qui l'environnent, suffisent pour la faire bien distinguer et pour empêcher à son égard une méprise durable.

Les premiers brisants qui se présentent en venant de l'Est sur l'île Sainte-Anne sont à sept milles dans l'Est-Nord-Est de la pointe Nord-Est de cette île, et ils la prolongent dans la direction de l'Ouest, presque jusque sur son méridien le plus occidental. Quand on a bien reconnu ces brisants, on peut les prolonger à deux et même à un mille de distance par le Nord; on trouve à leur pied de sept à vingt-quatre brasses d'eau, fond de sable. En gouvernant ensuite à l'Ouest $\frac{1}{4}$ Nord-Ouest, on va chercher les brisants de *Coroa-Grande*, vaste plateau de roches à fleur d'eau, contigu à la partie Nord de l'île de Maranham.

Des pratiques du pays prétendent qu'on pourrait passer entre l'île Sainte-Anne et les brisants de sa côte Nord : nous ne nous en sommes point assurés; mais il est au moins beaucoup plus prudent d'en passer au large, et l'on ne voit aucun avantage à tenter cette route, quand même elle serait praticable. « Lorsque, venant de l'Est, on relève les plus « hautes terres de l'île Sainte-Anne au Sud quelques degrés « Est, on n'a plus rien à craindre des bancs qui accompagnent « la partie Nord de cette île, et l'on pourrait faire prendre « de l'Ouest à la route. » (*Renseignements des pratiques.*)

n'en diffère qu'en ce que les retours des éclipses sont moins rapides, et que les éclats de lumière sont alternativement blancs et rouges. Ces différences, faciles à saisir à de courtes distances, quand le temps est clair, ne sont pas suffisamment tranchées lorsqu'il s'agit de reconnaître ces feux de très-loin. Il serait à désirer que l'un des deux fût fixe, afin de faire éviter, en tout temps, des méprises dont les résultats exposeraient aux plus grands dangers

Les gens du pays disent encore, malgré plusieurs cartes anciennes, qu'il n'y a pas de passage pour les bâtiments un peu grands entre l'île Sainte-Anne et le continent, et que ces deux terres sont liées sous l'eau par des hauts-fonds dangereux; mais ils admettent que les petits navires pourraient venir au mouillage de Saint-Louis de Maranham, en passant entre l'île de ce nom et celle de Sainte-Anne et en contournant la première par le Sud. Toutefois ce chenal est très-difficile, même pour de petits bâtiments, et ceux qui s'y sont engagés par inadvertance ne s'en sont tirés qu'avec beaucoup de peine. Cette erreur, au surplus, ne peut être commise qu'avec bien de l'inattention, comme on le verra plus loin à la description de la baie de *San-Marcos*, véritable entrée du port Saint-Louis de Maranham.

Nous avons dit plus haut que, de trois à trente milles au Nord du coude du continent, la profondeur passe par degrés de sept à trente-sept brasses. A l'Ouest du méridien de cette grande inflexion de la côte, les profondeurs ne sont pas fort différentes à des distances semblables de la terre ou des brisants; seulement le fond est plus heurté et les qualités en sont plus variées. La qualité dominante est le sable, mais il est tantôt blanc, tantôt gris, tantôt roux et parfois vaseux, mais rarement de cette dernière espèce. On le trouve encore assez souvent piqué de points noirs, de points jaunes; et, en s'éloignant de douze ou quinze lieues au Nord de Maranham, en allant dans l'Est du méridien de cette île, les fonds de madrépores broyés redeviennent dominants comme dans toute la partie de l'Est qui précède.

Les pilotes du pays engagent à faire attention à ces diverses qualités du fond, pour en tirer quelques inductions

Sur les qualités
du fond
aux environs
de
l'île de Maranham.

sur la distance où l'on est du méridien du milieu de Maranham ; et ils prétendent, par exemple, qu'à l'Ouest de ce méridien jusqu'au *morro Itacolomi*, dont nous parlerons plus bas, le fond *de sable fin blanc piqué de très-petits points noirs et rouges* est à peu près constant.

Il y a presque toujours peu de foi à accorder aux indications tirées des diverses qualités du fond de la mer; des différences réellement tranchées ne se trouvent guère dans de petits espaces, et, la plupart du temps, il y a peu d'accord dans la manière dont différentes personnes apprécieront et désigneront les échantillons du fond rapporté par la sonde. Cette réflexion s'applique autant aux atterrages de Maranham qu'à tout autre parage : aussi, sans nier que la qualité de fond annoncée par les pilotes comme la plus commune, entre le méridien de cette île et le continent à l'Ouest, ne le soit en effet, nous ne l'avons cependant pas trouvée invariable, et, par conséquent, nous ne la proposons pas comme une indication précise de la position du bâtiment qui la rencontrera.

Mais une telle indication, au reste, fût-elle certaine, ne serait pas très-importante, parce qu'on en a une autre qui est capable de lever toutes les incertitudes. C'est la reconnaissance qu'on aura dû faire, comme nous l'avons conseillé, de la plage des Lençoes-Grandes. L'étendue de cette plage remarquable, et son développement à près de trente lieues dans l'Est de la baie de San-Marcos, en font un point d'atterrage qui réunit toutes les conditions désirables.

Les brisants de Coroa-Grande, comme ceux de l'île Sainte-Anne, peuvent être vus, de beau temps, à trois lieues de distance du haut des mâts, et de la moitié de cette distance de dessus le pont d'une corvette.

Ils sont partagés en plusieurs groupes, et ils marquent sans cesse, quoique la mer y monte de douze pieds. La seule différence qui puisse y être remarquée, selon l'état de la marée, est la plus ou moins grande élévation des lames. Quant aux limites de l'ensemble, elles sont toujours à peu près les mêmes.

Ces bancs, très-accores du côté du large, peuvent être rangés à moins d'un mille de distance au Nord et à l'Ouest, où l'on aura de vingt-deux à sept brasses d'eau; mais rien n'oblige de les approcher d'aussi près, même pour aller à Saint-Louis avec les vents généraux de la partie de l'Est : ces vents permettent toujours d'atteindre ce mouillage à la bordée; il suffit de côtoyer Coroa-Grande à deux ou trois milles de distance.

Le point le plus Nord des brisants de Coroa-Grande est par 2° 10′ 50″ de latitude Sud et par 46° 17′ 56″ de longitude Ouest. Le point le plus occidental de ces brisants est sur le méridien de 46° 25′ 31″ Ouest.

En partant de cette longitude, et en allant à l'Ouest, jusqu'à la rencontre de la côte du continent qui forme le côté occidental de la baie de San-Marcos, les profondeurs sont très-inégales et passent brusquement de dix à quinze, dix-huit, vingt, vingt-cinq et trente brasses. Ce caractère heurté est remarquable, surtout pour les bâtiments qui, arrivant par l'Est, ont longtemps parcouru des fonds généralement unis.

Quelques cartes, même d'assez récentes, marquent des sondes de quatre brasses sur un petit espace situé à moitié distance de l'*Itacolomi* au méridien le plus Ouest de Coroa-Grande. Notre exploration n'a pas porté précisément sur ce point, parce que nous ne connaissions point alors ces cartes; nous ne pouvons donc nier ni confirmer absolument l'existence des petites sondes qu'elles indiquent : mais nous ferons remarquer que celles que nous avons obtenues à très-petite distance du point indiqué par quatre brasses ne sont pas au-dessous de *onze* brasses, ce qui ne fait pas pressentir le voisinage immédiat d'un fond aussi élevé [1]. Et nous ajouterons que l'usage suivi, par tous les bâtiments qui quittent Maranham (et il en est de très-grandes dimensions), de prendre leur point de départ du *parallèle* de l'*Itacolomi*, porte à croire qu'aucun point de ce parallèle n'est dangereux, comme il le serait réellement si l'on pouvait n'y trouver que quatre brasses d'eau. Nous nous bornons du reste, sur ce point, comme sur toutes les parties de la mer et des côtes du Brésil que notre travail a embrassées, à garantir seulement ce que nous avons *vu et pratiqué nous-mêmes*, laissant aux documents qui nous sont étrangers la responsabilité de leurs indications sur les points que nous n'avons pas pu reconnaître.

De l'accore du Nord des brisants de Coroa-Grande, pour peu que le ciel soit clair, on aperçoit l'île de Maranham. Cette île est plus haute que l'île Sainte-Anne; ses masses sont boisées, de configuration variée, et entrecoupées de falaises blanches dans le Nord; la distance de ces falaises à l'accore

---

[1] Il existe réellement un haut-fond, nommé *banco do Meio* [banc du Milieu], sur le sommet duquel il ne reste que deux brasses et demie d'eau; mais ce banc est situé à trois milles et demi ou quatre milles dans l'Ouest de l'accore occidentale des brisants de Coroa-Grande et sur un parallèle plus Sud de onze ou douze minutes que le parallèle du *morro Itacolomi*. Sa position exacte n'a pas encore été bien fixée. (Voir l'article relatif à ce banc, dans le supplément, à la fin de ce volume.)

du large de Coroa-Grande est d'un peu plus de quatre lieues.

La distance de l'accore occidentale des bancs du cap Saint-Roch à la pointe Mocoripe (extrémité Est de la baie de Ciará) est de cent quarante-huit milles, et la direction intermédiaire, le Nord 62° Ouest.

De la pointe Mocoripe à la pointe Mondahú, la distance est de cinquante-sept milles, et le gisement de la côte, le Nord 57° Ouest.

De la pointe Mondahú à celle de Tapaji, la distance est de quarante-huit milles, et la direction, le Nord 64° Ouest.

De la pointe de Tapaji à l'embouchure du Rio-Hyguarassú (bras oriental du Rio-Paranahyba), la distance est de quatre-vingt-dix milles, et le gisement, l'Ouest quelques degrés Sud.

De l'embouchure de l'Hyguarassu à la pointe Nord-Est des brisants de l'île Sainte-Anne, la direction moyenne, sans avoir égard aux inflexions de la côte, est le Nord 71° Ouest; la distance, suivant cette ligne, est de cent vingt milles, et de quelques milles de plus seulement en prolongeant la côte à la distance de deux lieues et demie que nous avons conseillée.

Enfin, en faisant trente-six milles à l'Ouest ¼ Nord-Ouest, à partir de la pointe Est des brisants du Nord-Est de l'île Sainte-Anne, on sera sur le méridien le plus Ouest des brisants de Coroa-Grande, de manière à pouvoir faire route pour la baie de San-Marcos sans avoir rien à craindre de ces brisants.

La distance totale des bancs du cap Saint-Roch à l'extrémité occidentale des brisants de Coroa-Grande est donc d'un peu peu plus de cinq cents milles.

Distance et direction des principaux points de la côte entre eux.

CHAPITRE XI.

DESCRIPTION DE LA BAIE DE SAN-MARCOS ET DU MOUILLAGE DE SAN-LUIZ, SUR LA CÔTE DE MARANHAM. — ROUTE POUR SE RENDRE A CE MOUILLAGE ET POUR EN SORTIR. — DESCRIPTION DE LA VIGIE DE MANOEL-LUIZ.

De la baie de San-Marcos.

La baie de *San-Marcos* [Saint-Marc] est la partie de mer comprise entre la côte occidentale de l'île de *Maranhaõ* [Maranham] et le continent. Son entrée gît Nord-Nord-Est et Sud-Sud-Ouest; sa moindre largeur est d'environ six milles et sa longueur de quatorze lieues. Cette baie est navigable, sur une grande partie de son étendue, pour de grands bâtiments, et des frégates mêmes peuvent mouiller devant *San-Luiz* [Saint-Louis], port principal de la baie, situé sur la côte occidentale de l'île de Maranham.

L'entrée de la baie de Saint-Marc étant formée en grande partie par des bancs et des brisants qu'il faut reconnaître avec précaution, nous reviendrons ici sur ce que nous avons déjà dit à son égard, afin de réunir sous un seul point de vue tout ce qui est relatif à cette partie dangereuse de la côte du Brésil.

Atterrage le plus ordinaire pour aller à Saint-Louis de Maranham.

Les vents, aux environs des îles de Maranham, sont le plus souvent de la partie de l'Est : c'est donc par l'Est qu'il faut atterrir, soit que l'on arrive d'Europe, de la Guyane ou des Antilles; le cas seul où l'on aurait des vents bien faits du Nord à l'Ouest doit faire exception; dans tous les autres, on devra prendre connaissance des Lençoes-Grandes, ainsi que nous l'avons conseillé page 161. On a vu que cette plage de sable commence à environ vingt lieues dans l'Est $\frac{1}{4}$ Sud-Est de l'île Sainte-Anne, et qu'elle s'étend jusqu'à la côte des Mangliers-Verts, terminée par le grand coude des terres du continent, sous le méridien de 45° 48' Ouest. (*Voyez* la carte n° 402 du Catalogue des cartes du Dépôt de la marine.)

On pourrait approcher les Lençoes-Grandes à quatre ou cinq milles, où l'on aurait de six à dix brasses d'eau ; mais une erreur en longitude, très-présumable sur ce point, pouvant faire prendre les Lençoes-Pequenas pour les Lençoes-Grandes, auquel cas on se trouverait dans l'Est des petits fonds de *Perguiças*, au lieu d'en être à l'Ouest, il faut, pour éviter toute inquiétude, se tenir à dix ou douze milles de la côte, et se conserver par des profondeurs de dix à six brasses. A cette distance de terre, on sera entre les parallèles de 2° 30' et de 2° 15' de latitude Sud, sur une direction moyenne de l'Est-Sud-Est à l'Ouest-Nord-Ouest, qui est celle de la côte qu'on prolongera.

Parvenu sur le méridien de 45° 40', qui est celui du milieu de la plage des Mangliers-Verts, et à sept ou huit milles de son rivage, on gouvernera à l'Ouest [1], et l'on ne tardera pas à voir devant soi les brisants du Nord-Est de l'île Sainte-Anne et cette île elle-même.

On contournera ces brisants à deux ou trois milles de dis-

---

[1] Si, dans ce trajet, on s'aperçoit que la marée porte dans le Sud, on fera prendre du Nord à la route, en proportion de l'effet du courant. Le flot, sur cette partie de la côte, porte au Sud-Ouest, et le jusant au Nord-Est, quelquefois avec une vitesse de deux milles à l'heure.

tance, en les laissant dans le Sud. La marque à laquelle on connaîtra qu'on les a passés et qu'on en est dans l'Ouest, consiste, comme nous l'avons dit, à relever les plus hautes terres de l'île Sainte-Anne, au Sud quelques degrés Est.

Ile Sainte-Anne.

Nous avons dit plus haut que cette île, qui a beaucoup de ressemblance avec la côte des Mangliers-Verts, est cependant plus élevée ; on doit d'autant moins la confondre avec cette côte, qu'elle en est séparée par un grand espace libre, où le rivage est tout à fait interrompu.

Après avoir prolongé les brisants du Nord de l'île Sainte-Anne, on continuera de gouverner à l'Ouest quelques degrés Nord, jusqu'à la rencontre des brisants de Coroa-Grande, qu'on peut approcher d'aussi près que les premiers et ranger également à deux milles de distance.

Brisants
de Coroa-Grande.

On pourrait peut-être reconnaître les brisants de Coroa-Grande à la qualité des fonds de sable fin, piqué de petits points noirs et roux, qui deviennent très-fréquents à l'approche de son méridien, comme nous l'avons dit plus haut ; mais nous répétons que, si l'on a fait l'atterrage que nous avons conseillé, la position du bâtiment n'aura plus rien de douteux lorsqu'on verra Coroa-Grande : si l'on a pris connaissance des Lençoes-Grandes dans toute leur étendue, on aura déjà prolongé un espace de trente lieues parfaitement déterminé.

Routes
pour se rendre
à Saint-Louis
après avoir reconnu
les Lençoes.

De la partie Nord de Coroa-Grande, deux routes se présentent pour entrer dans la baie de San-Marcos et ensuite au mouillage de Saint-Louis de Maranham.

Première route.

La première consiste à contourner, par le Nord et l'Ouest, Coroa-Grande, en se réglant sur la sonde. qui ne doit jamais être au-dessous de dix à douze brasses, tant qu'on suit l'accore du banc, et ensuite à prolonger la côte occidentale de Maranham, dont on doit voir la partie Nord en même temps que les brisants, si le temps est clair. Nous avons déjà dit que, indépendamment de la plus grande élévation de ses côtes, l'île de Maranham se distingue encore de l'île Sainte-Anne, lorsqu'on vient du large, par les falaises blanches de sa partie Nord.

Pointe Nord de Maranham.

La première pointe de Maranham qu'on rencontre en suivant l'accore Ouest des brisants de Coroa-Grande, est celle de *San-Marcos* [Saint-Marc], qui donne son nom à la baie. C'est une terre élevée, qui finit en pente assez rapide à la mer, et sur le haut de laquelle est une maison de vigie et un mât de signaux. Cette pointe se prolonge sous l'eau, ainsi que la côte qui la suit dans le Sud-Ouest, par quelques plateaux de roches et de sable, d'environ quatre cents toises de saillie, dont il faut se méfier.

Pointe Sau-Marcos.

En continuant la route au Sud-Ouest et Sud-Ouest $\frac{1}{4}$ Sud, on atteindra bientôt le parallèle du petit fort de Santo-Antonio de la Barra, situé à la pointe *das Areas*, pointe Nord de l'entrée du port de Saint-Louis; cette pointe forme l'extrémité Sud des plateaux de roches et de sable que nous venons d'indiquer le long du rivage, et l'on ne doit pas l'approcher par moins de cinq cents toises, tant qu'on en est dans l'Ouest; on sera, à cette distance, par trente-cinq ou quarante pieds d'eau, de mer basse, sur le parallèle du fort Santo-Antonio, où l'on pourra mouiller.

Ponta das Areas [Pointe des Sables].

La seconde route pour aller à Saint-Louis de Maranham, consiste à reconnaître le morro Itacolomi, petite montagne du continent, au côté occidental de la baie de San-Marcos, à peu près sur le parallèle de l'accore septentrionale des

Deuxième route.

Morro Itacolomi.

brisants de Coroa-Grande : cette montagne ressemble à un chapeau pointu à bords très-larges; elle est entièrement couverte d'arbres touffus, et elle peut être aperçue de cinq à six lieues, de beau temps [1]. Son isolement sur une côte plate facilite la reconnaissance de cette hauteur; les terres qui l'accompagnent dans le Sud continuent de s'étendre dans cette direction, tandis que celles du Nord tournent brusquement à l'Ouest à peu de distance; enfin, il n'existe, dans le voisinage de la baie de San-Marcos, aucune terre qui puisse donner lieu à une méprise avec le morro Itacolomi, et il est généralement pris pour point de départ et d'arrivée. Il est situé par 2° 8′ 38″ Sud, et par 46° 44′ 48″ de longitude Ouest.

Sa position.

Quand on est à six milles dans l'Est de ce mondrain, et

[1] La position du morro Itacolomi est signalée de nuit, depuis 1839, par un phare placé sur la partie la plus élevée de la falaise, à 282 toises (550 mètres) dans l'Est du sommet du morro. Le feu est *tournant* et présente alternativement, à des intervalles de deux minutes, une lumière blanche et une rouge, séparées par des éclipses de même durée que la lumière. Le feu est à 74 pieds (42 mètres) au-dessus du niveau de la mer, et sa portée, en temps clair, est d'environ vingt milles. (Voir dans le supplément, à la fin de ce volume, une description plus circonstanciée de ce phare et de ses environs.)

A deux milles à l'Est-Nord-Est du phare est un rocher dangereux qui couvre dans les hautes mers, laissant un passage pour les petits bâtiments. (*Extrait de la 6ᵉ édition de la description générale des phares, de M. Coulier.*)

Nous avons déjà fait remarquer, dans la note qui est au bas de la page 163, que la différence qui existe, entre l'aspect du phare de l'Itacolomi et celui du phare de l'île Sainte-Anne, n'est pas assez nettement tranchée pour qu'il soit possible de la saisir, en tout temps, à de grandes distances. Les dangers auxquels la confusion de ces feux pourrait exposer les navigateurs sont incalculables, et, dans le dessein de la rendre désormais impossible, nous renouvelons ici le vœu de voir changer le mode d'éclairage de l'un des phares, c'est-à-dire le rendre la lumière de l'un *fixe*, et de conserver le feu à éclipses de l'autre.

qu'on veut entrer dans la baie de San-Marcos, la route peut être directe au Sud, quinze milles, c'est-à-dire jusque sur le parallèle et à une lieue dans l'Est de la pointe *Tatinga*. De cette position, on pourrait gouverner au Sud-Sud-Est, directement sur la pointe de San-Marcos; mais on ne devra faire cette route directe que de jusant ou de pleine mer étale, afin d'éviter d'être entraîné par le flot sur la pointe Nord-Est du petit banc de *Cerca*, sur lequel il ne reste que très-peu d'eau de basse mer. Il convient donc de faire d'abord quatre milles au Sud-Est, en partant de trois milles à l'Est de la pointe Tatinga. Cette route conduira à environ deux milles dans le Nord 38° Est de la pointe de San-Marcos; de cette nouvelle position, on gouvernera de manière à prolonger la côte de Maranham à sept ou huit cents toises de distance, par des profondeurs de dix, treize et huit brasses, jusqu'au mouillage, comme on l'a conseillé pour la première route.

Dans toute l'étendue du trajet, depuis le parallèle de l'Itacolomi, la seule attention à avoir (outre celle de sonder sans cesse, comme on doit toujours le faire dans toute navigation proche de terre ou des bancs), est de se maintenir jusqu'à ce qu'on soit sur le parallèle de la pointe Tatinga, à l'Ouest de la pointe Nord, seule dangereuse, de ce que quelques pratiques du pays nomment le *banc du Milieu;* et pour cela il suffit de se tenir à quatre ou cinq milles de la côte du continent, qu'on prolonge jusqu'à la pointe Tatinga.

Ce banc du Milieu n'est pas exactement déterminé, et son existence même présente quelques doutes [1]. Peut-être

Pointe Tatinga.

Du banc du Milieu, selon quelques pratiques du pays.

----

[1] Voyez la note au bas de la page 105.

ceux qui en font mention entendent-ils parler de quelques sondes de quatre brasses, que plusieurs cartes anciennes marquent au voisinage et un peu au Sud du parallèle de l'Itacolomi, et dont nous avons parlé à la page 168. On voit, par nos routes, que nous n'avons pas trouvé ces petites profondeurs; mais, quoi qu'il en soit de leur existence, nous pensons qu'elles sont assez éloignées de la côte du continent, pour qu'il n'y ait aucun danger à craindre entre elles et la terre. Le canal est assez large pour qu'on puisse y louvoyer, et le premier pilote de Saint-Louis nous a affirmé « qu'on peut être en parfaite sécurité, en se maintenant « dans ce canal par douze brasses d'eau, et en virant « de bord toutes les fois qu'on trouve une profondeur plus « faible. »

Après avoir fait cette première partie du chemin pour entrer, et lorsqu'on aura traversé la baie pour venir chercher la pointe San-Marcos, on aura une bonne marque pour s'assurer qu'on est dans l'Est du banc de Cerca et à une distance suffisante de ce banc et de la côte de Maranham, c'est de gouverner de manière à conserver un petit espace ouvert entre les deux petits îlots situés au Sud de l'île Medo.

Le meilleur mouillage devant le port Saint-Louis de Maranham est de six cents toises à un mille, dans le Nord 64° Ouest du fort Saint-Antoine de la Barre, si l'on est dans un grand bâtiment; on trouvera, dans cette position, de trente à quarante-cinq pieds d'eau, de mer basse. Les petits bâtiments peuvent s'approcher davantage du port, et se placer entre lui et le petit banc de Medo, qui est à peu de distance dans l'Ouest; du mouillage que nous occu-

pâmes sur *la Bayadère*, nous faisions les relèvements sui
vants :

      La pointe *San-Marcos* au . . . . N. 64° E
      Le fort *Saint-Antoine* au . . . . N. 74 E.
      Le milieu de l'îlot *Espera* au . . . . S. 40 O.

Ces relèvements sont corrigés de 1° 37' de déclinaison
de l'aiguille aimantée, observée Nord-Est en janvier 1820.

Indication
d'un mouillage
plus intérieur.

« Les bâtiments qu'un trop grand tirant d'eau empêche-
« rait d'entrer dans le port de Saint-Louis, et qui, ayant à
« réparer des avaries, voudraient un mouillage encore plus
« tranquille que celui-là, le trouveraient dans le Sud-Ouest
« de Maranham, dans la petite baie d'*Ataki*. Le fond y est
« de vase, la profondeur de quinze à seize brasses, le cou-
« rant beaucoup moins rapide que devant Saint-Louis, et la
« mer toujours calme. On s'y rend en contournant l'île
« Medo par l'Ouest, à une distance d'un ou deux milles. »
(*Renseignements donnés par les pratiques du pays.*)

Description
du mouillage
devant
le port Saint-Louis.

Le mouillage devant Saint-Louis est borné, dans le Sud
et le Sud-Ouest, par la pointe de Guia appartenant à Maranham, par l'île Medo et plusieurs hauts-fonds sur lesquels
il reste peu d'eau de basse mer; dans l'Est et le Nord-Est,
par la côte de Maranham; dans le Sud-Est, par les bancs
qui forment le côté Sud de l'entrée du port; enfin, à environ
deux milles dans le Nord-Ouest, par le banc de Cerca déjà
nommé, qu'on nous a aussi désigné sous le nom de *banc da
Ilha das Pacas*, et qui ne conserve, en certains endroits,
que six pieds d'eau de basse mer. Indépendamment du passage au Nord de ce banc que nous venons d'indiquer pour
aller au mouillage, on pourrait encore s'y rendre par le
Sud et passer entre le banc de Cerca et l'île Medo : mais

cette route ne doit être prise qu'avec des vents du Nord au Sud par l'Ouest; quand ils sont de la partie de l'Est, il est visible qu'il faut serrer de préférence la côte de Maranham, pour pouvoir atteindre le mouillage de Saint-Louis à la bordée.

L'entrée du port de Saint-Louis n'a rien de difficile pour les petits bâtiments; mais, ceux d'un grand tirant d'eau ne pouvant louvoyer dans le chenal, il leur faut des vents favorables, et ils ne peuvent d'ailleurs se présenter que de mer haute, s'ils ont besoin de plus de vingt pieds d'eau.

La direction du chenal, depuis le parallèle du fort Saint-Antoine, est d'abord Sud 30° Est et Nord 30° Ouest, en se tenant à environ cent cinquante toises de ce fort, du moment qu'on le relève au Nord, puis à la même distance de la côte qui lui succède dans l'intérieur du chenal. Arrivé au pied des falaises qui terminent la pointe de *San-Francisco*, on peut mouiller pour attendre le pilote nécessaire pour aller plus avant, selon la grandeur du bâtiment.

La plus faible profondeur qu'on trouve sur la barre de Saint-Louis est de onze pieds dans les basses mers des syzygies; elle est d'un peu plus de vingt-sept pieds, de mer haute, dans les mêmes circonstances. On trouve à peu près le même brassiage en dedans, en prolongeant le rivage, comme nous venons de le dire. La plage, au côté Sud du chenal, assèche en grande partie à moitié jusant. En 1820, une grande chaloupe était coulée avec ses mâts, à environ deux cents toises dans l'Ouest $\frac{1}{4}$ Nord-Ouest de la pointe das Areas; c'était une bonne balise pour marquer la distance à laquelle on devait ranger cette pointe dans ce relèvement : il serait à désirer qu'on la conservât. On voit, par ce que nous avons dit de la profondeur du port de Saint-Louis, que des frégates pourraient y entrer, en choisissant un vent favorable et le moment de pleine mer des grandes marées ; mais nous ignorons si, dans l'intérieur du port, elles trouveraient assez d'eau pour y flotter de basse mer ; nous penchons pour l'affirmative à cet égard, sur la foi des pratiques.

La ville de Saint-Louis, capitale de la province de Maranham et siége du gouvernement et de l'évêché, est d'une étendue supérieure à ce qu'exigerait sa population. Elle occupe deux petites hauteurs, situées à peu de distance Est et Ouest l'une de l'autre, ainsi que le petit vallon qui les sépare. Plusieurs de ces maisons sont remarquables par leur grandeur; on distingue, parmi les édifices publics, une salle de spectacle, l'hôtel de la trésorerie, celui de la douane, plusieurs couvents et églises, dont la principale, qui est la cathédrale, occupe le côté Nord d'une place carrée couverte de gazon, située devant le palais du gouvernement. Les rues sont généralement percées à angles droits; mais le mouvement du terrain y rend la circulation fatigante.

Les bâtiments trouvent à Maranham les principales ressources qu'exige la navigation. La sûreté du port permet de s'y caréner; l'aiguade est bonne et abondante : on se procure assez facilement, dans l'île, des bœufs et du riz; mais, si l'on a besoin d'un approvisionnement considérable, il faut l'aller faire sur le continent, beaucoup plus fertile de toute manière que l'île elle-même, et beaucoup plus abondant en bestiaux, fruits, etc.

En 1820, la population de Saint-Louis de Maranham

était évaluée à seize mille âmes, et celle de l'île entière à quarante mille.

La température est très-élevée dans cette ville, surtout depuis le mois de décembre jusqu'à celui de juin. Saint-Louis, bâti dans l'Ouest de l'île, ne ressent pas l'influence salutaire des vents généraux de l'Est, ou ne les reçoit que très-affaiblis.

Sous le rapport des vents et des autres phénomènes météorologiques, l'année peut se partager en deux saisons dans l'île de Maranham. L'hiver, qui commence en décembre et finit en mai, et l'été, qui dure les six autres mois de l'année. La première de ces deux saisons est celle des pluies : elles tombent abondamment et sont accompagnées d'orages violents, surtout dans les mois de février, mars, avril et même une partie de juin. Le tonnerre et les éclairs sont alors presque permanents, et, dans les grains, les vents soufflent avec une grande force du Nord au Sud-Ouest par le Sud. Toutefois, on n'éprouve pas à Maranham d'ouragans proprement dits, et, dans les plus mauvaises nuaisons, il y a de longs intervalles de temps tolérable. Il tombe quelquefois aussi de la pluie pendant l'été, et, dans cette saison, les vents règnent le plus ordinairement de l'Est-Sud-Est au Nord-Est par l'Est : ce sont les vents généraux.

L'air qu'on respire à Maranham est assez sain. On n'y connaît pas de graves maladies endémiques. Dans le temps des pluies, quelques fièvres prennent parfois un caractère dangereux; mais elles cèdent souvent à un traitement approprié. Les moyens préservatifs sont un régime exempt d'excès; les principaux remèdes sont les évacuants, particulièrement l'émétique.

Le commerce de la province de Maranham consiste en coton, riz, cuirs, gingembre et ipécacuanha, la quantité exportable de la première de ces marchandises s'élevait, en 1820, à 70,000 balles, du poids de 170 livres chacune.

Les marées sont régulières à Saint-Louis et dans la baie de San-Marcos. Au mouillage indiqué ci-dessus (page 176), le flot se dirige au Sud-Sud-Ouest, et le jusant au Nord et Nord-Nord-Est. La vitesse de l'un et de l'autre est de 1,7 de mille par heure dans les marées ordinaires, et de 2,5 dans les nouvelles et pleines lunes. Dans ces derniers cas, la différence du niveau de basse mer à celui de haute mer est de seize pieds quatre pouces, selon nos observations faites trente-six heures après la pleine lune de janvier 1820 proche le fort Saint-Antoine. Dans les marées ordinaires, le mouvement vertical des eaux n'est que de dix pieds, d'une marée à la marée suivante.

L'établissement des marées au port Saint-Louis a été trouvé de sept heures[1].

Le pavillon du fort Saint-Antoine de la Barre est dans la position suivante :

Latitude.............................. 2° 29′ 23″,6 S.
Longitude .... 46 37 11 ,0 O.

Nous avons dit que la déclinaison de l'aiguille avait été trouvée, dans le même lieu, de 1° 37′ Nord-Est, au mois de janvier 1820.

La route pour sortir de la baie de San-Marcos se conclurait aisément de ce que nous avons dit de celle qu'il faut

[1] M. Chazallon donne 7ʰ 4′ du soir, dans l'Annuaire des marées.

faire pour entrer; nous reviendrons néanmoins ici sur les principales directions à suivre.

Du mouillage devant le port de Saint-Louis, deux routes directes se présenteraient pour sortir de la baie comme pour y entrer, si les vents pouvaient s'y prêter. De ces routes, l'une serait le Nord $\frac{1}{2}$ Ouest, pour passer à l'Ouest du banc du Milieu; l'autre, le Nord 30° Est, pour passer dans l'Est de ce banc[1], en rangeant la côte de Maranham et les bancs de Coroa-Grande.

Mais les vents ordinaires, dans ce parage, étant de la partie de l'Est, cette seconde route pour sortir est souvent impossible, et, si ces vents permettent d'approcher de beaucoup de l'autre, c'est rarement d'une manière complète et sans quelques déviations.

En supposant les vents de l'Est-Nord-Est à l'Est-Sud-Est, qui sont les plus fréquents, il faut prendre les amures à tribord, en quittant le mouillage de Saint-Louis, et tâcher de gouverner de manière à faire valoir à la route le Nord $\frac{1}{2}$ Ouest.

Ayant eu soin, comme on le devra toujours dans cette circonstance, de mettre sous voiles au moment précis de la haute mer, cette première bordée, aidée du jusant, fera traverser promptement le petit banc de Cerca, qu'on reconnaîtra au passage subit des profondeurs de quinze et dix-neuf brasses à celles de dix, huit et même cinq brasses, dans le seul intervalle de temps nécessaire pour retirer et jeter le plomb de sonde. Mais ce banc, situé sur une direction Nord-Est et Sud-Ouest, ayant fort peu de largeur,

---

[1] Voyez, page 168, et, dans le supplément, ce que nous avons dit du banc du Milieu.

dans le sens presque Nord ¼ Nord-Ouest et Sud ¼ Sud-Est qu'on suivra, on ne trouvera guère qu'une ou deux fois ce dernier brassiage, et, pour peu que le bâtiment ait de vitesse, il retombera sur-le-champ aux profondeurs précédentes, et le banc sera franchi.

La marque pour connaître qu'on est sur l'extrémité Nord de ce banc, par neuf pieds d'eau de basse mer, est de réunir, à très-peu près, les pointes opposées les plus voisines des deux îlots qui sont dans le Sud de l'île Medo, avec la pointe Ataki de Maranham, qui paraît derrière eux, en même temps qu'on relève la pointe de San-Marcos au Sud 56° Est.

Si la première bordée prend de l'Ouest, ou pourra la prolonger jusqu'au continent, qu'on atteindra sur un point d'autant plus au Nord que le vent aura été plus favorable à la route, et que le jusant aura eu plus de force pour la soutenir contre la dérive. Ce courant portant, comme nous l'avons dit, au Nord et Nord-Nord-Est, dans toute l'étendue de la baie, un seul jusant suffira presque toujours pour mettre le bâtiment dehors, si l'on est parti au moment de la pleine mer.

On pourrait approcher du continent jusqu'à deux ou trois milles de distance, et tous les petits bâtiments peuvent le faire; mais nous répétons que la prudence exige qu'on ne sorte pas, dans cette partie de la baie, des profondeurs de douze brasses, surtout avec un grand navire; outre les motifs de sûreté, cette précaution est encore fondée sur une autre considération que nous exposerons plus bas.

Parvenu à la fin de la bordée, à la profondeur prescrite, on virera sur l'île de Maranham et l'on serrera le vent bâbord amures, jusqu'à ce qu'on ne trouve plus que douze brasses d'eau. Il est probable que la seconde bordée du côté du Nord achèvera le trajet de la sortie; mais, s'il en était autrement, il n'y aurait qu'à continuer de louvoyer tant que le jusant subsistera, en ne passant jamais à des fonds au-dessous de douze brasses.

En renfermant les bordées dans ces limites, le long du continent, on évitera tout danger de la part du banc du Milieu, supposé qu'il existe, comme quelques personnes le disent[1]. Celles qui exagèrent le plus ses dimensions, avouent d'abord qu'elles sont circonscrites entre le parallèle du mont Alegre, à environ huit milles au Sud de l'Itacolomi, et celui de ce dernier mondrain. Au Sud de cette position et jusqu'à la pointe Nord du banc de Cerca, tout bâtiment peut traverser la baie en sûreté après une heure de flot; on affirme de plus qu'à l'Est et à l'Ouest d'une ligne Nord et Sud très-étroite, comprise entre ces deux parallèles, on peut louvoyer sans inquiétude en prenant les précautions que nous venons d'indiquer.

Tous les marins du pays s'accordent à donner la préférence au chenal qui prolonge le continent, sur celui qui suit la côte de Maranham et les brisants de *Corva-Grande*, et nous sommes de leur avis, surtout s'il s'agit de sortir de la baie et de tirer avantage du courant. Le premier chenal en effet est le plus profond des deux, et, par cette raison, le courant, dont il faut toujours s'aider pour louvoyer, y est plus fort et par conséquent plus profitable que dans l'autre.

[1] L'existence de ce banc n'est plus douteuse; mais il reste encore de l'incertitude sur l'exactitude de son brassiage et de sa position. (Voir la note au bas de la page 168, et l'article intitulé *Banc de Moyo*, dans le supplément.)

C'est par une considération semblable que nous conseillons de se maintenir par des sondes de douze brasses, bien qu'on pût sans danger aller jusqu'à celles de dix et même au-dessous, sur les deux bords. La vitesse des eaux est proportionnée à leur profondeur, et le milieu du chenal étant plus profond que les côtés, c'est dans ce milieu que le courant doit être le plus rapide et par conséquent le plus favorable.

Si les vents soufflaient de la partie Sud-Est au Sud-Ouest, au moment du départ, avec une apparence de durée, la route la plus convenable à faire serait de prolonger la côte de Maranham et l'accore occidentale des brisants de *Coroa-Grande;* il ne s'agirait alors que de suivre des directions diamétralement opposées à celles qui ont été indiquées pour entrer.

Arrivé à deux ou trois lieues dans l'Est du *morro Itacolomi,* on quitte ordinairement le pilote dont on s'est servi pour sortir, et l'on prend la route qu'exige la destination du bâtiment. De ce moment, un seul obstacle reste à éviter sur les routes qui conduisent au Nord de Maranham, et nous allons le décrire.

A la distance de soixante-dix-sept milles dans la direction du Nord 8° Est, à partir de l'Itacolomi, se trouve un des hauts-fonds les plus redoutables qu'on puisse rencontrer à la mer : c'est la vigie de *Manoel-Luiz.*

Ce danger, qu'on ne connaissait plus que par les nombreux naufrages qu'il occasionnait avant que nous l'eussions retrouvé, et dont on ne pouvait plus assigner la position, consiste en plusieurs groupes de rochers coniques à fleur d'eau, séparés entre eux par des intervalles inégaux en distance et en profondeur.

Route avec des vents du S. E. au S. O.

Route pour s'éloigner de la baie de San-Marcos.

Vigie de *Manoel-Luiz.*

Sa description.

Située dans une mer rarement exposée à des vents violents, cette vigie ne brise que par instants fort courts, et seulement quand la marée est tout à fait basse, en sorte qu'il est presque impossible de l'apercevoir, même en en passant fort près. Néanmoins, ceux des rochers de ce plateau que nous avons explorés ne conservent pas plus de cinq à quinze pieds d'eau, de basse mer, bien qu'on trouve huit, dix et douze brasses à leur pied : on peut donc rencontrer inopinément ce danger, et un échouage sur un écueil de cette nature entraînera presque toujours une perte sans ressource.

Les brisants instantanés qui s'en élèvent ont l'apparence d'un remous de baleine lorsque la mer est calme autour d'eux, et, quand ils disparaissent, ils laissent des masses d'écume blanche qui subsistent assez longtemps. Lorsque le ciel est dégagé, on peut apercevoir les roches sous l'eau, où elles offrent de grandes taches noires; mais ces taches ne sont visibles que de trop près pour qu'il soit prudent de compter sur cette indication : après deux heures de flot, et seulement à demi-mille de distance, il est probable qu'on ne verra aucune trace d'écueil, si la mer est belle.

Notre exploration a embrassé l'Est, le Sud et l'Ouest de la vigie.

Les recherches que nous avons faites de cette vigie nous ont donné lieu de connaître assez bien ses approches dans l'Est, dans le Sud et dans l'Ouest, pour pouvoir garantir qu'il n'existe rien de dangereux dans ces directions. Je désirais vivement me mettre à même de parler avec autant de confiance de la partie Nord; mais il aurait fallu que les circonstances me favorisassent huit jours de plus, et c'est ce qu'elles ne firent pas. Dès le lendemain de la découverte de la vigie, la mauvaise saison se développa avec violence; le temps ne se prêta plus à aucune observation astronomique, et je perdis mon avant-dernière ancre. Dans cet état de choses, avec un bâtiment seul et du tirant d'eau de *la Baya-dère*, continuer des recherches qui avaient été déjà si ha-sardeuses, durant les dix jours de circonstances favorables qui venaient de s'écouler, n'aurait été qu'une obstination gra-tuite et sans espoir de succès possible, du moment que les circonstances étaient entièrement changées; je ne pus donc contourner la vigie par le Nord. Malgré la contrariété que j'en éprouvai, je pouvais croire cette lacune peu regrettable. Toutes les traditions que j'avais recueillies sur les rochers de Manoel-Luiz s'accordaient, au milieu de leurs contradic-tions, à placer ces écueils *plus Sud* que je ne les avais trouvés, et à les circonscrire dans des limites plus étroites que celles que j'avais sous les yeux : il était donc difficile de n'en pas conclure que j'avais tout rencontré. Toutefois, je ne l'affirmai point; et, nos reconnaissances ayant embrassé les approches du danger dans les directions réellement im-portantes pour les bâtiments qui fréquentent Maranham, je me bornai à m'applaudir d'avoir résolu la question de la vigie de Manoel-Luiz sous les rapports les plus essentiels, dans l'ordre des recherches qu'embrassait ma mission : lais-sant à une occasion plus favorable, au hasard peut-être, à découvrir ce qui pourrait rester d'intéressant dans cette question pour la navigation générale.

Nos observations faites au mouillage, à quatre cents toises dans le Sud des roches les plus occidentales de la vigie de Manoel-Luiz, et dans des circonstances qui nous autorisent à en assurer l'exactitude, placent ces roches de la manière suivante :

Position de la vigie
de
Manoel-Luiz.

Latitude. . . . . 0° 51′ 25″ S.

Longitude. . . . . 46 34 59 O.

Déclinaison de l'aiguille aimantée, observée, le 29 janvier 1820 au même mouillage, 0° 57′ Nord-Est.

Marées
à vue de ce danger.

Le même jour, qui était la veille de celui où la lune entrait dans son plein, nous trouvâmes que la mer monta et descendit sur les rochers de Manoel-Luis d'environ douze pieds, et qu'elle fut pleine à cinq heures; que le flot dura six heures, et porta de 0,6 de mille par heure au Sud-Ouest, et que le jusant porta au Nord-Est pendant la même durée et avec la même vitesse.

Analogie
entre la nature
de ces rochers
et celle
des autres rochers
et îlots situés
à petite distance
sur
la côte orientale
du Brésil.

Enfin la nature des rochers qui forment cet écueil nous paraît être absolument la même qu'aux Abrolhos et que dans la plupart des autres îlots ou rocs situés à petite distance des côtes du Brésil, et dont nous avons donné la description.

Telles étaient nos connaissances, d'après nos recherches, sur la vigie de Manoel-Luiz, lorsqu'on apprit, en 1825,

Second
groupe de rochers
au Nord
de Manoel-Luiz.

qu'un autre groupe de roches venait d'être rencontré à près de sept lieues plus au Nord et presque sur le même méridien que les nôtres.

Cette rencontre, entièrement due au hasard, a été faite et annoncée dernièrement par M. da Silva, officier de la marine brésilienne, qui, se rendant à Para, aperçut des brisants sur sa route et reconnut les roches dont il s'agit. J'ignore les détails de cette découverte; mais la position assignée à ce nouvel écueil a été transmise ainsi qu'il suit :

Latitude. 9° 32′ 0″ S. de Paris.

Longitude. . . . . 46 37 36 O.

Et, d'après les renseignements reçus, on paraît ne pas pouvoir élever de doute, au moins sur la latitude.

Une question se présente donc ici : c'est de savoir à laquelle des deux vigies, celle de M. da Sylva et la mienne, il faudra désormais donner le nom de Manoel-Luiz. Si l'on consulte toutes les anciennes cartes qui font mention de cette vigie, on trouvera si peu d'accord entre elles, qu'il sera impossible de se décider pour l'une ou pour l'autre. Elles ne marquent toutes qu'un seule groupe de rochers, et aucune ne le place dans la position où nous avons trouvé les nôtres, M. da Sylva et moi. Je suis donc tenté de croire que ces deux découvertes doivent être considérées comme se rattachant à un même plateau [1]. Son étendue, qui serait alors de sept lieues Nord et Sud, ayant pu donner lieu à la rencontre successive de plusieurs de ses parties, expliquerait jusqu'à un certain point les différentes indications qui ont été données jusqu'à nous. Je conviens que cette hypothèse ne les justifierait pas toutes, puisque, comme je m'en suis assuré, l'opinion populaire à Maranham, par exemple, plaçait la vigie sur des parallèles de *près d'un degré plus Sud* que celui où nous l'avons rencontrée et sur lesquels nous nous sommes assurés qu'il n'existe aucun danger, et l'on peut en dire autant relativement à la rencontre faite par M. da Sylva : cependant il me paraît hors de doute que ce qu'on a appelé jusqu'ici *vigie de Manoel-Luiz* est un des

---

[1] On pourrait peut-être y rattacher encore un haut-fond situé à cinquante milles au Nord 33° Ouest du banc de roche que nous avons rencontré et dont la position, ainsi que le détail des circonstanses de sa découverte, sont indiquées dans le supplément, à l'article intitulé : *Haut-fond au Nord de la basse Manoel-Luiz*.

points du plateau spacieux dont nous avons, M. da Sylva et moi, assigné les limites dans le sens du méridien, et que, par cette considération, il peut paraître juste de lui conserver son nom primitif, si c'est celui du premier navigateur qui a eu connaissance de ce redoutable écueil.

Nous revenons aux résultats de nos connaissances.

Il nous paraît difficile de tirer de la sonde des indications de quelque sûreté sur la distance où l'on peut se trouver de la vigie de Manoel-Luiz. Les profondeurs et la nature du fond sont si variables, à un certain éloignement de ce danger, qu'on ne peut en déduire que des données fort peu concluantes.

Les fonds de *sable blanc piqué de petits points noirs et roux*, que nous avons indiqués (page 165 et 166) comme les plus communs dans la portion de mer comprise entre le méridien des brisants de Coroa-Grande et celui de la côte orientale du continent voisin, s'étendent, comme nous l'avons dit, à dix ou quinze lieues au Nord de l'entrée de la baie de San-Marcos; mais ils n'y sont pas sans mélange, et on les trouve souvent accompagnés de fonds qui n'ont nul rapport avec eux.

Au delà de cette limite, de même qu'à l'Est du méridier. de Coroa-Grande, les fonds de sable et madrépores brisés ou broyés prennent le dessus; ce sont à peu près les mêmes que ceux qu'on trouve si constamment le long de la côte du Brésil, depuis les Abrolhos : nous les avons trouvés à l'extrémité de toutes nos routes dans l'Est et sur le parallèle de la vigie; il est probable qu'ils s'étendent au Nord et à l'Est beaucoup plus loin.

Ce sont encore ces fonds de madrépores broyés qui sont

les plus communs immédiatement autour, et dans l'Est le
Sud et l'Ouest de ce danger; mais ils se mélangent parfois,
quoique rarement, de gros graviers, de débris de coquilles,
et, plus rarement, de quelques roches sous des profondeurs
qui, variant d'une sonde à l'autre de quatre ou cinq brasses,
dans des sens opposés, ne permettent pas de déterminer, à
quatre ou cinq lieues près, la distance où l'on est de la
vigie. Nous venions d'avoir vingt-cinq brasses de fond,
lorsque, à une heure et demie de la nuit du 28 janvier,
nous ne trouvâmes que douze brasses dans le seul intervalle de temps nécessaire pour retirer un plomb à main et
le rejeter; il se trouva qu'alors nous n'étions pas à plus de
quatre milles des roches.

Les disparates dans la profondeur ne sont pas aussi marquées sur la totalité de l'espace que nous avons exploré autour de cet écueil; mais elles le sont assez pour qu'on ne
puisse pas, jusqu'à présent, se flatter de trouver dans la
sonde un renseignement digne de foi. La seule observation
qui semble assez fondée pour être de quelque utilité aux
bâtiments qui vont à Maranham en arrivant par l'Est et le
Nord-Est, est le décroissement du fond que nous avons reconnu sur le parallèle, à partir d'environ quinze lieues de
la vigie. Il paraît qu'à cette distance une ligne tirée du Sud-
Est au Nord-Ouest séparerait assez exactement les profondeurs de cent brasses et au-dessus, de celles de cinquante à
quatre brasses. On ne doit pas donner à cette remarque une
importance absolue; mais on voit, par nos sondes, qu'elle
n'est pas sans vraisemblance, et c'est déjà quelque chose de
tranquillisant, quand on se trouve dans le voisinage d'un
danger tel que celui qui nous occupe ici, que de savoir

qu'on en sera au moins à quinze lieues, tant qu'on aura plus de cinquante brasses de fond.

La plus efficace, la plus sûre des précations à conseiller aux bâtiments qui vont à Maranham, même quand ils sont pourvus de montres marines, consiste, comme nous l'avons dit, à prendre connaissance de la plage des Lençoes-Grandes, entre les méridiens de 45° et de 45° 40′ Ouest, en s'approchant de huit à dix milles de terre, pour la côtoyer ensuite.

Quant à ceux qui, sortant des ports de la baie de San-Marcos, veulent se porter au Nord, la connaissance de la position que nous avons assignée à la vigie ne leur suffirait pas, dans certaines circonstances, pour éviter ce danger. Leur route devra se régler d'après des combinaisons avec des courants variables, et nous présenterons ces combinaisons dans le chapitre suivant, consacré à indiquer la route pour se rendre des différents ports du Brésil en France.

CHAPITRE XII.

ROUTE POUR SE RENDRE DU BRÉSIL EN FRANCE.

La régularité des brises de terre, sur la presque totalité des côtes du Brésil, pendant la plus grande partie de l'année, permet aux bâtiments qui fréquentent ces côtes de fixer le jour et même l'heure de leur départ du port. On a vu (page 19) que ces brises s'élèvent pendant la nuit, fraîchissent ordinairement au point du jour, et durent jusque vers neuf heures ou dix heures du matin : on a donc toutes les facilités désirables pour se préparer à en profiter, et pour se porter à la distance de la côte où, dégagée de tous les obstacles de localités, la navigation n'est plus assujettie qu'à des causes générales.

Ces causes elles-mêmes ne sont ni nombreuses ni variées sur la vaste étendue de mer qui environne, à une grande distance, les côtes du Brésil.

Cette partie du continent de l'Amérique, située entre le trente-troisième et le deuxième degré de latitude Sud, est tout entière dans la région des vents généraux de l'hémisphère austral, lesquels soufflent ordinairement de l'Est-Nord-Est au Sud-Est. Le gisement de la partie du littoral du Brésil comprise entre le trente-troisième degré et le vingt-troisième étant le Nord-Est $\frac{1}{2}$ Nord et le Sud-Ouest $\frac{1}{2}$ Sud, il s'ensuit que, pour s'éloigner des ports qui y sont situés, il faut souvent lutter contre des vents contraires et louvoyer.

13

Cette circonstance est la plus ordinaire, et, à quelque différence près, dans le degré et la durée des contrariétés, elle doit, le plus souvent, être prévue par les bâtiments qui sortent des ports compris entre Rio-Grande de San-Pedro et le cap Frio pour prendre le large et s'élever dans le Nord-Est.

Au Nord du cap Frio, la côte, sur une étendue de près de trois cents lieues, se rapprochant beaucoup de la direction du méridien, semblerait devoir laisser plus de chance pour prendre le large, tribord amures, à l'aide des vents généraux ; mais les bâtiments qui sortent des ports situés entre le cap Frio et les Abrolhos ont ces îlots à doubler ; et ceux qui partent d'un port plus au Nord se trouvent trop rapprochés d'une côte qui gît au Nord-Est, pour pouvoir toujours espérer de passer, à la bordée, au vent de la pointe d'Ollinda.

Au delà de cette pointe, les vents généraux sont presque toujours favorables pour prolonger la côte qui court au Nord, et les circonstances où ils ne le permettent pas peuvent être considérées comme des exceptions.

D'après ces données, fournies par l'expérience, il y a donc environ cinq cent cinquante lieues des côtes du Brésil d'où les bâtiments ne peuvent généralement s'éloigner qu'en louvoyant ; et, ces côtes étant précisément celles où se trouvent les ports les plus fréquentés, il convient d'indiquer les règles à l'aide desquelles la route pour les quitter peut être abrégée.

La plus importante de ces règles consiste à faire de grandes bordées et à ne point *chicaner* le vent, si l'on est contraint de louvoyer.

Si, en quittant les ports de San-Pedro, de Sainte-Catherine, de Santos, de Saint-Sébastien, d'Ilha-Grande, de Rio-Janeiro, d'Espirito-Santo, de Porto-Seguro, de Bahia, et généralement tous les points compris entre Rio-Grande de San-Pedro et la pointe d'Ollinda, on veut se porter au large avec des vents qui ne permettent pas de doubler toute la côte en prenant la bordée du Nord, il ne faut pas balancer à prendre la bordée du Sud, en serrant le vent bâbord amures; il est probable que, dans cette bordée, les variations ordinaires aux vents généraux permettront de gagner assez dans l'Est pour compenser ce qu'on pourra perdre dans le Sud, et que, loin d'allonger la traversée, on l'abrégera. Le louvoyage le long de la côte, assujetti aux courants des marées et aux brises de terre, peut, à la vérité, dans certains concours de circonstances, favoriser les progrès contre le vent; mais cette méthode n'est réellement profitable qu'aux très-petits bâtiments qui approchent d'assez près le rivage pour pouvoir ressentir les brises de terre et les mettre à profit. Sauf des exceptions, les grands navires ne peuvent lutter, avec un prompt succès, contre les vents généraux, dans les mers du Brésil, que par de grandes bordées.

L'opiniâtreté des vents de Nord-Est force quelquefois les bâtiments sortis des ports situés au Sud du cap Frio pour retourner en Europe de garder l'amure à bâbord pendant douze ou quinze jours, et de descendre au Sud-Est, même au Sud-Sud-Est, jusque sur les parallèles de vingt-huit à trente-deux degrés Sud : on doit tâcher d'atteindre ainsi le méridien de l'île de la Trinité; revirant alors et prenant tribord amures, il est à peu près sûr qu'on pourra toujours doubler les points de la côte les plus saillants dans l'Est. A mesure qu'on s'élèvera au Nord sur cette bordée, ou trouvera des vents plus rapprochés de l'Est au Sud-Est, qui faciliteront de plus en plus le redressement de la route : en agissant de la sorte, il sera très-rare qu'on ne puisse pas passer au vent de l'île de Fernando de Noronha, et couper la ligne entre le trentième et le trente-huitième degré de longitude à l'occident de Paris. On la couperait encore d'un ou deux degrés plus à l'Ouest, qu'il n'en résulterait aucun inconvénient pour le reste de la traversée.

Passage
de l'équateur.

Le passage de l'équateur sous ces méridiens, qui était devenu inquiétant par l'incertitude où l'on a été longtemps sur la position réelle du Penedo de San-Pedro, ne doit plus exiger aujourd'hui que des précautions ordinaires; ce groupe de rochers a été revu, à notre connaissance, en 1822 et 1823, par deux bâtiments français [1], et il ne s'est élevé aucun doute sur la latitude de 0° 53′ 8″ Nord et la longitude de 31° 35′ 12″ Ouest qui lui ont été assignées : l'erreur, s'il y en a une, doit être légère.

Des bâtiments qui quittent les points de la côte situés au Nord de la pointe d'Ollinda.

A partir de la pointe d'Ollinda, ou, plus exactement, de la pointe de Pedras, située sur le parallèle de 7° 35′ 9″ Sud, et qui est la plus orientale du Brésil, jusqu'aux bancs du cap Saint-Roch, les bâtiments pourront probablement toujours s'élever dans le Nord, tribord amures. La direction de cette côte, inclinant de plus en plus vers l'Ouest, et les vents généraux de ces latitudes étant fréquemment de l'Est, on pourra même espérer d'avoir du largue en se dirigeant au Nord; mais si, par exception, les vents ne permettaient pas de faire franchement cette route, nous répétons qu'il est préférable de faire d'abord une bordée dans le Sud-Est,

[1] Par le vaisseau de S. M. *le Jean-Bart*, monté par M. le contre-amiral Grivel, et par un bâtiment de commerce du port du Havre.

cette bordée portât-elle même plus dans le Sud que dans l'Est.

Au delà de la pointe Petetinga (proche du cap Saint-Roch) et jusqu'à l'île de Maranham, la direction générale de la côte est l'Ouest-Nord-Ouest; il n'y a donc aucune difficulté pour s'en éloigner avec les vents régnants : pendant les cinq sixièmes de l'année, ils soufflent de l'Est-Sud-Est à l'Est-Nord-Est, et il est aisé de s'élever au Nord et même de gagner un peu dans l'Est, en gouvernant au plus près, tribord amures.

Un seul point de la côte septentrionale du Brésil exige qu'il soit pris, en le quittant, quelques précautions avant de gouverner définitivement au plus près tribord amures avec les vents généraux. Ces précautions sont commandées par l'existence de la vigie de Manoel-Luiz, écueil dangereux situé aux environs de Maranham, et dont nous avons donné la description et la position au chapitre précédent.

On a vu que cette vigie est à soixante-dix-sept milles dans le Nord 8° Est du morro Itacolomi (page 185). Cette donnée, dont nous garantissons l'exactitude, suffirait pour déterminer la direction qu'on doit suivre pour éviter le danger, si aucun courant ne devait altérer la route, ou si elle ne devait être modifiée que par des courants de nature à se détruire réciproquement par une exacte compensation de force, de durée et de direction; mais il n'en est pas ainsi.

Outre le courant général qui transporte presque toujours les eaux de l'Est à l'Ouest, sur la côte Nord du Brésil, elles sont encore déplacées, plus ou moins régulièrement, par les marées, et le conflit de ces divers mouvements produit

Seul point de la côte septentrionale du Brésil qui exige qu'il soit pris de précautions par les bâtiments qui fréquentent cette partie de la côte.

Variété des courants dans l'espace de mer compris entre le continent et la vigie de Manoel-Luiz.

souvent des résultats si variés qu'on ne peut les prévoir pour
s'en garantir ou pour s'en défier.

C'est ce qui arrive sans cesse dans l'espace de mer compris entre la vigie de Manoel-Luiz et les côtes du continent
dans le Sud et dans l'Ouest de ce danger.

Notre mouillage de trente heures au pied de cette vigie
nous a prouvé que les marées y règnent et y sont régulières; que le flot y dure six heures et porte au Sud-Ouest;
que le jusant y dure également six heures et porte au Nord-
Est avec la même force et la même durée; enfin que la mer
monte et descend sur ces rochers d'environ douze pieds,
dans l'intervalle d'une marée. Une seconde observation, faite
en 1826, par un bâtiment du Roi[1] qui a navigué dans le
parage de la vigie, sur nos directions, a rapporté les mêmes
renseignements sur les marées.

Nous avons également reconnu l'existence de ce système
de marées dans la baie de San-Marcos, ainsi que sur la côte
qui précède cette baie dans l'Est. Il semble donc qu'on de-
vrait supposer qu'il en est de même sur l'espace de mer
situé entre la vigie et la côte du continent; car cet espace
est trop étroit pour qu'on doive s'attendre à y observer des
phénomènes différents, au moins sous le rapport des marées.

Nous nous sommes cependant convaincus du contraire
dans les routes nombreuses que nous avons faites sur cet

---

[1] La goëlette *la Lyonnaise,* commandée par le lieutenant de vaisseau Lartigue, étant mouillée très-près des rochers de *Manoel-Luiz,* le 5 janvier
1826, a observé des courants alternatifs de plus d'un mille à l'heure, du
Nord-Nord-Est à l'Ouest-Sud-Ouest. La veille, au mouillage sous la pointe
Sud-Est de l'île *San-Joam,* on n'avait trouvé que du courant à l'Ouest-Sud-
Ouest : dans le trajet d'un mouillage à l'autre, les courants furent faibles,
variables et presque insensibles.

espace de mer, durant la recherche de la vigie. Ces recherches nous ont démontré l'existence d'un courant souvent dominant de l'Est à l'Ouest, entre Maranham et le groupe de Manoel-Luiz.

S'il y a quelques rapports entre ce mouvement général des eaux et celui des marées, c'est ce que nous n'avons pas pu découvrir, et la quantité de naufrages causés par la rencontre imprévue des rochers porte jusqu'à l'évidence la supposition qu'il n'existe aucun de ces rapports sur lesquels il soit possible de compter, ou bien qu'ils ont toujours été inconnus.

Avant que nous eussions trouvé et placé astronomiquement l'écueil, les pilotes de la baie de San-Marcos conseillaient aux bâtiments qui prenaient leur point de départ de trois ou quatre lieues à l'Est du morro Itacolomi, « de gouverner « au Nord $\frac{1}{4}$ Nord-Ouest, et d'y faire vingt lieues avant de « changer de route. »

Ce conseil, qui n'était plus fondé que sur des traditions depuis qu'on avait perdu le souvenir de la position de la vigie, serait encore sans danger, et nous le donnerions à très-peu près nous-mêmes aujourd'hui comme conforme à l'état exact des choses, si la direction du Nord $\frac{1}{4}$ Nord-Ouest pouvait être suivie à volonté, en parcourant le canal qui sépare l'écueil du continent. Mais c'est ce qu'on ne peut admettre, d'après la différence observée dans la destinée des bâtiments qui ont prétendu avoir fait le Nord $\frac{1}{4}$ Nord-Ouest, parce qu'ils ont eu le cap à cet air de vent de leur compas. Les uns se sont perdus sur la vigie, les autres ont passé sans accident; il est donc certain qu'ils n'ont pas tous fait la même route, quoiqu'ils aient eu en apparence

Routes conseillées anciennement pour éviter la vigie de Manoel-Luiz en quittant Saint-Louis de Maranham.

le même cap, et que, livrés à des courants différents qu'ils ne connaissaient pas, leur sort a entièrement dépendu du hasard.

Cette incertitude sur les courants doit rendre très-circonspect sur la route à faire pour se porter de la baie de San-Marcos au Nord de la vigie de Manoel-Luiz. Les marées, durant ce trajet, pouvant être troublées dans plusieurs sens différents, il ne doit pas suffire de se régler sur elles, et, dans la possibilité de faire un faux calcul, il est indispensable de ne pas s'y livrer complétement.

Pimentel, cosmographe portugais, que j'ai cité comme l'auteur d'un Routier d'une partie des côtes du Brésil, publié à Lisbonne en 1699, ne parle pas de la vigie de Manoel-Luiz, dont apparemment il n'avait pas connaissance. Mais la route qu'il conseille, pour se rendre de la baie de San-Marcos au Para peut encore être suivie, avec des précautions, malgré l'existence de cette vigie, et elle est même préférable à toute autre, au moins pour les bâtiments qui ne sont pas de la plus grande dimension. Il recommande de côtoyer la terre, « et de reconnaître successivement l'île « de *San-Joam*, le *morro de Gorupi*, l'embouchure du *Rio-* « *Caite*, et quelques autres points remarquables de la côte. » Plusieurs des parties du rivage, intermédiaires à ces points, étant assez basses, la nécessité de les reconnaître implique aussi celle de s'en tenir très-rapproché; il faut donc, d'après Pimentel, se tenir à petite distance de la côte du continent, au sortir de la baie de San-Marcos pour aller dans le Nord. Mais, aux environs de cette côte, les eaux sont peu profondes, et il paraît qu'à la distance moyenne de dix milles du rivage on ne trouve souvent que dix brasses d'eau.

profondeur que les grands bâtiments ne parcourent pas sans inquiétude dans des parages de la nature de ceux-ci.

Néanmoins, il semble encore plus sûr de s'y maintenir que de chercher à l'augmenter en s'éloignant de la terre. Du côté du large, on aurait à redouter la vigie, et les sondes supérieures à dix brasses, que nous avons trouvées en nous portant au large de la côte, sont trop variables et trop voisines de la vigie pour qu'il soit prudent de les aller chercher.

En suivant la côte, comme nous venons de le dire d'après Pimentel, la direction de la route, rapportée sur une carte anglaise construite, depuis nos reconnaissances, par le lieutenant Georges Chrichton, de la frégate *le Rhin*, serait à très-peu près le Nord-Nord-Ouest, depuis le point de la mer situé à dix milles dans l'est de l'Itacolomi.

Si, en faisant ce trajet, on voit la terre de manière à pouvoir corriger l'influence des courants sur la route, il paraît qu'il n'y a d'autres objets d'inquiétude que les petites profondeurs, qui toutefois paraissent suffisantes pour la plupart des bâtiments.

Mais si, naviguant de nuit, ou par un temps obscur, on n'avait pas connaissance de la terre, comme rien n'indiquerait qu'on suit une route déterminée, il serait plus prudent de ne pas courir des chances qui peuvent être dangereuses, et de prendre des précautions propres à les éviter.

La première de ces précautions, dont le seul inconvénient pourrait être de causer un peu de retard, consiste (quand l'état du temps ne permet pas de rectifier la route par la vue des points de la côte) à ne s'engager dans le chenal de l'Ouest de la vigie qu'avec la certitude de pouvoir en sortir avant la nuit.

Si l'on part du mouillage de Saint-Louis au point du jour, on arrivera sur le parallèle de l'Itacolomi avant midi, dans les circonstances ordinaires. On pourra faire encore, sans inconvénient, dix ou douze lieues au Nord-Nord-Ouest, avant la fin du jour : nous conseillons alors aux grands bâtiments de mouiller par sept ou huit brasses et d'attendre au lendemain pour parcourir le reste du chenal; c'est, à notre avis, la meilleure conduite à tenir, jusqu'à ce qu'une exploration très-détaillée ait complété la reconnaissance du plateau de la vigie de Manoel-Luiz, et principalement le chenal qui sépare cet écueil du continent.

D'après les observations faites, les 1ᵉʳ et 2 janvier 1826, sur la goëlette *la Lyonnaise,* par M. Lartigue, la pointe Sud-Est de l'île San-Joam est située par 1° 18′ 45″ de latitude Sud et par 47° 10′ 41″ de longitude Ouest de Paris.

Cette position, rapportée à celle que nous avons assignée, en 1820, à la vigie de Manoel-Luiz, fixe à un peu moins de quinze lieues la largeur du chenal, sur une direction Nord 54° Est et Sud 54° Ouest. Dans la moitié, à peu près, de cette largeur (celle qui est du côté de l'île San-Joam), les profondeurs sont faibles et passent graduellement de une à douze brasses. Dans l'autre moitié, la profondeur est souvent plus grande; mais le fond est très-heurté, et la sonde passe brusquement de douze à quinze, à dix-huit, vingt-cinq, vingt-sept et même trente brasses; on trouve encore douze et quatorze brasses, presque à toucher les roches Sud de la vigie. Cette grande variété de profondeur pouvant faire craindre l'existence de sondes moins profondes que celles qui ont été trouvées jusqu'ici, il convient de se tenir de préférence sur le côté Ouest du chenal, où le brassiage, quoique plus faible, est plus uniforme.

L'irrégularité des fonds entre la vigie et la terre, le défaut de connaissance exacte de la configuration de la côte, et l'irrégularité des courants sur ce point, devraient peut-être encourager les navigateurs à choisir une autre direction pour se porter au Nord de la vigie de Manoel-Luiz, en quittant la baie de San-Marcos.

Cette route consisterait à passer à l'Est de l'écueil, au lieu d'en passer à l'Ouest, comme on le fait ordinairement. Il est évident que la vigie n'étant que de 2′ 12″ plus Est que le méridien du fort Saint-Antoine et de Maranham, sur lequel il est toujours aisé de se placer en sortant de la baie de San-Marcos, il serait également facile de se porter à la bordée au vent à elle. Cette bordée, tribord amures, avec les vents d'Est, ne valût-elle que le Nord $\frac{1}{4}$ Nord-Est, porterait déjà à quinze milles dans l'Est du groupe que nous avons reconnu, et traverserait des fonds que nous avons pu suffisamment explorer.

On trouverait sans doute à propos de s'élever davantage dans l'Est, avant de traverser le parallèle que nous avons assigné aux rochers; mais on remarquera combien, sur cette mer généralement droite, où règnent presque toujours des vents maniables et réguliers, il serait facile de s'élever en une ou deux bordées, de manière à passer au vent, à une distance qui exclurait toute inquiétude.

Ce parti sera préféré par les navigateurs qui, chargés de la conduite de grands bâtiments, ont pour maxime de ne rien laisser au hasard de ce qu'ils peuvent lui disputer, dans une carrière toujours si aventureuse malgré les meilleurs calculs, et dans laquelle il n'y a, comme on sait, ni demi-succès, ni demi-malheurs.

Il aurait tous les avantages sans offrir aucun inconvénient, et nous le recommanderions nous-mêmes exclusivement, si nous avions l'entière certitude qu'aucun haut-fond dangereux ne s'étend à l'Est du méridien du groupe que nous avons reconnu. Mais la rencontre qu'a faite M. da Sylva [1] d'un second groupe de roches, à sept lieues dans le Nord du nôtre, peut faire présumer que le plateau de Manoel-Luiz s'étend encore dans d'autres directions, et il est prudent de n'en assigner les limites qu'après en avoir fait une complète reconnaissance. C'est donc encore d'une manière conjecturale (quoique la supposition nous paraisse très-vraisemblable) que nous indiquons comme le terme des profondeurs supérieures à cinquante brasses, en venant du large, le méridien passant à douze ou quinze lieues dans l'Est de la position que nous donnons à la vigie de Manoel-Luiz.

Route à faire après être parvenu au Nord de Manoel-Luiz.

Parvenus au Nord de cet écueil, les bâtiments qui quittent Maranham n'ont vraisemblablement plus à vaincre que les difficultés ordinaires à la grande navigation. Sauf la zone qui sépare les vents généraux de l'hémisphère Sud de ceux de l'hémisphère Nord, et qui est le plus souvent assez étroite sur les méridiens à l'Ouest du trentième degré, les bâtiments qui font leur retour du Brésil trouveront, jusqu'aux approches des îles Açores, des vents connus et constants, à l'aide desquels ils calculeront, presque à jour fixe, leur arrivée sur le parallèle de 30° Nord.

[1] Voyez, ci-dessus, la note de la page 189, et, dans le supplément, l'article intitulé : *Haut-fond au Nord de la basse Manoel-Luiz*.

Arrivés par cette latitude, sur laquelle se terminent ordinairement les vents alizés, les bâtiments, après des alternatives de calme et de brises de peu de durée, gagneront la région des vents variables, dont les plus communs soufflent de la partie de l'Ouest. A l'aide de ces vents, soit que l'on passe dans les canaux, ou dans l'Est des Açores, il sera facile de diriger le reste de la route d'après la destination qu'on se sera proposé d'atteindre, en gouvernant le plus directement possible sur le point fixé pour l'atterrage.

Nous avons dit au chapitre II, page 31, de cet ouvrage, que les vents alizés de l'hémisphère Nord s'avancent d'autant plus vers le Sud que le soleil est plus élevé dans l'hémisphère austral, et nous avons dû en conclure que le temps de l'année le plus favorable pour passser de France au Brésil est depuis le mois de septembre jusqu'à celui de mars.

Nous ferons une remarque analogue relativement à l'autre moitié de l'année. Pendant sa durée, le soleil étant dans l'hémisphère Nord, on observe que, non-seulement les vents généraux de l'hémisphère Sud arrivent jusqu'à l'équateur, mais que souvent même ils règnent encore à quelques degrés plus au Nord. Ces vents étant favorables au retour du Brésil, la meilleure saison, pour effectuer ce voyage, est donc de mars à septembre.

Telles sont les remarques confirmées par l'expérience. Elles n'infirment point un principe général, qui est de regarder comme constante la facilité des trajets de France au Brésil, et du Brésil en France : ces trajets sont faciles en toute saison, et il est peu de navigations assujetties à moins d'incertitudes. Cependant on voit que, outre les facilités ordinaires, on peut encore s'assurer quelques chances plus avantageuses à une époque de l'année que dans les autres.

La distance totale à parcourir, pour se rendre, par la route que nous venons d'indiquer, de Bahia (point à peu près milieu de l'ensemble des côtes du Brésil) à Brest, est d'environ deux mille cent lieues : la durée moyenne de cette traversée doit donc rarement dépasser cinquante-cinq ou soixante jours.

Un tableau, placé à la fin de cet ouvrage, fait connaître la série des vents qu'on a trouvés et des variations de l'aiguille aimantée qui ont été observées sur différents points de cette route, du mois de septembre au mois de décembre 1823.

Ces sortes de tableaux, en réunissant des faits prouvés par l'expérience, sont les documents les plus propres à compléter promptement la connaissance des mers qui couvrent le globe, et qu'une population de plus en plus nombreuse parcourt aujourd'hui. Il reste maintenant peu de découvertes géographiques à faire, et, sous ce rapport, les voyages maritimes ne sont plus l'objet du même intérêt qu'autrefois. Mais si les gens du monde ont désormais peu de chose à en attendre, et s'ils tiennent généralement peu compte des détails nautiques qu'on peut y trouver, il n'en est pas de même des navigateurs. La promptitude de leurs trajets, leur sécurité même, dépendent d'une multitude de petits faits de localités qu'il leur est essentiel de connaître, et qu'ils n'apprennent qu'à force de temps et souvent à leurs dépens. Il y a plus de chances dangereuses dans la rencontre du moindre rocher, dans l'ignorance d'un courant ou d'une des nombreuses causes qui peuvent influer sur la

route, qu'il n'y en a dans la rencontre inopinée d'un conti
nent : il y a, entre ces deux espèces de dangers, la différence d'un ennemi qui se cache à un ennemi qui se dé-
clare. Ce serait donc rendre un service considérable aux
navigateurs que de les faire profiter de l'expérience entière
du passé, en réunissant sous leurs yeux tous les renseignements positifs sur les vents, les courants, la température, la
déclinaison magnétique, les profondeurs de la mer, etc., etc..
observés sur un grand nombre de trajets, dans toutes les
navigations, quelque répétées qu'elles aient été. Des tableaux
de la nature de ceux que nous plaçons à la fin du Pilote du
Brésil rempliraient ce but : nous faisons des vœux pour que
cet exemple engage les marins à les multiplier.

PREMIER TABLEAU.

POSITIONS GÉOGRAPHIQUES ET DÉCLINAISONS DE L'AIGUILLE AIMANTÉE, DÉTERMINÉES, EN 1819 ET 1820, SUR LA CÔTE DU BRÉSIL, PENDANT LA CAMPAGNE DE *LA BAYADÈRE* ET DU *FAVORI*, SOUS LE COMMANDEMENT DE M. LE BARON ROUSSIN, CAPITAINE DE VAISSEAU, ETC.

NOMS DES LIEUX.	LATITUDE.	LONGITUDE.	DÉCLINAISON de l'aiguille.
	S.	O.	
Ilot Anhatomirim (pavillon du fort)	27° 25′ 32″	51° 1′ 14″	7° 29′ N. E.
Ile Sainte-Catherine (pointe orientale)	27 26 9	50 48 45	
Idem (pointe Rapa)	27 22 31	50 52 22	
Idem (clocher de Nossa-Senhora do Desterro)	27 35 36	51 0 8	
Ile Arvoredo (le sommet)	27 16 47	50 49 15	
Mont Zimbo (continent)	27 11 6	51 2 10	
Pointe Itapacoroya (partie Nord)	26 47 18	51 4 21	
Iles Remedios (la plus Sud)	26 29 28	51 1 59	
Iles Tamboretes (la plus Sud)	26 20 54	50 59 0	7 30 N. E.
Pointe Joaõ-Diaz (pointe Sud de l'embouchure du Rio San-Francisco)	26 6 33	50 59 56	7 28 N. E., devant l'entrée.
Morro Caiuva	25 49 30	51 1 38	
Roc Itacolomi (le plus gros)	25 50 20	50 52 54	7 30 N. E.
Roc Coral (le plus gros)	25 45 49	50 50 20	
Paranagua (ilot de la passe du Sud)	25 34 8	50 47 5	7 39 N. E.
Ile de Mel (sommet méridional)	25 32 43	50 45 55	6 11 N. E. à deux lieues à l'E.

NOMS DES LIEUX.	LATITUDE.	LONGITUDE.	DÉCLINAISON de l'aiguille.
	S.	O.	
Rocher Figuiera (le sommet)..............	25° 22′ 5″	50° 29′ 50″	
Rocher Castillo (le sommet)..............	25 15 44	50 23 19	
Ile Bom-Abrigo (le sommet)..............	25 6 49	50 17 51	
Mont Cardoz........................	24 58 45	50 32 41	6° 27′ N. E., sur son
Monticule sur la plage Iguape	24 49 12	50 7 15	parallèle.
Montagne la plus haute d'Iguape..........	24 38 29	49 56 47	
Pointe de Jurea......................	24 32 40	49 30 10	
Ile Queimada-Pequena (le sommet)........	24 21 26	49 14 47	
Ile Queimada-Grande (le sommet)........	24 28 21	49 6 50	
Laage da Conceiçaõ....................	24 13 0	49 7 50	
Pointe Taypu (à l'entrée de Santos)........	24 1 11	48 50 35	6 1 N. E.
Pointe Grossa (même entrée).............	23 50 24	48 44 54	
Ilot Mocla (le sommet),.................	24 1 56	48 42 7	
Laage de Santos......................	24 18 3	48 37 46	5 50 N. E.
Montaõ de Trigo (le sommet).............	23 51 4	48 12 2	
Ile Alcatrasses (le sommet)..............	24 6 5	48 6 47	5 0 N. E.
Ile Toquetoque.......................	23 50 10	47 55 49	
Pointe Seputuba (ile Saint-Sébastien).......	23 56 3	47 50 7	
Pointe Pirasonungo (*idem*).............	23 57 32	47 40 33	4 44 N. E.
Plus haute montagne (*idem*) (le sommet)...	23 47 52	47 42 17	
Ville-Neuve (le clocher, *idem*)..............	23 46 52	47 46 57	
Observatoire de l'expédition (*idem*)........	23 47 21,3	47 47 16	3 25 N. E.
Pointe des Ostres (l'extrémité)............	23 34 52	47 37 24	
Ilot Mar-Virado (le sommet),.............	23 34 7	47 34 20	
Ile dos Porcos (le mondrain méridional)....	23 33 38	47 30 18	
Iles Busios (celle du Sud-Est).............	23 44 27	47 26 4	4 40 N. E., à 2 mill.

NOMS DES LIEUX.	LATITUDE.	LONGITUDE.	DÉCLINAISON de l'aiguille.
	S.	O.	
Ile Vittoria (le sommet).................	23° 47′ 42″	47° 33′ 58″	
Ponta Grossa (sur le continent)...........	23 28 15	47 27 20	
Iles Couves (la plus grande)..............	23 25 54	47 17 54	
Pic de Parati (le sommet)...............	23 19 28	47 14 4	
Morne de Cairoçu (le sommet oriental).....	23 20 2	47 3 19	4° 38′ N. E.
Pointe Joatinga (le sommet de l'ilot)........	23 18 30	46 59 2	
Ilha-Grande (pointe Acaya)...............	23 15 12	46 49 28	
O Papagayo (sommet d'Ilha-Grande).......	23 10 55	46 41 23	
Ile Georgi-Greco (la pointe Sud-Ouest)......	23 15 11	46 39 42	
Morro de Marambaya (le sommet)........	23 5 9	46 28 34	
Laage de Marambaya....................	23 7 47	46 17 34	
La Gabia............................	22 59 0	45 42 58	3 43 N. E., à vue dans l'E.
Rio-Janeiro (maison du consul de France)...	22 54 15	45 36 5	3 40 N. E.
Idem (morro Corcovado, le sommet)........	22 56 13	45 38 17	
Idem (ile Ratos)......................	22 53 16	45 35 14	
Idem (le Pain-de-Sucre).................	22 56 8	45 34 43	
Nossa-Senhora da Gloria (le clocher).......	22 54 42	45 35 49	
Ile Ronde (le sommet)...................	23 3 45	45 37 19	
Iles Maricas (la plus Sud)................	23 0 53	45 20 8	
Cap Negro (la pointe)...................	22 57 10	45 5 9	2 40 N. E., à 2 mill.
Morne le plus élevé dans le Nord de ce cap..	22 52 38	45 4 41	
Cap Frio (Pointe Sud)...................	23 1 18	44 23 34	2 30 N. E., à 1 mill.
Idem (le sommet du mondrain Nord).......	22 59 56	44 22 48	
Iles Papagayos (celle du Nord-Est).........	22 52 9	44 18 35	
Iles Ancoras (la plus orientale)............	22 46 26	44 11 12	

NOMS DES LIEUX.	LATITUDE.	LONGITUDE.	DÉCLINAISON de l'aiguille.
	S.	O.	
Cap Busios (la pointe Sud)...............	22° 46′ 3″	44° 16′ 8″	
Ile Branca (le sommet).................	22 43 42	44 19 24	
Morro San-Joaõ (le sommet)............	22 32 26	44 26 34	1° 16′ N. E., sur son
Pic do Frade de Macahé................	22 12 2	44 29 24	parallèle.
Iles Sainte-Anne (la plus grande)..........	22 25 0	44 6 37	
Montagnes de Furado (la plus haute).......	21 49 58	44 3 39	
Mont de Campos (le sommet méridional)....	21 22 38	43 48 11	
Serra do Pico (la plus élevée)............	21 1 30	43 39 16	
Idem (morne Fourchu, à l'Ouest).........	20 58 23	43 57 50	
Serra de Guarapari (le sommet occidental)...	20 50 15	43 28 32	
Morro de Benevente (le sommet)..........	20 55 21	43 9 39	
Morro Bo (mont isolé).................	20 47 34	43 1 31	
Guarapari (le clocher, pointe Sud de la baie).	20 43 56	42 52 57	
Ile Calvada (le milieu).................	20 44 8	42 47 23	1 0 N. E.
Iles Razas (celle du milieu du groupe)......	20 42 42	42 44 46	
Pointe Jicu (le sommet)................	20 26 1	42 42 16	
Ile Jicu (le sommet)...................	20 23 9	42 40 45	
Roches Pacotes (la plus grosse)...........	20 21 2	42 37 44	0 56 N. E.
Monte Moreno (le sommet)..............	20 19 23	42 39 40	
Roche Balea (à l'entrée de la rivière).......	20 18 50	42 39 17	
Nossa-Senhora da Penha (l'église).........	20 19 34	42 40 15	
Roche Dangereuse, dans la baie d'Espirito-Santo................................	20 18 32	42 38 1	1 2 N. E.
Penedo (cap dans la rivière).............	20 19 16	42 42 43	
Piton dans le Nord de la ville de Vittoria.....	20 17 49	42 43 1	
Cap do Tubaraõ (pointe Sud-Ouest)........	20 16 22	42 37 44	

NOMS DES LIEUX.	LATITUDE.	LONGITUDE.	DÉCLINAISON de l'aiguille.
	S.	O.	
O Tubaraõ (rocher près du cap)............	20° 16′ 23″	42° 36′ 30″	
Pain-de-Sucre, devant la ville.............	20 17 54	42 50 22	
Mestre-Alvaro (le sommet)...............	20 8 54	42 42 26	
Morro Almeyda........................	19 57 20	42 39 54	
Serra dos Reyes-Magos (le sommet méridional).	19 50 27	42 44 23	
Rio Doce (la pointe occidentale de l'entrée)..	19 36 57	42 11 36	0° 5′ N. E.
Rio de San-Matheo (pointe Nord).........	18 37 10	42 5 20	0 9 N. O.
Iles Abrolhos. La plus grande île (le sommet oriental)..	17 57 44	41 2 9	
Idem (sommet occidental)...........	17 57 40	41 2 45	
Rocher au Nord-Est du groupe........	17 57 27	41 2 5	0 46 N. O.
Arbustes de l'ilot du milieu...........	17 58 6	41 3 10	
Pointe Nord-Est du Paracel des Paredes......	17 56 45	41 14 35	
Villa do Prado (le pavillon du fort)........	17 21 28	41 32 34	
Columbiana...........................	17 6 1	41 32 13	
Embouchure du Rio Cramimuan...........	16 51 12	41 29 44	
Mont Joaõ de Liam (le sommet)...........	17 0 26	41 56 57	
Mont Pascal (le sommet)...............	16 54 8	41 45 40	0 50 N. O., sur son parallèle.
Mondrain isolé.......................	16 51 17	41 51 37	
Nossa-Senhora da Judea (chapelle).........	16 29 25	41 23 49	
Porto-Seguro (le clocher de la cathédrale)....	16 26 50	41 23 33	0 54 N. O., idem.
Santa-Cruz (le clocher)................	16 18 50	41 22 4	
Village de Belmonte...................	15 51 4	41 14 28	
Village de Commandatuba...............	15 25 20	41 16 37	
Morro de Commandatuba (le sommet du S.-E.).	15 22 8	41 27 48	
Village de Una.......................	14 59 7	41 18 0	
Rio-Cachoeira (la pointe Sud)............	14 49 48	41 19 15	

NOMS DES LIEUX.	LATITUDE.	LONGITUDE.	DÉCLINAISON de l'aiguille.
	S.	O.	
Villa de San-George dos Ilheos............	14° 49′ 26″	41° 20′ 25″	1° 0′ N. O.
Os Ilheos (le plus gros rocher)...........	14 47 23	41 19 13	
Villa de Contas.....................	14 18 6	41 20 17	
Pointe de Muta.....................	13 53 5	41 16 52	1 16 N. O.
Ile Quiepé........................	13 50 58	41 16 50	
Ile Boypeba (le sommet)................	13 37 43	41 16 50	
Morro San-Paulo....................	13 21 53	41 14 23	1 50 N. O., sur son parallèle.
Morne dans l'Ouest-Nord-Ouest de ce cap....	13 19 27	41 20 20	
Pointe Caixo-Pregos (ile Itaporica)........	13 7 33	41 6 36	
Pointe Aratuba (*idem*)................	13 5 7	41 4 27	
Nossa-Senhora da Penha (*idem*)..........	12 59 16	40 56 39	
Pointe Jaburu (*idem*)................	12 57 36	40 55 56	
Mondrain da Conceiçaõ (*idem*)..........	13 2 33	41 1 23	
Morro Santo-Amaro (*idem*).............	13 1 18	41 5 30	
Piton de l'ile do Frades (la pointe Sud-Ouest).	12 40 28	40 58 0	
Nossa-Senhora de Montferate (le clocher)....	12 55 58	40 51 4	
Nossa-Senhora de Bom-Fim (clocher)......	12 55 40	40 50 23	
Saint-Antoine (la tour du Nord-Ouest)......	13 0 11	40 51 49	1 58 N.O., à 3 mill. au Nord.
Itapuanzinho (le pavillon).............	13 1 3	40 49 17	
Itapuanzinho (la pointe)...............	13 0 59	40 48 10	2 0 N. O.
Rocher d'Itapuan	12 57 58	40 41 54	
Itapuan (le mât de signaux).............	12 57 3	40 41 43	
Abrantès (le mât de signaux du Sud).......	12 51 39	40 36 54	
Entrée du Rio Jacuipe................	12 41 52	40 27 43	
Torre de Garcia de Avila..............	12 32 26	40 20 58	2 23 N.O., sur son parallèle.
Rio Real (pointe Sud)................	11 28 4	39 40 28	

NOMS DES LIEUX.	LATITUDE.	LONGITUDE.	DÉCLINAISON de l'aiguille.
	S.	O.	
Os Tres-Irmaõs..........................	11° 15′ 37″	39° 37′ 6″	
Rio Vasa-Barris.........................	11 11 0	39 30 13	
Montagnes de Tabayana (le sommet).......	10 47 10	39 43 20	
Rio San-Francisco (la pointe Sud).........	10 28 50	38 43 37	2° 10″ N. O., à l'en-
Idem (la pointe Nord)...................	10 28 15	38 43 4	trée.
Village de Conceiçaõ....................	10 7 47	38 27 33	
Village de Santa-Anna....................	9 50 3	38 13 15	
Porto-Francez (pointe nord de l'entrée).....	9 46 30	38 8 50	3 10 N. O.
Macayo	9 39 52	38 4 25	
Ponta-Verde............................	9 39 45	38 1 34	
Village de Pioca........................	9 32 17	37 57 40	
Morro Santo-Antonio....................	9 22 17	37 55 20	
La Forquilha...........................	9 9 53	38 8 30	
Village de Quinta.......................	9 16 18	37 42 40	
San-Bento..............................	9 4 56	37 37 12	
Fort de Tamandaré......................	8 43 24	37 25 15	3 47 N.O., à 2 mill.
Chapelle à l'entrée du Rio Fermoso........	8 39 40	37 24 27	dans l'E.
Iles de Santo-Aleixo (celle de l'Est).......	8 35 49	37 21 0	4 0 N. O., idem.
Chapelle...............................	3 30 38	37 21 21	
Village de Maracay.....................	8 29 26	37 19 52	
Monte Sellada (le piton du Sud)..........	8 25 19	37 31 19	
Entrée du Rio Ipojuca...................	8 23 2	37 18 47	
Cap Saint-Augustin (le sommet)..........	8 20 41	37 16 56	4 30 N.O., sur son
Chapelle dans les dunes.................	8 18 40	37 18 28	parallèle.
Nossa-Senhora do Rosario...............	8 9 18	37 16 7	
Freguezia dos Affogados.................	8 6 16	37 13 23	

NOMS DES LIEUX.	LATITUDE.	LONGITUDE.	DÉCLINAISON de l'aiguille.
	S.	O.	
Freguezia de Santo-Antonio...............	8° 8′ 8″	37° 14′ 15″	
Tour de la ville de Boa-Vista..............	8 3 55	37 13 18	
Tour de Recife (Pernambuco)............	8 4 7	37 12 59	
Fort Picaõ...........................	8 3 27	37 12 4	4° 45′ N. O.
Ollinda (tour occidentale).............	8 0 58	37 11 2	
Nossa-Senhora Maria-Farinha.............	7 56 42	37 10 51	
Fort à l'entrée du Rio Ay................	7 47 13	37 10 50	
Entrée du Rio Goyana (mondrain).........	7 37 44	37 9 23	
Village de San-Lourenzo.................	7 35 35	37 8 2	
Escarpement de la pointe das Pedras........	7 35 9	37 7 50	
Entrée du Rio Grande de Goyana..........	7 30 40	37 8 37	
Escarpement de la pointe de Coqueiros......	7 26 25	37 7 29	
Nossa-Senhora da Penha.................	7 9 0	37 8 18	
Cabo-Branco (l'escarpement).............	7 8 22	37 8 20	
Parahyba do Norte (le clocher de la ville)....	7 6 3	37 13 15	
Fort Cabedello........................	6 57 50	37 10 26	
Église de Santa-Theresa.................	6 56 57	37 13 22	
Pointe Lucena........................	6 53 35	37 12 50	4 30 N.O., sur son parallèle.
Bahia da Traiçaõ (la pointe Nord)........	6 41 15	37 17 38	
Bahia-Fermosa (la pointe Sud)...........	6 23 12	37 20 27	
Rio Cunhaluu (pointe sur la rive gauche).....	6 17 10	37 23 40	
Pointe da Pipa (mondrain)..............	6 12 53	37 23 57	
Anse de Prinji (mondrain)...............	6 10 12	37 27 0	
Pointe Negra (mondrain)................	6 1 49	37 26 28	
Pointe de Infierno (mondrain)...........	5 52 52	37 32 20	
Fort de Rio-Grande....................	5 45 0	37 34 46	

NOMS DES LIEUX.	LATITUDE.	LONGITUDE.	DÉCLINAISON de l'aiguille.
	S.	O.	
Rio Ciarámirim (pointe Sud).............	5° 41′ 0″	37° 34′ 53″	
Cap Saint-Roch (le sommet de l'escarpement).	5 28 17	37 37 25	4° 55′ N. O.
Pointe Petetinga (le bas).................	5 21 35	37 39 45	
Pointe Gamalera (dune).................	5 12 24	37 45 17	
Pointe Calcanhar (le sommet)............	5 8 20	37 50 55	
Brisant de la Lavandera.................	4 54 40	38 22 25	
Brisant das Urcas......................	4 51 32	38 38 50	3 50 N. O.
Pointe do Tubaraõ (la dune Nord)........	5 1 49	38 48 25	
Pointe do Mel........................	4 55 17	39 19 30	3 36 N.O., au Nord
Morro Tibaõ..........................	5 3 30	39 49 40	de la pointe.
Reteiro-Pequeno (dune remarquable).......	4 48 16	39 39 27	
Reteiro-Grande (dune sur la pointe)........	4 36 20	39 53 10	
Morro Aracati (le sommet)...............	4 42 10	40 15 5	
Pointe Mocoripe (baie de Ciará)..........	3 41 50	40 51 6	
Ciará (le clocher de la ville).............	3 42 58	40 54 13	3 0 N. O.
Montagnes de Ciára.. { 1ᵉʳ sommet.........	3 58 0	41 1 30	3 3 N. O. A vue
2ᵉ sommet.........	3 53 20	41 6 32	sur le méri-
3ᵉ sommet.........	3 50 24	41 3 30	dien.
4ᵉ sommet.........	3 46 22	41 8 53	
5ᵉ sommet.........	3 39 27	41 8 30	
Morro de Opecim......................	3 33 30	41 9 40	
Dune de Parati........................	3 24 10	41 19 40	
Dune sur la pointe Mandahú.............	3 10 0	41 37 47	
Morro Melancia........................	3 11 40	41 39 46	
Pernambuquinho	3 1 50	41 57 43	
Rio dos Patos (l'entrée).................	2 58 53	41 59 35	

NOMS DES LIEUX.	LATITUDE.	LONGITUDE.	DÉCLINAISON de l'aiguille.
	S.	O.	
Mont Meruoca (le sommet).......................	3° 17′ 55″	42° 25′ 46″	
Pointe de Jerioacoara (la plus haute dune)...	2 47 28	42 47 40	2° 23′ N. O.
Morro Ticundiba (le sommet)...............	3 10 37	42 57 0	
Rio-Camucim (dune à l'entrée)...............	2 50 0	43 5 20	
Mont Tapuyu (le sommet occidental).......	2 58 25	43 10 54	
Rio Tapuyu (l'entrée).....................	2 50 25	43 10 35	
Rio Iguarassú (l'entrée, pointe orientale)....	2 52 27	43 58 27	1 16 N. O.
Dune sur l'île de Sable....................	2 48 57	43 3 6	
Pedra de Sal.............................	2 47 13	44 2 28	
Rio Tutoya (pointe Est de l'entrée)........	2 42 13	44 32 26	
Rio das Perguiças (pointe orientale)........	2 41 27	44 47 26	
Lençoes-Grandes (pointe orientale)........	2 26 12	45 20 16	
Deuxième dune dans les Lençoes-Grandes....	2 24 12	45 25 41	
Dune dans les Lençoes-Grandes............	2 23 22	45 29 23	0 0
Morro Alegre.............................	2 20 17	45 33 29	0 5 N. E.
Brisants de l'île Sainte-Anne (pointe orient.)...	2 12 38	45 49 54	
Ile Sainte-Anne (pointe Nord-Est)........	2 14 44	45 58 41	
Idem (pointe Nord-Ouest).................	2 17 9,6	46 4 41	
Brisants de Coroa-Grande.. { Milieu de celui du Nord..	2 10 50	46 17 56	
Idem de celui du N. O....	2 13 15	46 24 21	
Idem de celui de l'Ouest..	2 17 0	46 25 31	
Ile Maranham (dune blanche sur la partie N.).	2 24 36	46 24 33	
Fort San-Marcos (le pavillon)............	2 28 22	46 36 18	
Fort Santo-Antonio das Areias (le pavillon)..	2 28 23	46 37 11	1 37 N. O.
Ville de San-Luiz de Maranham (le clocher de la cathédrale).......................	2 30 44	46 36 24	

NOMS DES LIEUX.	LATITUDE.	LONGITUDE.	DÉCLINAISON de l'aiguille.
	S.	O.	
Pointe de Bom-Fim (maison).............	2° 30′ 42″	46° 37′ 21″	
Pointe de Guia (maison rouge)...........	2 30 43	46 38 56	
Pointe Ataki (extrémité occidentale)........	2 33 4	46 40 47	
Rocher à l'Est de l'île Medo.............	2 30 19	46 39 40	
Alcantara (le clocher occidental).........	2 23 33	46 43 22	
Pointe Tatinga (l'escarpement)	2 23 38	46 41 36	
Pointe Janauba (falaises rouges)...........	2 22 4	46 40 39	
Pointe Pirarema (milieu des falaises).......	2 19 26	46 39 48	
Monte-Alegre (le sommet)..............	2 17 16	46 40 20	
Pointe Canavieras (dune)...............	2 12 7	46 41 16	
Mondrain Itacolomi (le sommet)..........	2 8 38	46 44 48	
La Bayadère (au mouillage devant la vigie de Manoel-Luiz)....................	0 52 3	46 35 12	
Vigie de Manoel-Luiz...................	....	....	0° 57′ N. E.
(Rocher le plus Ouest)................	0 51 25	46 34 59	
Vigie rencontrée par M. *da Sylva*, officier de la marine brésilienne, en 1824 ou 1825...	0 32 0	46 37 36	

DEUXIÈME TABLEAU.

DES VENTS, DES COURANTS ET DES DÉCLINAISONS DE L'AIGUILLE AIMANTÉE, OBSERVÉS EN 1819, DANS LE TRAJET DE FRANCE AU BRÉSIL.

DATES.	VENTS d'un midi à l'autre.	LATITUDE à midi.	LONGITUDE à midi.	DÉCLINAISON de l'aiguille.	COURANTS dans les 24 heures.
Départ de Rochefort le 14 février 1819.		N.	O.		Milles.
15.....	De l'E. au S. S. O......	45° 53′ 48″	4° 49′ 47″	25° 45′ N.O.	0,0.
16.....	Du S. S. O. à l'O.......	46 30 57	7 52 45	25 30 id.	3,0. N.
17.....	Du S. O. à l'O. N. O....	48 7 0	9 28 47	25 30 id.	0,0.
18.....	S. O. et O. N. O.......	47 57 13	9 59 48	25 0 id.	6,0. N.
19.....	S. O. et N. O.........	47 56 9	11 6 0	25 0 id.	6,0. E. N.E.
20.....	S. S. O. et N. O.......	47 14 9	12 17 0	24 30 id.	7,0. E.
21.....	O. N. O.............	45 6 5	12 54 30	24 26 id.	8,0. S. E.
22.....	N. et O. N. O.........	42 43 28	14 0 30	24 15 id.	24,19. S. S.E.
23.....	N. et N. E...........	40 3 28	15 6 0	24 40 id.	1,20. S. S.E.
24.....	N. E................	37 3 49	16 4 41	23 20 id.	12,3. S. S.E.
25.....	N. E. et S. E.........	34 13 12	15 56 0	22 30 id.	6,0. S. E.
26.....	N. et N. E...........	31 9 17	16 30 55	22 3 30″	12,0. S.10° E.
27.....	N. et N. E...........	28 44 33	17 45 28	21 0 N.O.	10,0. N. E.
Séjour à Ste-Croix de Ténériffe.	....	28 28 0	18 33 30	19 30 id.	
19 mars.	E. N. E. et E. S. E.....	27 20 24	18 51 54	19 30 id.	0,12. S. O.
20.....	S. S. E. et E. N. E.....	26 38 3	19 55 24	19 0 id.	9,0. S. O.
21.....	S. E. et N. N. E.......	24 6 22	20 16 40	19 0 id.	11,0. S. O.
22.....	N. E. et E...........	21 49 38	21 30 45	18 30 id.	12,0. S. O.

DATES.	VENTS d'un midi à l'autre.	LATITUDE à midi.	LONGITUDE à midi.	DÉCLINAISON de l'aiguille.	COURANTS dans les 24 heures.
		N.	O.		Milles.
23 mars.	N. E. et E. N. E........	19° 33′ 48″	22° 36′ 11″	17° 30′ N.O.	8,0. S. O.
24.....	N. E. et E.............	16 50 52	23 2 40	18 0 *id.*	12,0. S. O.
25.....	N. E. et E............	14 25 43	23 6 20	17 0 *id.*	11,0. N. N. O.
26.....	N. E. et N............	12 42 39	22 49 11	16 42 *id.*	10,0. O. N. O.
27.....	N. N. E. et N. N. O......	10 52 0	22 21 38	16 40 *id.*	5,0. O. S. O.
28.....	N. N. O. et N. N. E.....	8 52 56	21 51 8	17 0 *id.*	6,0. E.¼N. E.
29.....	E. S. E. et N.........	7 27 59	21 33 26	16 40 *id.*	3,0. E.
30.....	De l'O. N. O. à l'E. par le N.	6 13 23	21 21 20	15 0 *id.*	7,0. S. 10° E.
31.....	N. et N. E.............	4 31 11	20 56 15	15 0 *id.*	15,0. S. 6° E.
1ᵉʳavril.	E. N. E..............	4 15 7	20 1 11	15 0 *id.*	11,0. S. E.
2.....	De l'E.S.E. au N.O. par le S.	3 30 0	19 37 0	15 5 *id.*	11,4. E.
3.....	Du S. E. à l'O. par le S..	3 0 6	19 20 13	15 0 *id.*	9,6. E. S. E.
4.....	Calme...............	2 40 0	19 12 9	14 50 *id.*	10,2. S. S. E.
5.....	*Idem*................	2 17 3	19 5 0	15 0 *id.*	12,0. S. E.
6.....	*Idem*................	1 58 11	19 0 17	14 0 *id.*	14,0. E.
7.....	Le tour du compas......	1 33 0	18 56 13	16 0 *id.*	13,0. S. 7° E.
8.....	Calme...............	1 18 5	18 29 3	15 0 *id.*	14,0. S. 25°E.
9.....	O. S. O..............	1 10 0	18 10 7	15 0 *id.*	17,0. S. E.
10.....	O.	1 5 19	18 5 0	14 47 *id.*	16,7. E.
11.....	De l'O. à l'E. par le S...	1 0 0	18 6 0	15 0 *id.*	15,0. S. E.
12.....	Calme.	0 47 0	18 8 17	14 35 *id.*	15,0. E. S. E.
13.....	*Idem*	0 0 0	18 1 20	14 30 *id.*	11,0. E. 2° S.
		S.			
14.....	*Idem*	1 0 0	17 10 57	14 10 *id.*	17,0. S. S. E.
15.....	Le tour du compas......	1 15 11	16 45 9	14 0 *id.*	15,0. S.
16.....	*Idem*................	1 29 58	16 34 45	14 0 *id.*	15,0. S. 5° E.

DATES.	VENTS d'un midi à l'autre.	LATITUDE à midi.	LONGITUDE à midi.	DÉCLINAISON de l'aiguille.	COURANTS dans les 24 heures.
		S.	O.		Milles.
17 avril.	E. N. E.............	1° 50′ 7″	16° 15′ 2″	14° 7′ N.O.	20,0. S. 40° E.
18.....	E..................	2 10 23	16 0 0	14 0 id.	21,0. S. 11° E.
19.....	S..................	2 38 18	15 40 7	14 0 id.	27,0. S. 20° E.
20.....	S. S. O.............	2 50 3	16 6 18	13 50 id.	13,0. S. 45° E.
21.....	S. S. O.............	3 15 9	16 15 9	14 0 id.	26,0. S.
22.....	S. O...............	4 16 11	18 30 1	15 0 id.	16,8. S. 57° O.
23.....	S. O...............	6 45 0	19 32 5	13 49 id.	Observ. douteuses.
24.....	O. S. O............	8 10 14	20 45 11	13 50 id.	19,0. O. 2° S.
25.....	O. S. O............	9 55 59	23 12 12	13 0 id.	4,8. S. 58° E.
26.....	Du S. au S. E........	12 45 18	25 45 10	11 0 id.	4,8. S.
27.....	S. S. E.............	14 1 26	29 0 0	8 20 id.	8,8. N. 40° O.
28.....	S. S. E.............	15 6 3	30 57 10	9 0 id.	12,0. O. 1° N.
29.....	S. E...............	16 25 50	32 11 18	8 0 id.	8,0. S. 29° O.
30.....	E. S. E.............	17 14 32	33 2 59	6 0 id.	9,5. S. 75° O.
1ᵉʳ mai.	E. S. E.............	17 55 4	33 19 19	5 30 id.	6,0. S. 50° O.
2.....	De l'E.S.E. à l'O.N.O. par S.	18 44 29	34 16 52	3 0 id.	12,0. S. 27° E.
3.....	De l'O. N. O. au N. E. par S.	19 53 28	34 53 48	2 25 id.	6,0. S.
4.....	Du S.S.O. à l'E.S.E. par S.	21 41 0	37 2 58	2 0 id.	0,8. S.
5.....	Du N. E. au S. E. par N..	22 48 5	39 1 42	0 14 id.	8,8. N. 3° O.
6.....	Du N. O. au S. E. par O..	24 10 56	40 40 47	1 0 N.E.	5,0. S. 23° O.
7.....	E. S. E.............	25 34 2	43 41 9	1 0 id.	15,0. N. 11° O.
8.....	Du N. E. au S. E. par E..	26 55 0	46 47 9	3 0 id.	5,0. N.
9.....	De l'O. N. O. au N. E. par N.	28 4 5	48 32 18	5 26 id.	6,0. S. 50° O.
10.....	De l'O. S. O. au S. E. par S.	27 36 30	51 1 14	7 29 id.	8,0. O.

Arrivé au mouillage dans le goulet de Sainte-Catherine.

TROISIÈME TABLEAU.

DES VENTS, DES COURANTS ET DES DÉCLINAISONS DE L'AIGUILLE AIMANTÉE, OBSERVÉS EN 1821 ET 1822, SUR PLUSIEURS POINTS DE LA ROUTE DE FRANCE AU RIO DE LA PLATA.

DATES.	VENTS d'un midi à l'autre.	LATITUDE à midi.	LONGITUDE à midi.	DÉCLINAISON de l'aiguille.	COURANTS dans les 24 heures.
Départ de Brest le 28 octobre 1821.		N.	O.		Milles.
29.....	Du S.S.E. au S.S.O. par S.	47° 35′ 18″	8° 48′ 30″	26° 0′ N.O.	10,0. S.
30.....	S. O.	46 35 48	10 45 0	26 0 id.	43,0. S.15° O.
31.....	Du S. O. à l'O. N. O. par O.	44 52 43	10 56 0	25 15 id.	13,0. S.10 O.
1ᵉʳ nov.	O. S. O. et O.	44 44 50	11 0 0	25 0 id.	7,0. S. 2 O.
2.....	S. O. et O. N. O.	44 42 12	12 30 0	25 0 id.	4,0. S. 4 O.
3.....	O. S. O.	45 18 5	14 9 21	26 0 id.	6,0. S. 2 O.
4.....	De l'O.S.O. à l'E.N.E. p.N.	44 28 41	15 19 21	25 20 id.	6,0. S.
5.....	N. E. et S. E.	41 28 35	15 50 45	25 0 id.	6,0. N.50 E.
6.....	S. O. et S. S. E.	40 24 36	16 50 3	25 0 id.	20,0. S.15 E.
7.....	S. O. et S.	40 33 7	17 35 3	24 30 id.	8,0. S.16 E.
8.....	O.	39 34 22	16 20 33	24 30 id.	5,0. S.10 E.
9.....	O. et N. O.	37 3 47	16 17 3	24 0 id.	6,0. S.40 E.
10.....	O. et N. O.	35 20 50	15 14 0	23 0 id.	15,0. S.45 E.
11.....	O. N O, et O. S. O.	33 54 20	15 8 0	21 30 id.	6,0. S. 5 E.
12.....	O. et O. S. O.	34 18 24	14 41 30	20 0 id.	25,0. S.25 E.
13.....	S. O.	34 14 34	14 33 36	20 15 id.	20,0. S.20 E.
14.....	S. O. et O. S. O.	33 16 20	14 39 43	20 15 id.	6,0. S.15 E.

DATES.	VENTS d'un midi à l'autre.	LATITUDE à midi.	LONGITUDE à midi.	DÉCLINAISON de l'aiguille.	COURANTS dans les 24 heures.
		N.	O.		Milles.
15 nov..	S. O..................	32° 56′ 20″	15° 36′ 40″	20° 0′ N.O.	32,0. O. 8°O.
16.....	S. O. et S. S. O........	32 7 56	17 37 17	20 0 id.	15,0. S. 40 O.
17.....	S. O. et S. S. O........	32 13 4	17 0 40	20 0 id.	10,0. E. 2 S.
18.....	Du S.S.O. à l'E.S.E. p. le N.	31 30 1	16 51 24	21 0 id.	20,0. E. 4 S.
19.....	Du S.S.O. à l'E.S.E. p. le N.	30 29 11	17 39 54	21 0 id.	18,0. E. ½ S.
20.....	S. et E. S. E...........	28 18 11	17 34 0	20 0 id.	8,0. S. 3 E.
21.....	S. E. et E. S. E........	28 28 0	18 33 26	19 5 id.	5,0. S. 6 E.
22.....	Séjour à Sainte-Croix de Ténériffe jusqu'au 30 nov.			″	″
23.....	″	″	″	″	″
24.....	″	″	″	″	″
25.....	″	″	″	″	″
26.....	....	28 28 0	18 33 30	19 30 id.	″
27.....	″	″	″	″	″
28.....	″	″	″	″	″
29.....	″	″	″	″	″
30.....	E. et E. S. E...........	25 59 10	19 21 3	19 0 id.	13,0. E. 10 S.
1ᵉʳ déc.	E. N. E. et S. E........	23 14 2	20 26 2	19 0 id.	6,0. S.
2.....	E. N. E. et S. E........	20 44 48	21 21 7	18 0 id.	10,0. S. 40 E.
3.....	S. E. et E. N. E........	18 26 1	21 49 14	18 0 id.	1,0. N.O.
4.....	E. N. E. et E. S. E......	15 17 40	21 35 31	17 0 id.	9,0. S. 3 E.
5.....	E....................	12 42 19	20 27 33	17 0 id.	18,0. E. N. E.
6.....	E. N. E. et N..........	10 59 15	20 29 22	17 0 id.	16,0. O. S. O.
7.....	N. N. E.............	10 0 27	20 15 36	16 0 id.	6,0. E. S. E.
8.....	N. N. E.............	8 53 10	19 55 18	16 20 id.	6,0. E.
9.....	N. N. E.............	7 52 41	19 58 21	16 20 id.	15,0. O.
10.....	N. N. O.............	7 9 42	19 54 3	16 0 id.	2,0. E.

DATES.	VENTS d'un midi à l'autre.	LATITUDE à midi.	LONGITUDE à midi.	DÉCLINAISON de l'aiguille.	COURANTS dans les 24 heures.
		N.	O.		Milles.
11 déc..	De l'O.S.O. à l'O.N.O. p. O.	6° 10′ 33″	19° 35′ 8″	16° 30′ N.O.	12,0. E. S. E.
12.....	O. N. O..............	4 50 21	19 4 0	16 0 id.	22,0. E. S. E.
13.....	Du S. E. au S. O. par S..	4 22 19	19 2 0	16 0 id.	16,0. E. S. E.
14.....	S. O. et S............	4 12 46	18 46 12	16 30 id.	39,0. E. 10° S.
15.....	Du N. au S. calme......	4 11 27	18 52 0	16 30 id.	20,0. O. 5 N.
16.....	....	3 25 6	19 40 25	16 0 id.	20,0. O. 46 S.
17.....	S. E. et E. N. E........	2 24 55	20 0 25	16 20 id.	20,0. O. 55 S.
18.....	E. S. E...............	1 13 9	20 43 25	15 30 id.	12,0. O. 2 N.
19.....	E. et S. S. E..........	0 3 36	21 53 54	15 0 id.	28,0. O. 4 N.
		S.			
20.....	S. et S. E............	0 42 14	21 19 0	15 0 id.	27,0. O. 1 S.
21.....	S. S. E	1 47 13	23 50 12	15 0 id.	26,0. O. 1 S.
22.....	S. E................	3 3 28	25 10 52	14 0 id.	9,0. S. 15 O.
23.....	E. S. E et S. S. E.......	2 38 11	25 57 40	14 0 d.	11,0. N. 6 O.
24.....	S. S. E..............	6 35 4	27 4 42	13 0 id.	20,0. N. 45 O.
25.....	S. S. E. et E. S. E......	8 59 4	28 22 15	12 0 id.	14,0. N. 55 O.
26.....	S. S. E. et E. S. E......	11 22 24	29 32 34	11 0 id.	8,0. N. 40 O.
27.....	S. S. E. et E. S. E......	13 47 25	20 53 35	10 0 id.	7,0. N. 50 O.
28.....	S. S. E. et E. S. E......	15 52 28	32 24 40	9 20 id.	10,0. N. 45 O.
29.....	E. N. E..............	17 51 12	33 44 45	8 0 id.	6,0. N. 40 O.
30.....	N. E................	19 17 28	34 58 37	6 0 id.	4,0. S. 5 E.
31.....	Du N. E. au N. N. O. par N.	21 1 7	36 23 44	4 0 id.	8,0. S. 60 E.
Jan. 1822.					
1ᵉʳ....	N. E. et O. N. O........	23 5 15	38 22 44	3 0 id.	1,5. S.
2.....	S. E. et S.............	23 46 42	40 4 47	0 20 id.	2,0. N.
3.....	S. S. E..............	24 27 28	41 35 15	″	9,0. E. 3 S.

DATES.	VENTS d'un midi à l'autre.	LATITUDE à midi.	LONGITUDE à midi.	DÉCLINAISON de l'aiguille.	COURANTS dans les 24 heures.
		S.	O.		Milles.
4 janv...	E. S. E..............	25° 17′ 42″	42° 44′ 24″	″	4,0. N. 45 E.
5.....	S. S. E..............	25 48 31	43 52 22	1° 0 N. E.	15,0. E. 22 N.
6.....	E. S. E.............	27 22 24	46 21 44	2 0 *id.*	3,0. S. O.
7.....	E..................	29 35 9	48 47 50	4 20 *id.*	12,0. E. 23 N.
8.....	E. N. E. et N..........	32 1 3	51 54 50	5 30 *id.*	13,0. O. 15 N.
9.....	N. O. et N. N. E.......	33 34 34	54 24 27	6 30 *id.*	7,0. E.
10.....	Du S. E. au N. N. E. par E.	34 46 0	56 25 0	7 0 *id.*	9,0. S.
	Arrivé en rade de Maldonado.				

QUATRIÈME TABLEAU.

DES VENTS, DES COURANTS ET DES DÉCLINAISONS DE L'AIGUILLE AIMANTÉE, OBSERVÉS EN 1823, SUR PLUSIEURS POINTS DE LA ROUTE DU BRÉSIL EN FRANCE.

DATES.	VENTS d'un midi à l'autre.	LATITUDE à midi.	LONGITUDE à midi.	DÉCLINAISON de l'aiguille.	COURANTS dans les 24 heures.
Départ de Rio - Janeiro en 1823.		S.	O.		Milles.
25 sept..	E. S. E..............	22° 53′ 16″	45° 35′ 14″	3° 30′ N. E.	0,0.
26.....	E. N. E..............	23 25 12	45 24 30	2 0 *id.*	11,0. E. S. E.
27.....	*Idem*	24 49 47	44 23 21	1 20 *id.*	18,0. O.
28.....	*Idem*	26 40 29	43 39 31	2 0 *id.*	25,0. S. 10° E.
29.....	*Idem*	28 9 59	42 34 31	2 0 *id.*	32,0. S. 5 E.
30.....	De l'E.N.E. à l'O.S.O. p. S.	28 33 24	41 22 22	2 0 *id.*	15,0. S. 3 O.
1ᵉʳ oct..	S. O...............	27 11 22	39 26 52	2 0 *id.*	8,0. S. 20 E.
2.....	Du S.S.E. au N. O. par N.	26 58 20	38 18 40	2 0 *id.*	18,0. E. 22 N.
3.....	N..................	26 3 17	35 58 45	1 10 *id.*	12,0. N. E.
4.....	N. N. O.............	25 16 23	33 30 11	1 0 *id.*	16,0. N. 8 E.
5.....	N. E...............	25 19 28	32 7 58	2 0 N. O.	15,0. E.
6.....	E. N. E.............	26 8 40	30 11 5	4 0 *id.*	20,0. E.
7.....	N. N. E.............	26 36 6	27 29 16	5 0 *id.*	13,0. N. 50 E.
8.....	N. N. E.............	26 0 20	25 10 0	5 20 *id.*	12,0. N. 45 E.
9.....	N. N. O.............	25 10 45	23 40 4	8 0 *id.*	10,0. N. 30 E.
10.....	E. S. E. et E.........	24 31 4	23 35 20	9 0 *id.*	7,0. N. 25 E.
11.....	E. et E. S. E.........	22 0 58	24 18 8	9 0 *id.*	4,0. S. 10 E.
12.....	N. N. E.............	20 19 0	25 12 8	9 40 *id.*	13,0. O. 5 S.
13.....	N..................	18 51 10	26 49 15	10 0 *id.*	15,0. O.
14.....	E. N. E.............	17 8 54	28 17 30	8 0 *id.*	12,0. O. 4 S.
15.....	E. N. E.............	15 10 22	29 9 5	8 0 *id.*	9,0. O.

DATES.	VENTS d'un midi à l'autre.	LATITUDE à midi.	LONGITUDE à midi.	DÉCLINAISON de l'aiguille.	COURANTS dans les 24 heures.
		S.	O.		Milles.
16 oct...	E. N. E.	13° 22′ 30″	29° 55′ 30″	8° 0′ N.O.	18,0. S. 50°O.
17.....	E. S E.	0 10 25	30 6 9	8 0 id.	17,0. O.
18.....	E. N. E.	11 30 20	30 4 20	8 0 id.	12,0. S. 3 O.
19.....	E.	6 24 24	30 3 15	8 0 id.	14,0. O. 15 S.
20.....	E. S. E.	3 53 29	30 10 40	8 26 id.	33,0. O. 5 S.
21.....	S. S. E.	1 11 0	30 0 46	9 0 id.	23,0. O.
		N.			
22.....	S. E.	1 4 20	30 0 51	10 0 id.	31,0. O.
23.....	N. N. E. et S. E.	2 48 23	30 7 0	10 0 id.	10,0. S. 45 O.
24.....	E. S. E. et O. S. O.	4 18 20	30 0 0	9 56 id.	5,0. N. N.O.
25.....	S. S. O.	6 2 20	29 52 0	11 0 id.	3,0. S.
26.....	S.	7 46 20	29 18 33	11 0 id.	20,0. E.
27.....	S. O.	9 40 0	28 44 15	11 10 id.	30,0. N E.
28.....	Du S.O. au N.E. par le N.	10 24 38	28 45 8	12 0 id.	12,0. N. O.
29.....	E.	11 27 19	28 58 4	12 0 id.	14,0. N. 15 O.
30.....	E.	12 34 15	29 11 10	13 30 id.	10,0. N. 45 O.
31.....	E. N. E.	13 35 20	29 25 48	13 5 id.	10,0. N. 55 O.
1ᵉʳ nov..	E. N. E.	15 10 40	30 14 50	14 0 id.	13,0. O. 20 N.
2.....	E. N. E.	16 54 0	30 53 12	14 0 id.	24,0. O. 20 N.
3.....	E. S. E.	19 5 29	31 7 15	15 0 id.	5,0. N. O.
4.....	S. E.	20 44 0	31 7 45	15 0 id.	12,0. N.
5.....	S. S. O.	22 26 45	38 58 15	16 0 id.	14,0. N. 2 E.
6.....	Du S. E. à l'O. par le S..	23 5 9	30 35 0	17 0 id.	12,0. E. 10 E.
7.....	Calme N. O.	23 9 16	30 8 35	17 32 id.	7,0. S. O.
8.....	E. N. E.	23 53 25	30 48 15	18 0 id.	4,0. E.
9.....	E. N. E.	25 32 32	31 18 45	18 0 id.	4,0. N.

DATES.	VENTS. d'un midi à l'autre.	LATITUDE. à midi.	LONGITUDE. à midi.	DÉCLINAISON de l'aiguille.	COURANTS dans les 24 heures.
		N.	O.		Milles.
10 nov.	E.....................	27° 27′ 30″	31° 45′ 10″	19° 0′ N.O.	15,0. N. N. E.
11.....	E.....................	29 9 0	32 32 13	19 0 id.	12,0.O. 5° S.
12.....	N. E.................	30 9 30	33 16 13	19 0 id.	14,0. S. 2 O.
13.....	N.....................	30 42 13	34 15 50	20 0 id.	14,0. S. 10 O.
14.....	E. N. E..............	31 46 27	35 6 19	20 43 id.	15,0. S. 2 O.
15.....	De l'E.N.O. au S.O. par S.	32 2 21	35 13 39	20 25 id.	3,0. S.
16.....	S.....................	35 23 21	34 27 4	21 0 id,	0,0.
17.....	E. N. E..............	35 40 13	35 5 49	21 0 id.	8,0. O. S. O.
18.....	N.....................	35 35 51	33 40 31	21 0 id.	12,0. S.
19.....	E. N. E..............	36 25 50	34 30 50	21 0 id.	5,0. N. O.
20.....	De l'E. à l'O.S.O. par S..	36 48 12	35 45 10	22 0 id.	23,0. S. 46 O.
21.....	Du N.N.E. à l'O.S.O. p. l'O.	37 42 3	33 36 39	22 0 id.	24,0. S. 10 O.
22.....	N. N. O..............	38 13 56	30 3 0	23 10 id.	24,0. S. 8 O.
23.....	N. N. O..............	39 36 21	27 23 41	23 0 id.	28,0. S. 65 E.
24.....	N.....................	40 16 0	25 49 20	23 15 id.	13,0. S. 50 E.
25.....	E.....................	40 25 50	25 13 10	23 0 id.	10,0. S. 75 E.
26.....	S. S. O..............	41 48 50	21 35 40	23 0 id.	11,0. S. 70 E.
27.....	S. S. O..............	Pas d'observ.	″	″	″
28.....	O. S. O..............	Idem.	″	″	″
29.....	N. O. et O............	46 24 14	12 35 2	25 0 id.	9,0. E.
30.....	O.....................	48 22 14	8 53 0	26 0 id.	7,0. E. N. E.
1er déc.	S. O.................	48 11 0	8 19 4	26 30 id.	8,0. N. E.
2.....	S. O.................	48 23 7	7 28 6	27 0 id.	8,0. N. E.

Mouillé en rade de Brest à neuf heures du soir.

SUPPLÉMENT

AU

PILOTE DU BRÉSIL.

———◦———

Le but qu'on se propose en publiant le supplément suivant au Pilote du Brésil, est de donner avis aux navigateurs de l'existence et de la position de plusieurs dangers voisins du rivage, et de quelques bancs situés au large de la côte, qui ont été rencontrés depuis que la première édition de cet ouvrage a été publiée, c'est-à-dire depuis 1827. Ces dangers et ces bancs se trouvant placés en dehors des routes suivies par *la Bayadère* pendant la reconnaissance hydrographique de la côte du Brésil, et aucun indice de leur existence n'ayant été donné par les pratiques de la côte qu'on a eu l'occasion de consulter, ont dû nécessairement échapper à nos recherches, et n'ont pu être portés sur nos cartes à l'époque de leur publication ; mais, depuis qu'ils ont été signalés, on a indiqué sur ces cartes ceux des dangers pour lesquels les renseignements donnés ne laissaient que peu ou point d'incertitude sur leur position, et on attend pour y porter les autres que les doutes qui restent encore sur leur véritable position soient levés par de nouvelles reconnaissances et des observations exactes.

Nous donnerons néanmoins sur ces dangers et sur ces bancs tous les renseignements que nous avons pu nous procurer, avec la condition expresse que, ne pouvant garantir en aucune façon leur exactitude, nous en laissons toute la responsabilité à leurs auteurs ; ces renseignements mettront les navigateurs en mesure d'éviter les dangers dont la position est certaine, et ils éveilleront l'attention à l'égard de ceux dont la position exacte n'est pas encore connue. Peut-être ces renseignements feront-ils rechercher l'occasion d'examiner de nouveau ces derniers dangers, afin de les décrire plus exactement et de fixer leur position.

Nous suivrons, dans l'indication de ces nouvelles découvertes, l'ordre qui a été suivi par M. l'amiral Roussin dans la rédaction du Pilote du Brésil, c'est-à-dire que nous les indiquerons en allant du Sud au Nord, et nous les accompagnerons de renvois qui les feront rattacher aisément à la description donnée, dans le texte du Pilote, des côtes près desquelles elles sont situées.

BANC OU ÉCUEIL DE REID, TROUVÉ LE 14 MARS 1822.

Latitude : 31° 3' Sud ; longitude : 52° 7' à l'Ouest de Paris.

Ce qui suit a été communiqué par une lettre écrite de Rio-Grande, par M. Reid, à bord du brick *Swet-Home*.

« Ce brick, dans son voyage de Liverpool à Rio-Grande
« du Sud, toucha sur un banc situé, suivant M. Reid, à
« 70 milles au moins de la côte du Brésil. Le vent était au
« Nord-Est $\frac{1}{4}$ Est, et, comme heureusement il n'y avait pas
« de levée sur le banc, on put s'en retirer immédiatement,
« et sans autres avaries qu'une légère voie d'eau. Pendant le
« séjour du brick à Rio-Grande, *le master* apprit qu'une
« goëlette brésilienne avait touché sur le même danger peu
« de temps auparavant. » M. Reid ajoute : « Ce banc, qui
« n'est porté sur aucune carte, se trouve sur la route que
« suivent les bâtiments qui vont d'Europe à Rio-Grande. »
(Extrait du *Nautical Magazine*, 1840.)

Il est nécessaire de faire observer que, si la distance à laquelle M. Reid estime que le banc se trouve de la côte du Brésil est exacte, la longitude qu'il lui assigne est fort incertaine, car cette distance le mettrait par 51° 23' de longitude Ouest.

Quoique ce banc soit loin, au Sud, du terme méridional des reconnaissances faites à bord de *la Bayadère*, nous avons cru devoir en faire mention pour éveiller l'attention des navigateurs qui vont dans le Rio de la Plata, ou qui en sortent pour revenir en Europe.

BANC DU VOLAGE.

« Le navire anglais *le Volage*, allant à l'île Sainte-Cathe-

« rine, au mois de septembre 1831, a découvert un banc
« sur lequel il a trouvé, tout d'abord, quatorze brasses d'eau,
« fond de vase, par 26° 44′ de latitude Sud, et 50° 35′ de
« longitude Ouest (position calculée d'après l'observation
« faite à midi). A partir de ce point, le navire courut deux
« milles à l'Ouest $\frac{1}{4}$ Sud-Ouest, ayant quatorze et douze
« brasses trois quarts d'eau, ensuite il porta à l'Ouest et à
« l'Ouest-Sud-Ouest, et la profondeur augmenta subitement
« jusqu'à vingt-trois et vingt-neuf brasses, ce qu'il continua
« à trouver jusqu'à ce qu'il eût dépassé l'île Arvoredo, qui est
« située dans le Nord $\frac{1}{4}$ Nord-Est de l'île Sainte-Catherine.

« La position ci-dessus dépend de celle du fort San-José,
« qui est par 27° 26′ 30″ Sud et 53° 59′ Ouest; la variation
« a été observée de 7° Nord-Est. M. l'amiral Roussin a passé
« à terre de ce banc et n'a pas pu le voir. » (*Nautical Magazine*, avril 1832.)

Si la position assignée à ce banc est exacte, il se trouve
à quarante milles au Nord, 20° Est de la pointe septentrionale de l'île Sainte-Catherine, et à vingt-cinq milles au
large de la côte, par le travers de la pointe Itapacoroya.

Ce banc est cité dans les notes de la page 8 et de la
page 35 du texte du Pilote du Brésil.

RIO-JANEIRO.

La reconnaissance hydrographique de l'intérieur de la
baie de Rio-Janeiro a été faite en 1826 et 1827, par M. Bar-
ral, alors lieutenant de vaisseau, embarqué sous les ordres
de M. l'amiral Ducampe de Rosamel, commandant la station française de l'Amérique méridionale, et, en 1837, M. l'a-
miral Dupotet, commandant la même station, fit lever par

M. Jehenne, aujourd'hui capitaine de corvette, un plan de
l'entrée de Rio-Janeiro. Ces travaux, publiés, le premier
sous le n° 412, et le second sous le n° 887 du catalogue
des cartes du Dépôt général de la marine, complètent, pour
cette partie de la côte du Brésil, la reconnaissance faite
sous les ordres de M. l'amiral Roussin, à bord de *la Baya-*
dère.

Au plan de l'entrée de Rio-Janeiro, est joint une vue
de la côte, à l'Est et à l'Ouest de cette entrée, prise de l'île
Raza; cette vue est destinée à faciliter la reconnaissance des
points d'atterrage de Rio-Janeiro.

Ceci se rapporte à la note qui est au bas de la page 58
du Pilote du Brésil.

BANCS AU LARGE DU CAP SAN-THOMÉ.

M. l'amiral Roussin a fait voir, dans le texte du Pilote du
Brésil (pages 76 et 78), combien il était peu probable que
des hauts-fonds dangereux s'étendissent loin au large et
dans le voisinage du cap San-Thomé, en s'appuyant non-
seulement sur les renseignements obtenus des pratiques de
la localité, mais encore, et avec beaucoup plus de certitude, sur les sondes faites à bord de *la Bayadère*, sur le parallèle et jusqu'à trente milles de distance au large de ce
cap. Malgré cela, quelques navigateurs prétendent encore
qu'il en existe, et le document suivant, extrait du *Nautical*
Magazine de 1832, en serait une preuve, s'il était possible
d'en déduire la position du navire et des brisants qui ont
été vus, à l'égard du cap San-Thomé; mais, comme on n'y
trouve qu'une vague indication de la latitude et une longitude vraisemblablement fort incertaine, puisqu'elle paraît

être le résultat de la combinaison de routes estimées avec
une observation de longitude faite dans les environs du cap
Frio, il reste nécessairement une grande incertitude sur la
position des dangers; et, quoiqu'on n'ait pas aperçu la terre
du point où la frégate était mouillée, il ne serait cependant
pas impossible que son mouillage fût peu éloigné du rivage.
Quoi qu'il en soit, nous donnons ce document tel qu'il nous
est parvenu, et nous engageons les marins à suivre, pour
naviguer dans les environs du cap San-Thomé, les indications donnés dans le Pilote du Brésil.

« Le 29 novembre 183..., la frégate brésilienne *le Prince-*
« *Impérial*, se trouvant sur le parallèle du cap San-Thomé,
« par 42° 50′ de longitude à l'Ouest du méridien de Paris,
« et faisant route au Sud-Ouest $\frac{1}{4}$ Sud, par un temps sombre
« et à grains, la mer étant très-houleuse, trouva, à trois
« heures du matin, trente-six brasses d'eau. A trois heures
« quinze minutes, elle eut dix brasses; à trois heures vingt
« minutes il n'y avait plus que de trente-quatre à trente et un
« pieds de profondeur. La frégate était sous toutes voiles et
« filait de cinq à six nœuds. Quelque empressement que
« l'on mît à serrer les voiles et à mouiller la petite anse d'af-
« fourche, on tomba par vingt-cinq pieds et demi : le ti-
« rant d'eau de la frégate était de vingt pieds et demi.

« Au point du jour on aperçut de hauts brisants sur les
« *bancs de San-Thomé*, qui restaient à un mille de distance
« à l'Ouest $\frac{1}{4}$ Sud-Ouest. Le temps s'étant éclairci, la vue,
« du haut des mâts, pouvait s'étendre à trente milles envi-
« ron de distance; mais on n'aperçut pas la terre.

« Le jour suivant, près du cap Fio, nous eûmes une ob-
« servation de longitude, au moyen du chronomètre; consé-

« quemment on ne peut douter que les bancs ne s'étendent
« à plus de trente milles au large.

« Après avoir mis sous voiles, la frégate courut à l'Est $\frac{1}{4}$
« Nord-Est, pendant trois heures, avec une vitesse de deux
« nœuds, le brassiage variant très-irrégulièrement de six à
« huit et neuf brasses, et ensuite diminuant à cinq brasses et
« demie et cinq brasses, fond de sable ; puis nous trouvâmes
« vingt-neuf brasses, en dehors des bancs, après avoir couru,
« au moins vingt milles au large.

BANC DES ABROLHOS.

(Extrait d'une lettre du capitaine Fitz-Roy, commandant *le Beagle*,
au capitaine Beaufort. (*Nautical Magasine,* 1833.)

« Le 18 mars 183...., nous partîmes de Bahia (baie de
« Todos-os-Santos), et nous nous dirigeâmes, sous petites
« voiles, vers la limite orientale du banc des Abrolhos. Le
« vent étant de la partie de l'Est, et modéré, nous permet-
« tait de sonder fréquemment, et de faire de bonnes observa-
« tions.

« Ayant atteint le parallèle des Abrolhos, à l'Est des sondes
« les plus orientales de celles qui sont portées sur les cartes,
« et, ne trouvant pas de fond avec trois cent trente cinq
« brasses de ligne, je commençai à porter vers l'Ouest, son-
« dant continuellement, et faisant veiller attentivement du
« haut des mâts. A deux heures après midi, le 26 mars, nous
« n'eûmes pas de fond à deux cent cinquante-cinq brasses,
« et à quatre heures, c'est-à-dire deux heures après, nous ne
« trouvâmes que trente-trois brasses et demie de profondeur,
« sans avoir remarqué le moindre changement dans la cou-
« leur ni dans la température de l'eau, et sans que rien pût

« indiquer un changement aussi brusque dans le brassiage.

« Je vins immédiatement au vent, et reculai vers l'Est,
« pour me procurer une seconde occasion de déterminer la
« position de l'accore orientale du banc. En courant vers
« l'Est, je perdis le fond aussi soudainement que nous l'avions
« trouvé sur la route précédente. Je virai une seconde fois
« par deux cent vingt-cinq brasses, pour porter à l'Ouest,
« ayant un grappin à la traîne, lequel s'engagea si fortement
« dans les roches à l'accore du banc, que ses pattes en furent
« redressées: mais j'avais atteint le but que je me proposais,
« qui était de déterminer la limite exacte du banc.

« Aussitôt après nous eûmes le fond à moins de cinquante-
« cinq brasses, jusqu'à ce que nous fussions mouillés près
« des îlots Abrolhos.

« J'ai passé au Sud et dans l'Est de ces îlots, parce que
« le banc n'avait pas été examiné dans ces directions. Mais,
« appelé ailleurs par le devoir que m'imposait ma mission,
« j'ai regretté de ne pas pouvoir profiter de la circonstance
« favorable dans laquelle je me trouvais pour compléter
« la reconnaissance du banc.

« Il faudrait au moins quinze jours d'un très-beau temps
« pour achever la reconnaissance de ce banc, commencée
« par M. le baron Roussin, laquelle, autant que je l'ai exa-
« minée, est extrêmement correcte. Le fond est tellement
« accidenté, que, pour en signaler les inégalités, il faudrait
« faire une multitude de sondes...., etc.

« Je supposais, sur la foi de la plupart des cartes, que le
« fond, sur le banc des Abrolhos, était principalement de
« corail, et je fus surpris de n'en trouver que de petits frag-
« ments qui croissaient sur des roches de gneiss et de grès....

« La distance méridienne des Abrolhos à Bahia, la lati-
« tude de ce groupe d'îlots, et son étendue, telles que je
« les ai trouvées, concordent parfaitement avec les résultats
« de la reconnaissance hydrographique des Français; mais je
« trouve une différence de quatre à cinq milles entre Bahia
« et Rio-Janeiro : c'est le seul point sur lequel j'ai rencontré
« une telle différence dans mes deux voyages sur *le Beagle.*

« Ayant fait deux fois la traversée de Bahia à Rio-Janeiro, je
« crois pouvoir faire observer, qu'en passant en dedans des
« Albrolhos, c'est-à-dire dans l'Ouest des îlots, on abrége
« certainement la route; mais cependant je ne saurais recom-
« mander d'y passer, à moins qu'on n'ait quelque raison pour
« se hâter. Les fonds sont très-irréguliers et varient subitement
« de vingt-deux à six brasses, et là il y a, à la fois, des récifs
« et des courants. »

Cet article se rapporte à ce qui a été dit page 90 du Pilote du Brésil.

REMARQUES DE M. F. F. ROOS, DE LA MARINE ROYALE D'ANGLETERRE,
SUR LE PORT DE MACAYO (PORTO-JARAGUA DE NOS CARTES).

Situé à la côte orientale du Brésil par 9° 39′ de latitude Sud.

(Extrait du *Nautical Magazine*, année 1835.)

« En approchant de Macayo, à la distance de douze à qua-
« torze milles, on commence à apercevoir un petit édifice
« blanc, qui est un magasin à poudre, et qui est situé sur une
« haute terre boisée qui domine la ville de Macayo et le
« mouillage. Une grande tache rouge dans la pente de la mon-
« tagne, à cinq milles environ au Sud-Ouest de ce magasin,
« une chapelle blanche à deux tours, placée à très-peu près

« dans la même direction, et le mont Barrigan, qui se trouve
« à quelque distance dans l'intérieur, servent également à
« faire reconnaître la position du port. Le mont Barrigan pa-
« raît isolé et domine un peu, par sa hauteur, les terres
« environnantes; mais il est peu remarquable. »

« Macayo (ou plutôt Jaragua), étant le seul ancrage con-
« venable qui existe entre la baie de Tous-les-Saints et Per-
« nambuco, fait un commerce assez considérable, et a des
« relations fort étendues avec l'intérieur. Plusieurs bâtiments
« anglais y touchent annuellement. Les vivres et les rafraî-
« chissements y sont à un prix modéré, et on peut facile-
« ment se procurer de l'eau excellente à une petite source,
« près du rivage, dans le havre de *Paijucara*, qui est adjacent
« au port de Macayo.

« Le port est une baie ouverte, et se trouve entre le rivage
« et le récif de madrépores qui borde la côte au Nord et au
« Sud de Macayo. Il est compris entre le rivage et une par-
« tie de ce récif qui se termine par une pointe abrupte, et
« protége le mouillage contre la grosse mer soulevée par
« les vents qui règnent durant la plus grande partie de l'an-
« née, c'est-à-dire les vents du Nord-Nord-Est, à l'Est-Sud-
« Est passant par l'Est.

« On trouve constamment le long de la côte des *jangadas*,
« espèce de petits radeaux à voiles, montés par des pêcheurs,
« qui sont de bons pilotes; mais il y a, dans le village de Jara-
« gua, un maître de port qui vient prendre les navires au
« large, quand on le demande en tirant un coup de canon.

« *L'Algérine*, bâtiment de guerre anglais, était mouillé
« dans ce port par trente et un pieds d'eau, fond de sable va-
« seux, relevant l'extrémité du récif au Sud 48° Est, et le

« quai couvert (*le Trapiche*) au Nord 29° Est (relèvements
« corrigés). De ce mouillage, le port paraissait ouvert depuis
« le Sud-Est jusqu'au Sud-Ouest ½ Ouest, et, à un quart de
« mille de distance, dans la direction du Trapiche, il y avait
« des corps-morts disposés pour amarrer les paquebots du
« commerce établi entre Pernambuco et Bahia, qui passent
« tous les quinze jours.

« Les marins qui fréquentent habituellement le port de
« Macayo se tiennent, en s'en approchant, à un quart de
« mille environ du récif; et de cette manière arrondissent
« la pointe (Ponta-Verde de nos cartes); mais les étrangers
« la localité ne doivent pas agir ainsi, parce que, à cette dis-
« tance du rivage, les sondes sont très-irrégulières, et que,
« sur la partie du récif où il faut passer, il y a un point
« qu'on doit éviter, sur lequel il ne reste que quinze pieds
« d'eau. Ce qu'ils ont de mieux à faire est de ne pas se
« porter dans l'Ouest du méridien du magasin à poudre, avant
« d'avoir doublé la pointe du récif par le Sud : dès qu'on a
« dépassé cette pointe, on peut se diriger sur le bon mouil-
« lage.

« Pendant les neuf mois d'été, ce port peut être considéré
« comme sûr; mais dans les mois de juin, juillet et août,
« quand le vent de la partie du Sud est dominant, on y serait
« exposé. Aucun bâtiment marchand anglais ne s'y est en-
« core perdu, quoique, il n'y a pas longtemps un brick a
« chassé sur ses ancres et a rompu son gouvernail en talon-
« nant, dans un coup de vent de la partie du Sud; mais les
« navires brésiliens y font fréquemment naufrage.

« Un petit havre, formé par le récif même, et nommé
« *Paijucara*, est contigu au port de Macayo; mais il ne peut

« offrir d'abri qu'à de petits bâtiments. Il a la figure d'un
« bassin, et son entrée est près du centre. Comme ce havre
« est très-peu profond, on s'en sert rarement; on ne peut
« pas y entrer lorsque les vents sont de la partie du Nord ou
« du Nord-Est. Une corvette et deux bricks de guerre ont
« été construits à Paijucara. »

AUTRES REMARQUES SUR LE PORT DE MACAYO, PAR LE CAPITAINE
C. R. DRINKWATER, DE LA MARINE ROYALE.

(Extrait du *Nautical Magazine*, année 1835.)

« Macayo est un petit port situé à environ cent milles au
« Sud de Pernambuco. La terre, au Nord, est d'une hau-
« teur modérée, et on y aperçoit un grand nombre de fa-
« laises rouges. Au-dessus du port il y a un accident de ter-
« rain que la ressemblance avec un chemin taillé dans la
« montagne rend très-remarquable. Le havre est formé par
« le récif, et son entrée est tournée vers le Sud. *La Doris*,
« bâtiment de Sa Majesté, avait mouillé par neuf brasses,
« sur un fond de roche; mais l'ancre fut trouvée brisée
« quand on voulut la lever, trois heures après l'avoir mouil-
« lée. Un peu plus en dedans le fond est meilleur, ainsi
« qu'on a pu en juger d'après la vase que l'ancre a rapportée.
« La houle pénètre continuellement dans le port. »

Les deux articles précédents se rattachent à ce qui est
dit sur cette localité, à la page 121 du Pilote du Brésil.

ÎLE SANTO-ALEIXO.

La Bayadère a passé, en 1819, à deux milles au large de
l'île Santo-Aleixo; et, vue de cette distance, cette île paraissait formée par deux ou trois gros rochers, assez rapprochés

les uns des autres, et ayant pour base commune un récif
ou une terre fort basse, sur le bord de laquelle la mer bri-
sait violemment. Les brisants s'étendant vers la terre semblaient s'y réunir et ne laisser aucun passage praticable pour
des bâtiments entre elle et l'île. C'est sur cette apparence
qu'est fondée la description des îlots Santo-Aleixo, donnée
pages 123 et 124 du Pilote du Brésil.

Mais cette description peut être complétée par les indications suivantes, que nous tirons du plan de mouillage situé au Sud-Ouest de l'île Santo-Aleixo, levé en 1843, par le
capitaine Buckle, et publié le 17 septembre 1844, par le
bureau hydrographique de l'amirauté d'Angleterre.

L'îlot Santo-Aleixo se compose de trois petits mondrains
réunis par une terre basse, et il occupe un espace de deux
encablures et demi de longueur, du Sud-Est au Nord-Ouest,
sur une encablure et demie de largeur, du Sud-Ouest au
Nord-Est. Le mondrain du Sud-Ouest est élevé de soixante-
six pieds au-dessus du niveau de la mer, et à son pied il y a
deux petites maisons, près desquelles se trouve un puits. Il
y a, de plus, une source sur le côté oriental de l'îlot.

L'îlot Santo-Aleixo est à neuf encablures de distance du
rivage, dans l'Est $\frac{1}{4}$ Sud-Est de l'entrée du Rio-Serenhen, ou
plutôt dans l'Est $\frac{1}{2}$ Sud du village, très-apparent, qui est
sur la pointe Sud et près de cette entrée.

Un récif, partant de la pointe Nord-Ouest de l'îlot, s'a-
vance à deux encablures vers l'Ouest, et ne laisse, entre son
extrémité et le récif qui borde la terre, qu'un intervalle de
quatre à cinq encablures de largeur, dans le milieu duquel,
suivant le plan, il y a de dix-sept à vingt-trois pieds d'eau.
La pointe méridionale de l'îlot se prolonge également par

un récif de quatre encablures $\frac{1}{2}$ de longueur, vers le Sud-Sud-Ouest; et sur ce récif, à deux encablures $\frac{1}{4}$ de distance de l'île, se trouve une roche nommée *la Tortue*, sur laquelle la mer brise, même quand elle est haute.

De cette disposition, il résulte que l'île et ses annexes forment une espèce de fer à cheval, dont la concavité est tournée vers la terre, et c'est à l'entrée de ce coude que se trouve un mouillage, par cinq à six brasses d'eau, dans lequel on est abrité de la grosse mer, par l'îlot et les récifs qui lui sont adjacents, depuis le Nord-Nord-Est jusqu'au Sud-Est, en passant par l'Est.

Ce mouillage, dont la qualité du fond n'est pas indiquée sur le plan, est à deux encablures et demie du mondrain qui forme la pointe Sud-Ouest de l'îlot Santo-Aleixo : nous pensons qu'il ne doit être pris que temporairement, et seulement par les bâtiments qui voudraient communiquer pendant quelques heures avec le village de Serenhen.

Pour pénétrer dans le mouillage, en passant par le **Nord** de l'îlot, il faut se placer dans l'Est $\frac{1}{4}$ Nord du village de Serenhen, et porter vers l'Ouest jusqu'à ce qu'on soit à mi-canal entre l'îlot et la terre, puis venir au Sud jusqu'à se mettre Est et Ouest avec le mondrain de la pointe Sud-Ouest de l'îlot, ensuite porter à l'Est-Sud-Est jusqu'à ce que l'on relève ce mondrain au Nord 27° Est. Sur la première de ces routes, suivant le plan, le brassiage décroîtra dans l'Ouest du méridien de l'îlot, de huit brasses à trois brasses et demi; sur la seconde route, il croîtra de trois brasses et demie à cinq brasses et demie; et sur la dernière, c'est-à-dire sur celle qui conduit au mouillage, on ne trouvera pas **moins** de cinq brasses et demie d'eau.

Pour aller au mouillage, en passant dans le Sud de l'îlot, il faut, afin d'éviter le récif du Sud-Ouest et le doubler à une bonne distance, tenir les plus grands cocotiers du village de Serenhen, ou la partie méridionale de ce village, au Nord 40° Ouest, jusqu'à ce que la pointe Sud-Ouest de l'îlot reste au Nord 42° Est; alors on se dirige sur le mouillage en arrondissant la partie occidentale du récif. Sur ces routes, la profondeur de l'eau diminuera assez régulièrement de dix à huit et cinq brasses et demie, excepté dans le prolongement du récif, c'est-à-dire dans la direction donnée par *la Tortue* et le mondrain méridional de l'îlot vus l'un par l'autre, où il ne reste que quatre brasses et demie d'eau.

Cet article se rattache à ce qui a été dit sur les îles Santo-Aleixo, pages 123 et 124 du Pilote du Brésil.

ÎLE ITAMARACA. — DANGERS A L'ENTRÉE DU RIO AY.

L'île Itamaraca ne forme aucune saillie très-prononcée sur la direction générale de la côte, et n'est séparée de la grande terre que par des cours d'eau dans lesquels les marées se font sentir, mais qui n'ont que peu de largeur et peu de profondeur. Elle est comprise entre les parties inférieures du cours des rivières Iguarassu et Massaranduba et une espèce de canal naturel qui réunit ces deux rivières. Le Rio Iguarassu prend, vers son embouchure, le nom de Rio Ay, et le Rio Massaranduba n'est peut-être qu'un bras du Rio Goyanna : ainsi, et comme il est dit page 137 du Pilote du Brésil, «l'île Itamaraca n'interrompt point le rivage et se confond avec lui, lorsqu'on la voit d'une distance de quatre ou cinq milles au large. »

Les eaux du Rio Ay s'écoulent à la mer par une embouchure limitée du côté du Nord-Ouest par la côte Sud-Est de l'île Itamaraca, et du côté du Sud-Est par le récif madréporique qui ceint presque partout la côte du Brésil; et ce récif se porte, à ce qu'il paraît, assez loin dans le Nord-Est de l'entrée de la rivière. Lors du passage de *la Bayadère* devant l'embouchure du Rio Ay, aucune agitation de la mer ne décelait la présence de ce récif, dont elle a dû cependant s'approcher deux fois de fort près; la première lorsqu'elle vira de bord par douze brasses, à quatre milles et demi de distance de terre, dans l'Est-Sud-Est du fort d'Orange, et la seconde fois lorsqu'elle a viré par treize brasses, à cinq milles et demi de distance dans l'Est $\frac{1}{4}$ Nord-Est du même fort. Quelques bâtiments caboteurs du pays étaient à l'ancre sous ce fort, et le pratique embarqué sur *la Bayadère*, consulté sur les dangers qu'il fallait éviter pour gagner ce mouillage, répondit affirmativement qu'il n'en existait pas d'autres que ceux sur lesquels on voyait briser la mer, à peu de distance du rivage, entre *la Bayadère* et les navires qui étaient à l'ancre. Une réponse aussi péremptoire, confirmée d'ailleurs par la tranquillité de la mer en dehors de ces brisants, ne permettait pas de douter que l'étendue donnée, sur les anciennes cartes, aux dangers à l'entrée du Rio Ay ne fût très-exagérée, et que ces dangers devaient être circonscrits dans les limites indiquées par les brisants que nous avions en vue.

Le 4 janvier 1843, le navire du commerce de Bordeaux *le Vaillant-Basque*, commandé par M. Lubbert, se trouvant un peu au Nord de l'embouchure du Rio Ay, a touché subitement, et s'est crevé sur un banc de roche, que M. Lubbert estime être à six ou sept milles de distance de la terre.

L'existence du danger sur lequel s'est perdu *le Vaillant-Basque* est malheureusement trop bien constatée; mais tout porte à croire qu'il est beaucoup plus près de l'île de Itamaraca que ne le dit M. Lubbert, en s'appuyant d'abord sur la distance estimée par lui, et ensuite sur la description d'Itamaraca, donnée par Purdy (*New Sailings directions for the Ethiopic or Southern Atlantic Ocean*, London 1829). On peut affirmer du moins, sans craindre de se tromper, que ce danger est en dedans des routes suivies par *la Bayadère*, et par conséquent à cinq milles et demi, au plus, du fort d'Orange. Cette opinion est fortifiée d'ailleurs par l'examen attentif d'une carte de Dalrymple, publiée en 1779, qui donne de grands détails sur l'île Itamaraca et ses environs.

D'après cette carte, le danger paraît devoir être situé vers l'Est $\frac{1}{4}$ Nord-Est du fort d'Orange, en vue duquel *la Bayadère*, a passé, et dont la position a été exactement fixée; et il forme vraisemblablement la pointe septentrionale des roches couvertes qui limitent, du côté du large, le chenal conduisant au port d'Itamaraca.

Le dépôt de la marine, en attendant qu'il ait pu obtenir des renseignements plus précis que ceux qu'il possède aujourd'hui, a fait porter, approximativement le danger où s'est perdu *le Vaillant-Basque* sur la carte réduite de la côte du Brésil, comprise entre Pernambuco et Ciara.

C'est encore ici le cas de rappeler aux navigateurs ce qui est dit dans l'avertissement et dans l'introduction qui précèdent le Pilote du Brésil, que les cartes de cette partie du continent de l'Amérique, résultant de l'exploration d'un développement de côtes de huit cents lieues marines, dont la durée n'a pas

dépassé dix mois, ne contiennent que les seuls détails hydrographiques dont on a pu prendre connaissance, en longeant
presque toujours le rivage à petite distance, et sont principalement destinées à la grande navigation. En conséquence, elles
ne doivent être employées qu'avec la plus grande circonspection lorsqu'on s'en sert pour naviguer très-près de terre.

Ce que contient cet article peut être considéré comme la
suite de ce qui est dit pages 136, 137 et 138 du Pilote du
Brésil.

REMARQUES SUR LE RIO PARAHYBA-DO-NORTE, PAR M. F. F. ROOS,
DE LA MARINE ROYALE D'ANGLETERRE.

(Extrait du *Nautical Magazine*, année 1835.)

« Il se fait un commerce très-étendu dans la rivière de
« Parahyba-do-Norte. Cette rivière, située à environ soixante-
« sept milles au Nord de Pernambuco, est généralement
« fréquentée par les bâtiments qui reviennent en Angleterre
« avec la destination de compléter leur chargement à Para-
« hyba, et dans les grandes marées elle peut admettre des
« bâtiments de quinze pieds (5 mètres) de tirant d'eau.

« La côte, à gauche et à droite de l'entrée de la rivière,
« gît Nord-Nord-Ouest et Sud-Sud-Est, et la direction de la
« rivière est le Sud-Sud-Ouest, à peu près en ligne droite.
« Sur la pointe Sud de l'entrée, nommée pointe de la Baleine
« (*la Balea*), qui est basse, sablonneuse et boisée, se trouve
« un bon ouvrage de fortification, appelé *fort Cabedello*.
« La pointe Nord, de l'entrée, est basse et on y aperçoit
« quelques cocotiers; mais immédiatement derrière elle, il y
« a de hautes terres boisées, et, sur le sommet de l'une

« d'elles, on voit, très-distinctement, le couvent remar-
« quable de *Guia* (Santa-Theresa de nos cartes). Le récif qui
« longe la côte s'interrompt brusquement par le travers de
« la pointe de la Balcine, et la barre le suit immédiatement;
« elle se prolonge jusqu'au grand banc qui entoure la pointe
« Lucena, lequel se porte à environ trois milles au large du
« rivage. Cette barre ferme complétement l'entrée de la rivière.

« Les navires qui viennent du Sud doivent atterrir sur le
« cap Branco, à quatre lieues au Sud du fort Cabedello. Les
« bâtiments qui viennent du Nord doivent, pour atterrir, se
« placer sur le parallèle de ce fort, et il faut courir à l'Ouest
« jusqu'à ce qu'on l'aperçoive distinctement. Il ne peut y avoir
« de méprise à son égard : c'est la seule fortification aussi con-
« sidérable qui soit sur la côte à une assez grande distance au
« Nord et au Sud. Il faut avoir l'attention en s'approchant de
« la terre, vers l'entrée de la rivière, de ne pas venir par un
« brassiage inférieur à sept brasses.

« On tire un coup de canon pour appeler un pilote. Il
« vient en *jangada*, et part d'un petit village situé au Sud
« du fort Cabedello. Les pilotes de la barre sont considérés
« comme expérimentés et dignes de confiance.

« La barre est à quelque distance de terre; le passage est
« sinueux, et les marques pour le suivre sont fort difficiles à
« distinguer : c'est pourquoi il serait fort dangereux d'essayer
« d'entrer en rivière sans pilote. Il ne reste que sept pieds et
« demi d'eau sur cette barre, en grande marée; le fond y
« est de sable, fort dur sur quelques points, et la mer brise
« sur ses accores, en dedans comme en dehors.

« Les vents de terre sont rarement assez forts et assez
« durables pour rendre la sortie facile. Généralement les bâ-

« timents ont à vaincre les vents de Nord-Est, qui sont les
« vents dominants, et qui souflent avec force et persistance.
« *L'Algérine*, bâtiment de guerre de Sa Majesté Britannique
« voulant sortir au mois d'octobre 1842, fut obligée de faire
« vingt et un bords.

« Il est d'usage que tous les bâtiments qui entrent en ri-
« vière, mouillent en aval du fort Cabedello pour être visi-
« tés ; après quoi ils ont la liberté de remonter jusqu'à la
« ville. *L'Algérine* mouilla dans le Nord 65° Ouest, et à
« un quart de mille de distance du fort, par une profondeur
« de six brasses et demie. On ne trouve, dans cette partie de
« la rivière, que de mauvaise eau, et peu de moyens de
« ravitaillements.

« On change de pilote pour remonter la rivière ; mais,
« comme le vent est généralement favorable, l'opération de
« remonter ne présente ni difficultés, ni danger, et peut
« presque toujours être effectuée dans une seule marée ;
« dans le trajet, deux points doivent être évités : le premier
« est situé précisément au-dessus du fort Cabedello, et
« l'autre par le travers de l'entrée du Rio Tampia ; partout
« ailleurs dans la rivière le fond est de vase molle.

« Quant à la sortie, elle exige plus de temps, parce qu'on
« a le vent debout ; cependant, dans une grande partie de la
« rivière, on a un long bord sur deux.

« Pour mouiller par le travers de la ville, il faut se touer.
« Ce mouillage est sûr et parfaitement abrité. Le seul bâti-
« ment qui s'y soit jamais perdu, ne l'a été que parce qu'il a
« échoué sur son ancre : il s'est crevé, et a coulé.

« On peut se procurer de l'eau potable en envoyant des
« embarcations la prendre avec des barriques dans la rivière

« au-dessus de la ville. L'eau de la rivière Tampia est renom-
« mée pour sa pureté. On peut aussi se procurer, dans ce
« lieu, des provisions en abondance et à un prix modéré.

« Nous n'avons pas eu l'occasion d'observer la latitude du
« fort Cabedello, et nous admettons celle que lui assigne
« M. le baron Roussin. La différence de longitude entre ce
« fort et le phare de Pernambuco, mesurée avec trois bons
« chronomètres, a été trouvée, par nous de 0′ 5″,9 ou
« 1′ 28″,5 de degré à l'Est, d'où il résulte, pour la longi-
« tude de ce fort, 37° 9′ 55″, en admettant que le phare
« est par 37° 11′ 24″ à l'Ouest du méridien de Paris. C'est,
« à 35″ ou 40 de degré près, la longitude du phare et du
« fort donnée dans la table des positions géographiques du
« Pilote du Brésil. Nous avons observé la déclinaison de
« l'aiguille aimantée de 5° 14′ Nord-Ouest (octobre 1832). »

Cet article fait suite aux détails qui ont été donnés,
d'après les pratiques, page 140 du Pilote du Brésil.

ROCHES ANGERSTEIN.

(Extrait d'une lettre de M. John Bouch, master du brick *Angerstein*, datée
du Rio Jaguaribe, 15 décembre 1830, et insérée dans le *Nautical Magazine*,
avril 1832.)

« Étant par 4° 28′ de latitude Sud et 39° 26′ de longi-
« tude à l'Ouest du méridien de Paris, je me suis trouvé au
« milieu d'un amas de rochers. J'en ai compté treize, à deux
« ou trois brasses au-dessous de l'eau; je jetai moi-même le
« plomb dehors et je n'eus pas plus de dix pieds et demi
« d'eau. *Ces rochers ne sont pas dangereux de jour, mais je*
« *n'aimerais pas à me trouver au milieu d'eux pendant la nuit,*
« *avec de la mer* (textuel). Ils sont d'une couleur foncée et

« se distinguent assez nettement pour qu'un bâtiment puisse
« passer au milieu d'eux sans accident. Avant qu'on puisse
« jeter le plomb une seconde fois, on est par onze brasses
« d'eau. Ces rochers ont une forme triangulaire et se trouvent
« à environ onze milles de terre, Ponta do Mel restant au
« Sud-Sud-Est $\frac{1}{2}$ Est; le mont Rouge, qui se trouve sur le
« détour de la côte à l'Ouest $\frac{1}{4}$ Nord-Ouest $\frac{1}{2}$ Nord, à la dis-
« tance de sept ou huit lieues. »

Cet article a été inséré dans les Annales maritimes et
coloniales, IIe partie, page 707, 1832, et les roches ont
été figurées, en 1841, sur la carte de la côte du Brésil
comprise entre Pernambuco et Ciará, portant le n° 404
du Catalogue des cartes du Dépôt général de la marine.
Elles sont évidemment au large de la route suivie par *la
Bayadère*, mais leur position est si vaguement indiquée par
les relèvements rapportés ci-dessus, qu'on a dû la considérer comme étant fort douteuse.

Cet article n'est que l'extension de la note qui est au bas
de la page 151 du Pilote du Brésil.

BANC AU LARGE DES LENÇOES-GRANDES.

(Extrait du rapport de M. Leraistre, capitaine du navire *l'Émile*, de Nantes,
4 avril 1837.

« Le 23 avril 1837, passant devant les *Lençoes-Grandes*,
« dans le Nord $\frac{1}{4}$ Nord-Est du monticule de sable le plus
« remarquable, étant à sept ou huit milles de terre, et cô-
« toyant par sept, huit et neuf brasses d'eau, j'ai touché sur
« un haut-fond de peu d'étendue, où j'ai trouvé deux brasses
« et demie d'eau : tout autour, il y avait sept brasses. Il
« était midi et demi quand j'ai touché; le navire filait deux

« nœuds. A midi j'avais observé la latitude de 2° 20′ 2″ Sud.
« Ce n'est qu'à *la houppée* que le navire a talonné quatre
« fois.

« Ce banc se trouve, à très-peu de chose près, sur la route
« qu'a suivie la corvette *la Bayadère*, et sur laquelle on
« trouve cinq brasses d'eau entre sept et neuf brasses.

« Il est probable que cette sonde aura été faite à l'accore
« de ce haut-fond; car je pense qu'un navire filant quatre
« nœuds le traverserait assez rapidement pour n'obtenir
« qu'une faible sonde. »

« Ce banc est très-dangereux en ce qu'il se trouve sur la
« route qu'a parcourue un grand navire et à une distance
« de terre qui exclut toute espèce de crainte.

« La mer était tout à fait basse quand j'ai touché; elle
« était peu changée, et, du haut des mâts, on ne voyait
« qu'une tache verdâtre de très-peu d'étendue et comme on
« en voit beaucoup sur ces côtes.

« Deux secousses ont été assez fortes, mais pas assez pour
« faire craindre des avaries Je n'ai pas fait d'eau et je ne
« suppose pas que la fausse quille de *l'Émile* soit endomma-
« gée : ce navire est neuf. »

Ce haut-fond n'a pas été porté sur les cartes; mais il paraît, d'après le rapport de M. Leraistre, qu'il est très-voisin
de la route de *la Bayadère*, dans le Nord-Nord-Est ou le
Nord $\frac{1}{4}$ Nord-Est du morro Santo-Ignacio des Lençoes-
Grandes, lequel mondrain est, en effet, le plus apparent de
tous ceux qui sont sur cette partie de côte, puisque c'est
dans cet air de vent, relativement au mondrain, que se
trouve la sonde de cinq brasses citée dans le rapport
comme étant entre sept et neuf brasses. (Voir la carte do la

côte du Brésil comprise entre Ciará et Maranham, n° 401 du Catalogue des cartes du Dépôt général de la marine.)

L'article ci-dessus se rapporte et peut faire suite à ce qui est dit page 161 du Pilote du Brésil.

ENVIRONS DE MARANHAM. —— ENTRÉE DE LA BAIE DE SAN-MARCOS.

L'approche de la mauvaise saison, à l'époque de l'année où *la Bayadère* relâcha à Maranham, obligea M. l'amiral Roussin à ne donner à cette relâche que le temps rigoureusement nécessaire pour vérifier la marche des montres marines, et il n'a pas été possible d'entreprendre une reconnaissance détaillée de l'entrée de la baie de San-Marcos, c'est-à-dire, de l'espace de mer limité du côté de l'Est, par l'accore occidentale du récif de Coroa-Grande et l'île de Maranham, et, du côté de l'Ouest, par la côte du continent qui s'étend du morro Itacolomi à la pointe Tatinga; espace qui, d'ailleurs, ne peut être exploré d'une manière satisfaisante que par des bâtiments d'un tirant d'eau beaucoup plus faible que celui de *la Bayadère*. Il a donc fallu se borner à reconnaître les environs du mouillage, et à placer sur les cartes, avec toute la précision que pouvaient comporter les moyens que nous avions à notre disposition, les routes que la corvette a suivies en venant prendre le mouillage, et celles qu'elle a parcourues après l'avoir quitté pour aller, le plus promptement possible à la recherche de la basse Manoel Luiz. Les pratiques de la localité n'indiquant que vaguement la position des dangers qui se trouvent dans quelques parties de l'entrée de la baie, ou niant même l'existence de quelques-uns, on a cru ne devoir en faire aucune mention sur les cartes, et attendre, pour les y indiquer, que le brassiage et la position de ces dangers fussent bien connus.

Ce moment n'est pas encore arrivé; cependant deux documents un peu moins incertains que ceux dont nous avions connaissance à l'époque de la relâche de *la Bayadère* à Maranham indiquent positivement qu'il existe, dans l'entrée de la baie de San-Marcos, indépendamment des bancs adjacents au continent, deux bancs, dont l'un, le banc du Milieu (*banco do Meyo*), est dangereux à toute heure de la marée pour les bâtiments, quel que soit leur tirant d'eau. Le premier de ces documents est une petite carte levée par le lieutenant Crichton, et publié par le bureau hydrographique de l'amirauté d'Angleterre, et le second est un calque pris à Maranham sur une carte manuscrite, sans nom d'auteur, lequel calque a été remis au Dépôt général de la marine, par M. Charles Philippe de Kerhallet, capitaine de corvette, en 1841.

BANCS DANGEREUX ATTENANT A LA CÔTE ENTRE LE MORRO ITACOLOMI ET LA POINTE TATINGA.

La carte du lieutenant Crichton ne fait aucune mention de ces bancs; mais, sur le calque où ils sont figurés, ils s'étendent jusqu'à huit milles et demi au large du morro Italocomi, depuis le Nord 67° Est jusqu'au Sud 71° Est. Sur le premier de ces relèvements, et à huit milles de distance du phare, il y a un haut-fond sur lequel il ne reste que deux brasses d'eau, et sur le second relèvement, à huit milles et demi du même phare, il y a un autre banc sur le sommet duquel il ne reste que trois brasses d'eau.

Le plan d'où ces indications sont tirées a été levé à la boussole, ainsi que l'annonce une note qui y est annexée[1], et par conséquent on ne peut regarder les positions que nous donnons que comme de simples approximations.

De l'un de ces points dangereux à l'autre, l'accore extérieure des bancs se maintient à huit ou neuf milles de la côte; mais le plan n'indique pas le brassiage. A partir du danger qui est à huit milles et demi au Sud 71° Est de l'Itacolomi, l'accore des bancs se dirige vers le Sud-Ouest, puis s'étend parallèlement au rivage, à une distance moyenne d'un mille et demi jusqu'à la pointe Tatinga. Un point de cette accore, marqué par une croix, est à un mille à l'Est $\frac{1}{4}$ Sud-Est de la pointe Pirarema.

D'après les deux documents, il semblerait que les bancs dont l'accore extérieure vient d'être décrite forment un talus très-rapide, car tous deux indiquent une profondeur de quatorze à neuf brasses d'eau à un mille de distance de cette accore, depuis le parallèle de l'Itacolomi jusqu'à mi-distance entre ce point et la pointe Pirarema. Suivant le calque, entre cette dernière pointe et la pointe Tatinga, la profondeur serait de douze à vingt et une brasses à un demi-mille de distance des bancs; mais, nous le répétons, rien ne justifie l'exactitude de ces indications.

BANCS DANS L'ENTRÉE DE LA BAIE DE SAN-MARCOS.

Dans l'Est, et à treize milles de distance du mont Itaco-

---

[1] Voici textuellement ce que porte cette note : «Plan de la baie de San-Marcos, levé à la boussole. Les sondes, prises dans des embarcations, donnent la profondeur de l'eau, à la basse mer, en brasses françaises. Les relèvements sont ceux de monde, *c'est-à-dire corrigés de la déclinaison de l'aiguille aimantée.*»

lomi, la carte du lieutenant Crichton marque un banc, oc-
cupant une étendue de deux milles et demi de longueur du
Sud-Sud-Ouest au Nord-Nord-Est, sur un mille de largeur
dans une direction perpendiculaire à celle-ci ; le brassiage, sur
ce banc, varie depuis vingt-trois jusqu'à vingt-huit pieds ;
mais la qualité du fond n'est pas indiquée. Le calque anonyme ne mentionne pas ce banc.

En rapportant sur la carte de M. Crichton les bancs atte-
nant au rivage figurés sur le calque, on trouve qu'entre
ces bancs et celui que nous venons d'indiquer il existe un
chenal de quatre mille de largeur dans lequel le brassiage
varie depuis neuf jusqu'à quatorze brasses.

Suivant la carte de M. Crichton, le banc dont il est question serait à six milles et demi au Nord 30° Ouest de la
pointe Nord-Ouest du récif de Coroa-Grande. Suivant le calque, il serait à huit milles au Nord 45° Ouest de la même
pointe, et, d'après nos cartes, en le plaçant d'après son gisement et sa distance relativement à l'Itacolomi, ainsi qu'il
est dit ci-dessus, il serait à huit milles et demi au Nord
30° Ouest de la pointe Nord-Ouest de Coroa-Grande.
Quel que soit son gisement par rapport à cette pointe, il ne
peut pas en être plus près que huit milles et demi environ,
puisque les routes suivies par *la Bayadère* s'étendent jusqu'à
huit milles dans le Nord-Ouest et le Nord-Nord-Ouest de
l'accore Nord-Ouest de Coroa-Grande.

BANC DO MEYO (DU MILIEU).

Ce banc, dont l'existence est incontestable, mais dont
les pilotes que nous avons consultés à Maranham ne connaissaient certainement pas la position, est figuré sur les

deux documents que possède le Dépôt de la marine. Sur la carte du lieutenant Crichton, il occupe un espace de quatre milles et demi de longueur du Sud-Ouest au Nord-Est, et de un mille et demi de largeur; le brassiage n'est indiqué que dans sa partie méridionale, où il varie de trente-quatre à dix-huit pieds; du point où se trouve cette dernière sonde, la pointe Tatinga reste au Sud 61° Ouest, à neuf milles un tiers d'éloignement, et le fort San-Marcos au Sud 19° 30' Ouest, à la même distance; ainsi, d'après cette carte, le banc du Milieu est à vue de la terre.

Sur le calque anonyme, le banc du Milieu a quatre milles de long du Sud-Sud-Ouest au Nord-Nord-Est, et sa largeur moyenne est d'un mille; le brassiage, qui est indiqué dans toute son étendue, y varie depuis vingt-cinq jusqu'à douze pieds, à la basse mer, mais il n'y est pas fait mention de la qualité du fond. Les parties les plus élevées du banc, où il ne reste que de douze à quinze pieds d'eau, forment un plateau continu de deux milles et demi de long, qui occupe le milieu du banc; et la partie méridionale de ce plateau, où il y a douze pieds d'eau en basse mer, est à dix milles un tiers au Nord 67° Est de la pointe Tatinga, et à huit milles et demi au Nord 20° 30' Est du fort San-Marcos.

Si l'on porte sur nos cartes les relèvements du sommet du banc donné par ces deux documents, on obtient deux positions qui, toutes deux, se trouvent dans l'espace compris entre la route que *la Bayadère* a suivie en entrant à Maranham, et les bordées qu'elle a faites en sortant. La première de ces routes, qui longe, à une distance moyenne d'un mille et demi à deux milles, l'accore occidentale du récif de Coroa-Grande, passe sur des fonds de six et sept brasses qui pourraient bien être la limite orientale du banc du Milieu; mais, dans les bordées faites en sortant de la baie, rien n'indique que nous ayons passé dans le voisinage d'un banc.

Les données précédentes ne sont pas assez précises pour qu'il soit possible d'en déduire la position exacte du banc du Milieu; mais ce qui est certain, c'est que ce banc est séparé du récif de Coroa-Grande par un chenal dans lequel *la Bayadère* a passé. Nous ne pouvons pas assigner la largeur de ce chenal; mais son gisement, par rapport à la pointe San-Marcos, est le Nord 36° Est, et l'on pourra toujours le suivre, de jour, la sonde à la main, en se conformant aux indications données dans le Pilote du Brésil, et nos cartes sous les yeux. Le banc du Milieu est également séparé des bancs attenants à la côte du continent par un canal beaucoup plus large et plus profond que le premier, dans lequel, ainsi qu'il est dit dans le Pilote du Brésil, on peut louvoyer à grands bords; et, si l'on a l'attention de sonder continuellement en le parcourant, et de ne pas venir dans l'Est de la direction où la pointe et le fort San-Marcos sont vus au Sud $\frac{1}{4}$ Sud-Ouest, on évitera certainement le banc du Milieu.

De ce qui précède, on peut conclure qu'en se conformant aux indications que M. l'amiral Roussin a données pages 172 et suivantes du Pilote du Brésil, pour pénétrer dans la baie de San-Marcos, et pour en sortir, on n'aura pas à craindre de rencontrer inopinément aucun des bancs ou des hauts-fonds dont nous venons de parler.

Il est fort douteux que le phare de l'Itacolomi puisse être aperçu, même de beau temps, de quelque point que ce soit du banc du Milieu.

D'après le plan anonyme dont le Dépôt de la marine possède un calque, qui est un des deux documents cités plus haut, il paraîtrait qu'un petit feu fixe aurait été établi dans le fort San-Marcos. Quelques recherches que nous ayons faites à ce sujet, nous n'en avons pas trouvé d'autre indication, et, M. Coulier n'en faisant pas mention dans les 5ᵉ et 6ᵉ éditions de sa Description générale des phares, il est vraisemblable que ce feu n'existe plus.

Les trois articles précédents se rapportent à ce qui est dit, pages 167 et suivantes, dans le chapitre XI du Pilote du Brésil.

ALCANTARA.

Alcantara est une petite ville située sur la côte occidentale de la baie de San-Marcos, à deux milles environ dans l'Ouest de la pointe Tatinga. En avant de la ville, que l'on voit distinctement du mouillage à l'entrée du port de Maranham, se trouve un petit espace de mer, abrité des vents dominants par l'île Livramento, dans lequel les bâtiments peuvent, suivant les pratiques de la localité, mouiller en toute sûreté.

« La rapidité avec laquelle les dépôts marins s'accu-
« mulent dans le havre de Maranham préoccupe les habi-
« tants, et ils pensent qu'ils seront obligés de transporter le
« port de commerce à Alcantara. Le lieutenant Stoppford,
« de la marine royale d'Angleterre, a visité cette localité en
« 1832, et son opinion est qu'elle est, sous tous les rapports,
« préférable à Maranham. On peut y placer un plus grand
« nombre de bâtiments ; l'accès du mouillage est beaucoup
« plus facile, et, à toute heure de la marée, avec les vents
« qui règnent habituellement, les bâtiments peuvent aisé-
« ment entrer et sortir ; la profondeur de l'eau y est aussi
« plus grande qu'à Maranham. La goëlette *Picle*, que com-

« mandait M. Stoppford, était mouillée à un tiers d'enca-
« blure environ du rivage, par huit brasses d'eau en basse
« mer, ce qui est un brassiage plus considérable que celui
« que l'on trouve dans quelque partie que ce soit du havre
« de Maranham, même quand la mer est haute. » (Extrait
du *Nautical Magazine*, 1832.)

PHARE DE L'ITACOLOMI, A L'ENTRÉE DE LA BAIE DE SAN-MARCOS.

Le mont Itarere, connu des navigateurs sous le nom de
morro Itacolomi, est situé par 2° 7′ 38″ de latitude Sud et
46° 44′ 18″ de longitude Ouest. Il est formé par une
réunion de plusieurs monticules de sable couverts d'arbustes et disposés sur une falaise qui a 81 pieds (26^m,2)
d'élévation au-dessus des hautes mers des vives eaux, et autant de talus. Cette falaise est composée, dans les couches
supérieures, d'un gravier plus ou moins rougeâtre; dans les
couches moyennes, de terre argileuse blanchâtre; et à sa
base, de pierres entourées d'argile. Cette réunion de monticules paraît, au premier abord au navigateur, comme une
seule masse, entre l'entrée de la baie de Cumá et la pointe
Pirajuba, lorsque la falaise qui lui sert de base se trouve
baignée par la marée; mais, comme aucun de ces monticules n'a assez de grandeur ni de solidité pour supporter
une construction durable, c'est sur la falaise même, dans sa
partie la plus élevée et la plus saillante, à cinq cent cinquante mètres à l'Est du morro Itacolomi, que l'on a construit le phare. Cet édifice, qui a 21^m,8 de hauteur, et qui est
distant du bord de la falaise de quatre-vingt-sept mètres, est
tout en maçonnerie; il est carré, a 19^m,6 de côté à sa base,
et 5^m,25 à la lanterne.

Le feu, élevé de 42 mètres au-dessus de la mer, est formé par dix-huit lampes divisées en deux groupes égaux; il est *tournant* et présente alternativement, à des intervalles de deux minutes de temps, une lumière blanche et une lumière rouge, séparées par des éclipses dont la durée est la même que celle de la lumière.

Dans l'Est-Nord-Est du phare, et à la distance d'environ deux milles, se trouve un rocher dangereux, de forme sensiblement conique, nommé, comme le mont, Itacolomi. Ce rocher est entièrement couvert dans les hautes mers des nouvelles et des pleines lunes, laissant voir cependant des marques évidentes de son existence; mais, dans les autres phases de la lune, il est visible de loin, par la force avec laquelle la mer brise dessus.

Entre la terre et ce rocher, il existe un canal où, dit-on, des bricks peuvent passer; mais il est si étroit qu'on ne peut y naviguer qu'avec un vent favorable. On dit aussi qu'en dehors du rocher il y a un autre canal plus large et plus profond, dans lequel on peut louvoyer. Ces deux canaux courent parallèlement à la baie de Cumá, laissant entre eux la petite île nommée *Coroa-dos-Ovos*, qui se trouve à l'entrée de cette baie [1].

De dessus le phare on mesure un angle de 190 degrés

---

[1] C'est probablement sur ce rocher, ou sur quelques dangers aux environs, que s'est perdu, le 10 janvier 1836, le navire *la Pauline*. Ce naufrage vient encore à l'appui des recommandations faites dans le Pilote du Brésil et dans ce supplément, de ne naviguer qu'avec la plus grande circonspection et le plomb à la main, dans les environs de Maranham, toutes les fois que quelques circonstances empêchent de se maintenir sur les routes suivies par *la Baya-dère*, routes qui sont tracées sur nos cartes avec toute la précision nécessaire pour assurer la navigation.

entre la pointe *Atins* et la pointe *Pirajuba*, devant lesquelles des bas-fonds dangereux font blanchir la mer à deux ou trois lieues au large.

Le feu de l'Itacolomi a dû être allumé pour la première fois le 1ᵉʳ janvier 1839. (Extrait des Annales maritimes, partie non-officielle, 1839, tome Iᵉʳ.)

Cet article est le développement de la note placée au bas de la page 174 du Pilote du Brésil.

HAUT-FOND AU NORD DE LA BASSE MANOEL-LUIZ.

(Extrait du journal du capitaine Le Huby, commandant le brick du commerce *les Jumeaux*.)

« Je suis sorti de Maranham le 30 octobre 1838, à deux
« heures du matin, pour me rendre à la Guadeloupe; le
« 1ᵉʳ novembre, à sept heures et demie, le vent à l'Est, faible
« brise, beau temps, j'aperçus devant le navire un chan-
« gement de la mer très-prononcé : elle était devenue blan-
« châtre ou verdâtre, très-clapoteuse, et semblait s'élever
« en brisant dans la direction de notre route, qui était alors
« le Nord ¼ Nord-Ouest. Des remous de marée entouraient
« le navire; de grandes taches sous l'eau me firent présumer
« que j'étais sur un haut-fond, et me donnèrent quelques
« inquiétudes sur notre position. A huit heures, je sondai
« par dix-neuf brasses d'eau, fond de roche. Continuant
« notre route dans la même direction et avec les mêmes
« circonstances, le navire filant deux nœuds, je sondai à neuf
« heures, par vingt et une brasses, fond de corail; à dix heu-
« res, je trouvai le même fond par vingt-trois brasses; à onze
« heures, j'eus vingt-huit brasses avec le même fond; à midi
« vingt minutes, après avoir observé la latitude, le brassiage

« fut de trente-deux brasses, et, à une heure après midi, je
« sondai sans trouver fond à quatre-vingt-dix brasses. La
« mer, devenue belle, avait repris sa couleur naturelle.

« Une bonne hauteur méridienne, observée à midi, me
« donna pour la latitude 0° 4′ Nord.

« La longitude, déterminée par une très-bonne série d'ob-
« servations prises à neuf heures du matin, en me servant
« d'un chronomètre de Bréguet, donna, étant rapportée à
« midi, 47° 4′ à l'Ouest du méridien de Paris.

« Il résulte de ces observations que le haut-fond sur le-
« quel j'ai passé s'étend depuis 0° 9′ de latitude Sud jusqu'à
« 0° 4′ de latitude Nord, dans la direction de ma route, c'est-
« à-dire Sud ¼ Sud-Est et Nord ¼ Nord-Ouest. D'après mon
« inspection, en cet endroit, la mer était très-agitée et bri-
« sait par intervalles dans la direction du Sud-Est au Nord-
« Ouest. Je pense que ce haut-fond peut être une suite de la
« vigie Manoel-Luiz et des brisants vus par le capitaine por-
« tugais Da Sylva. Sans pouvoir assurer qu'il soit touchable
« dans quelques parties, je crois qu'il peut être dangereux à
« traverser dans les mauvais temps, à cause des coups de mer
« que l'on peut y recevoir. Ma première sonde se trouve à
« cinquante milles dans le Nord 33° Ouest de la vigie Manoel-
« Luiz, dont la position a été déterminée dans l'expédition
« hydrographique commandée par M. l'amiral Roussin. »

Le haut-fond rencontré par M. le capitaine Le Huby a été
porté sur la carte de la côte du Brésil comprise entre
Ciará et Maranham (numéro 401 du Catalogue des cartes
du Dépôt général de la marine).

L'article précédent doit faire suite à ce qui est dit dans
le Pilote du Brésil, pages 189 et 204.

INSTRUCTIONS POUR LES NAVIRES QUI ENTRENT DANS LE PORT
DE MAROÏM, RIVIÈRE DE COTINGUIBA (BRÉSIL) (page 115).

La barre de la rivière de Cotinguiba est située par 10°
58′ ou 10° 59′ de latitude Sud; les navires qui viennent
reconnaître le port doivent se tenir bien au Nord de la
barre, parce que pendant la saison de la navigation, d'octobre
à avril, il y a un très-fort courant Nord-Est [1] le long de la
côte. Les navires peuvent se rapprocher de terre jusqu'à ce
qu'ils atteignent les fonds de cinq à six brasses anglaises
(9 à 11 mètres); ils seront alors à deux ou trois milles
de la barre et devront hisser un signal au mât de misaine
pour appeler un pilote. Il s'en rendra un à bord dès que le
jusant commencera à se faire sentir.

Dès que l'on est en vue du poste des signaux, on doit
observer tous ceux qui s'y font, qui ont pour but d'indiquer aux navires qui entrent dans le port la manœuvre
qu'ils ont à faire. En voici l'explication :

1° Le pavillon supérieur hissé seul indique que le navire est vu de terre;

2° Le pavillon inférieur qui est hissé sur un mât mobile
indique que le navire doit prendre la bordée du Nord ou
celle du Sud, suivant que l'indique la direction du mât de
pavillon;

[1] Il y a vraisemblablement une erreur dans la direction du courant donnée ici, car la phrase n'aurait pas de sens, et à l'époque
désignée, qui est la saison des vents de Nord, le courant doit porter
vers le Sud ou le Sud-Ouest ; d'ailleurs, le texte anglais parle d'un
courant *down the coast*, redescendant la côte : d'après la configuration
de celle-ci, ce courant ne peut porter qu'au Sud-Ouest.

3° Les deux pavillons hissés en ligne droite l'un au-dessus de l'autre signifient que le navire est dans la position convenable au large de la barre, et que la marée est favorable pour entrer : le navire devra dès lors porter directement vers le poste des signaux qui est sur la plage, et les signaux resteront hissés même après que le navire aura franchi la barre;

4° Si l'un des pavillons, ou bien tous les deux, après avoir été hissés, sont amenés, cela indique que le navire doit gagner le large.

Lorsqu'un capitaine de navire vient pour la première fois dans le port, il ne doit pas essayer d'y entrer sans pilote, et ne doit se servir des indications du télégraphe qu'en cas d'absolue nécessité.

Longtemps avant que le poste des signaux ne soit visible, on aperçoit, quand le temps est clair, une chaîne de montagnes appelée Itabayana et désignée sous ce nom sur les cartes. Le point le plus méridional de cette chaîne, auquel sa forme a fait donner le nom de Chapeau de cardinal, reste dans l'Ouest-Nord-Ouest $\frac{1}{2}$ Ouest de la barre.

Venant du Nord, on aperçoit de loin une montagne isolée appelée Aracaju, qui est située à l'entrée de la rivière et qu'on relève à l'Ouest-Nord-Ouest $\frac{1}{2}$ Nord quand on est dans l'Est-Sud-Est de la barre, à deux ou trois milles.

Venant du Sud, on aperçoit à peu près les mêmes amers; mais il faut avoir grand soin de ne pas entrer dans la rivière Vaza-Barris, où l'on fait des signaux tout à fait semblables, et qui n'est qu'à quatorze ou quinze milles dans le Sud-Ouest de la barre de Cotinguiba. De l'entrée du Vaza-Barris, on relève le Chapeau de cardinal au Nord-Ouest $\frac{1}{2}$ Nord et le mont Aracaju n'est pas visible.

Il y a bon mouillage au Nord de la barre par six ou sept brasses anglaises (11 à 13 mètres), fond de sable dur; mais les navires doivent toujours, s'il est possible, rester sous voiles et lors même qu'ils reconnaîtraient le port trop tard pour que le pilote puisse venir les prendre le même soir : ils doivent néanmoins hisser le pavillon de pilote au mât de misaine et gagner le large en ayant soin de se tenir au Nord, et ils peuvent être certains de rencontrer le pilote le lendemain matin.

Les capitaines de navires venant, soit des ports étrangers, soit des ports brésiliens, doivent avoir soin d'être munis de tous les papiers exigés par les autorités dans tous les ports du Brésil, parce que la douane est très-sévère : s'ils n'étaient pas en règle, ils auraient indubitablement à payer une amende, conformément aux règlements de la douane.

Depuis la publication du document qui précède, et qui a été lithographié en 1848, on a construit une nouvelle tour des signaux de forme octogonale et d'environ quatre-vingts pieds anglais (24 mètres) d'élévation. Les signaux sont les mêmes; mais on a le projet de substituer des ballons aux pavillons.

Le bateau-pilote est gréé en goëlette.

Le brassiage dans le chenal de la barre est d'environ seize pieds anglais ($4^m,8$) de grandes marées, mais comme les navires ne peuvent pas appareiller avant le jusant et qu'on perd beaucoup de temps à louvoyer pour sortir, ils ne doivent pas caler plus de onze pieds anglais ($3^m,3$).

Signé A. SCHRAMM.

TABLE DES MATIÈRES.

SUPPLÉMENT AU PILOTE DU BRÉSIL.

FIN DE LA TABLE.

9 782329 613765